Katrin Liska

Reisegast in Russland

Katrin Liska

Reisegast in Russland

Herausgeber der Reihe Reisegast:
Buch & Welt GmbH

IWANOWSKI'S REISEBUCHVERLAG

www.iwanowski.de

Hier finden Sie aktuelle
Infos zu allen Titeln,
interessante Links –
und vieles mehr!

1. Auflage 2006

Konzept, Redaktion, Bildredaktion: Buch & Welt GmbH, München

Lektorat: Ute Diergarten-Wandel, München

Fachberatung: Jona Müller, Berlin und Ines Walke-Chomjakov, München

Projektleitung (Iwanowski): Rüdiger Müller, Dormagen

Satz und Produktion: Rolf Eder, Glonn

Bildnachweis:
Holger Fritzsche Seite 19, 28, 91, 92, 96, 152.
Volkmar E. Janicke Seite 10, 12, 13, 16, 17, 21, 22, 24, 26, 30, 34, 38, 41, 43, 44, 46, 47, 51, 52, 57, 59, 60, 64, 65, 66, 69, 71, 82/83, 86, 89, 94/95, 101, 106, 110, 113, 114, 115, 118, 121, 126, 129, 132, 134, 138, 139, 140, 146, 147, 150, 153, 155, 156, 158, 160, 162, 164/165, 170, 178, 180, 191, 204.
Katrin Liska Seite 11, 31, 32, 49, 143, 144, 173, 174, 179, 183, 184, 187, 189, 190, 195, 198, 199, 221.
Ines Walke-Chomjakov Seite 103, 108, 136.
Malte Wandel Seite 182.
Leo Purmann Cartoons Seite 206–212.
Rolf Eder Karten Seite 14/15, 84.
IFA-Bilderteam Titelbild und Seite 3.

Gesamtherstellung: Stückle Druck und Verlag, Ettenheim

ISBN-10: 3-923975-84-8
ISBN-13: 978-3-923975-84-6

Inhalt

Умом Россию не понять,
аршином общим не измерить,
у ней особенная стать,
в Россию можно только верить

Vorwort von Katrin Liska
Willkommen in »Absurdistan«

**»Russland lässt sich nicht mit dem Verstande ergründen,
nicht mit dem üblichen Maße messen,
es hat einen eigenen Charakter,
an Russland kann man nur glauben.«**

Ein Land im Übergang, …

Diesen berühmten Vierzeiler des Dichters Fjodr Tjutschow (1803–1873) kennt in Russland jedes Kind. Er wird immer dann gerne zitiert, wenn es darum geht, Unwägbarkeiten des russischen Alltags zu kommentieren und derer gibt es viele. Folgerichtig bezeichnen Russen ihre Heimat oft liebevoll-spöttisch als »Absurdistan«. Wie soll es da erst ausländischen Besuchern ergehen, wenn selbst Russen ihr eigenes Land nicht immer verstehen?

… vielschichtig und brüchig, …

Unser traditionelles, bisweilen klischeehaftes Russlandbild beschwört ein Russland, das eher der Vergangenheit angehört. Und die Berichte, die uns beispielsweise über den Fernseher ins Haus flimmern, werden dem riesigen Land zwischen Ostsee und Japanischem Meer ebenfalls nicht immer gerecht. Sicherlich stimmt es, dass Russland in mancher Hinsicht rückständig ist und eine Zeit großer sozialer Spannungen durchlebt. Die Abkehr vom Kommunismus, von jahrzehntelang gehegten sowjetischen Idealen, und die Hinwendung zu einer kapitalistisch orientierten Gesellschaftsordnung mit einer allenthalben als ungerecht empfundenen Güterverteilung haben tiefe Spuren hinterlassen. Trotz vieler Irritationen erwartet das »Land im Übergang« eine spannende Zukunft. Und natürlich dokumentieren auch die romantisierenden Fotos und Reportagen einiger Medien aus Tundra und Taiga ein weiteres Stück russischer Wirklichkeit. Die besteht aus vielen Facetten und verlangt dem Reisegast einiges an Verständnisbereitschaft ab.

… aber im Trend!

Verabschieden sollten wir uns auch von unseren Vorurteilen, wenn wir Russland begreifen wollen. Vorurteile, die sich selbst in unserer Sprache zementiert haben. Da ist leichthin von »Russenwirtschaft« die Rede, wenn etwas durcheinander geht oder schlecht organisiert ist. Und die geheimnisvoll-verklärende »russische Seele« muss ebenfalls für alles Mögliche herhalten. Wir belegen damit nahezu alles, was wir für typisch russisch halten: Kosakentänze, Bolschoi-Ballett, die Wolga-Kreuzfahrt bis hin zur Beschreibung von Schwermutszuständen in der Psychoanalyse. Geben Sie »russische Seele« spaßeshalber als Suchbegriff ins Internet ein: Sie werden auf die erstaunlichsten Bezüge stoßen, nur nirgendwo eine eindeutige Definition finden.

Ganz klar, Russland liegt im Trend. Nicht nur Reisebüros, Werbeleute und Parfümindustrie haben ihn für sich entdeckt. Ein großer Schokoladefabrikant setzt ebenfalls darauf. Zu den Osterhasen und Weihnachtsmännern gesellen sich neuerdings auch »russische Babuschkas« in unsere Supermarktregale. Und wie könnte es anders sein? Mit einem zuckersüßen Lächeln. Offensichtlich dienten

Willkommen in Absurdistan: Junge Russen in Moskau

dabei die landestypischen, bunt bemalten Holzpüppchen als Vorbilder. Nur heißen diese richtigerweise auf Russisch *Matrjoschka* (Mütterchen) und nicht *Babuschka* (Großmutter). Egal, wen stört schon der Irrtum.

Auf eigene Faust …

Ein Reisender aber, sei er nun Tourist oder Geschäftsmann, der ernsthaft an Land und Leuten interessiert ist, tut ungeachtet sämtlicher Schlagzeilen und Labels gut daran, das neue Russland auf eigene Faust zu entdecken. Er wird ein spannendes Land im Umbruch erleben, dessen Menschen Ausländern mit großer Gastfreundschaft, Offenheit und auffallender Wärme begegnen.

… die Veränderungen entdecken!

Seit meinem ersten Russland-Besuch im Jahr 1994 hat sich enorm viel verändert, vor allem in den Großstädten. War es zum Beispiel noch Mitte der 1990er Jahre schwierig, irgendwo ein ruhiges Plätzchen zu finden, um sich vom Sightseeing-Programm zu erholen, so finden sich heute Restaurants, Cafés und Fast-Food-Imbisse nach westlichem Muster nahezu überall. Häufig ergänzt um eine eigene, typisch russische Note, was dies wiederum sympathisch macht.

Mittlerweile gibt es auch hochmoderne Mietshäuser, die sich vom Einheitsgrau der vielen alten Plattenbauten abheben. Und selbst an der Peripherie, wo diese immer noch vorherrschen, schießen zeitgemäße Einkaufszentren mit integrierten Gaststätten, Kinos und manchmal sogar Eislaufbahnen aus dem Boden. Die alte Bausubstanz der Innenstädte wird nach und nach privatisiert, restauriert und wieder herausgeputzt. Der Verkehr scheint sich von Jahr zu Jahr zu verdoppeln: War es vor wenigen Jahren noch ziemlich leer auf den großen Boulevards, so ersticken die Großstädte heute in Verkehrschaos und Smog.

Auf der Überholspur befinden sich allerdings nur die Metropolen mit ihren angrenzenden Regionen. Im überwiegenden Teil der ländlichen Gebiete der weitläufigen Russischen Föderation kämpfen die Menschen nach wie vor mit einer katastrophalen Infrastruktur und großen sozialen Problemen.

Die faszinierenden Widersprüche!

Es sind die Widersprüche und Gegensätze, die an Russland so faszinieren. In kaum einem anderen Land der Erde liegen östliches und westliches Denken, Initiative und Lethargie, Rückständigkeit und Hochtechnologie so eng beieinander. Energie und Lebenslust charakterisieren seine Bewohner, trotz vielfach schwieriger Lebensumstände. Viele, die einmal in Russland gelebt haben oder dort zu Besuch waren, zieht es immer wieder zurück. Mir geht es so und natürlich auch meinem Mann, der als gebürtiger St. Petersburger seiner alten Heimat sehr verbunden ist. Ihm gilt mein ganz besonderer Dank für die Unterstützung beim Entstehen dieses Buches. Russland lässt einen nicht kalt. Man kann es lieben oder hassen, aber man wird ihm nie gleichgültig gegenüber bleiben. Mit westlichen Maßstäben lässt es sich nur schwerlich messen, ist aber in vielem besser als sein Ruf.

Über die Autorin

Katrin Liska, M.A., geb. 1968, hat in Hamburg, Paris und München Romanische Philologie, Politologie und Germanistik studiert. Ihre intensive Beziehung zu Russland entstand im Jahr 1993, als sie ihren Mann Arkadi Notkin kennen lernte, der in St. Petersburg geboren und aufgewachsen ist. Sie hat zusammen mit ihm ein Jahr dort gelebt, einen Russisch-Intensivkurs sowie mehrere Seminare in Landeskunde absolviert und das Land kreuz und quer bereist. Beide halten Kontakt zu ihren russischen Freunden und besuchen mindestens einmal im Jahr Schwiegereltern und Petersburger Verwandtschaft. Im März 2005 kam Sohn Boris auf die Welt, der selbstverständlich zweisprachig erzogen wird. Die Autorin wohnt heute mit ihrer Familie in München und arbeitet freiberuflich als PR-Redakteurin und Journalistin.

Russland – Weiten zwischen Europa und Asien

WDNCH-Ausstellungsgelände, Moskau

Wo liegt eigentlich Russland?

Alles scheint überdimensioniert.

Bereits ein Blick auf die Weltkarte macht kleinlaut: Eines der auffälligsten Merkmale Russlands ist sicherlich seine überwältigende Größe. Die russische Föderation dominiert die gesamte nordöstliche Halbkugel der Erde und sprengt schon allein deshalb gängige Maßstäbe. Vieles erschien mir in Russland anfangs überdimensioniert: die Entfernungen, die Härte des Winters, der Prunk der Paläste, die Größe der Städte, die Menschenmassen in der Metro, die Warteschlangen, sogar die Portionen auf dem Teller. Das alles ist gewöhnungsbedürftig und erste Eindrücke können leicht dazu führen, dass Sie sich als Gast in Russland zunächst verloren und unbedeutend fühlen. Zwangsläufige Begegnungen mit der lokalen Bürokratie tragen auch nicht gerade zu mehr Wohlbefinden bei. Haben Sie dann aber erst einmal einen direkten Draht zu den Menschen aufgebaut, dann tun diese in der Regel alles dafür, es Ihnen so angenehm und gemütlich wie möglich zu machen! Sie werden es erleben!

Russland ist ein Land der Superlative. Seine Hauptstadt ist zugleich die größte Metropole Europas. Der längste Fluss des Kontinents, die Wolga und der tiefste

Linke Seite: Sputnikdenkmal

Ein Land – zwei Kontinente

Binnensee mit dem größten Süßwasservorkommen der Welt (Baikalsee) befinden sich ebenfalls auf russischem Territorium. Auch der kälteste Ort der Nordhalbkugel (-77,8 °C), Oimjakon in der Republik Sacha (Jakutien), liegt in Russland. Kein Staat der Welt verfügt über mehr direkte Nachbarn und eine längere ununterbrochene Küstenlinie. Denn Russland ist – auch nach dem Zusammenbruch der Sowjetunion und dem Verlust großer Landesteile – mit gut 17 Millionen Quadratkilometern noch immer der größte Staat der Erde. Die Bundesrepublik würde fast 50 Mal in diesen Giganten passen. Oder, anders ausgedrückt: Russland ist annähernd so groß wie zwei Kontinente zusammen (Europa und Australien) und erstreckt sich über zwei Erdteile, Europa und Asien.

Eurasien

Obwohl sich der mit Abstand größte Teil des Landes auf dem asiatischen Kontinent befindet, leben rund drei Viertel der knapp 144 Millionen Einwohner (2005) im europäischen Teil Russlands und haben mit Moskau hier auch ihre Hauptstadt. Im Denken der Russen mischen sich europäische und asiatische Einflüsse. Sie selbst fühlen sich interessanterweise weder dem einen, noch dem

anderen Erdteil so richtig zugehörig. Tatsächlich hört man allenthalben den Ausdruck »wie in Europa« oder es ist von Produkten »aus Europa« die Rede. Und zwar durchaus nicht nur im Fernen Osten, nein, auch in St. Petersburg, der »europäischsten Stadt« Russlands! Mir kommt es immer so vor, als betrachteten die Russen ihr Land als etwas anderes – als einen »eigenen« Kontinent, Eurasien.

Elf Zeitzonen

Wie soll man auch dieses Land erfassen, das sich in seiner Ausdehnung von Westen nach Osten über gut 9000 Kilometer sowie elf Zeitzonen erstreckt und dabei mehrere Klimazonen durchläuft? Zumeist wird Russland dreigeteilt dargestellt: in einen europäischen Teil bis zum Ural, in Sibirien (vom Ural bis zur pazifischen Wasserscheide) und in den Fernen Osten bis zum Pazifischen Ozean. Anders beschrieben besteht es aus einer riesigen, teilweise von sanften Hügeln durchzoge-

St. Petersburg – Tor zum Westen

nen Ebene, die sich von der äußersten Westgrenze des Landes bis etwa zum Fluss Jenissej erstreckt. Diese weite Fläche macht rund drei Viertel des Territoriums aus. Sie wird nur durch den Kamm des Uralgebirges unterbrochen, durch den sie in einen kleineren westlichen (Osteuropäische Ebene) und einen größeren östlichen Teil (Westsibirisches Tiefland) gegliedert wird. Auch im äußersten Norden (Halbinsel Kola) ist die Landschaft etwas bewegter. Im Osten wird das Tieflandgebiet – das größte der Erde – allmählich von einer lockeren Reihe diverser Gebirgszüge und Hochplateaus (Mittelsibirisches und Ostsibirisches Bergland) abgelöst, die zum Rand des Nordpolarmeers wieder in flaches Gelände übergehen.

Extreme

Vom äußersten Nordwesten bis zum Fernen Osten des Landes bilden Meere eine natürliche Abgrenzung. Die lange Grenze zu China wird durch die miteinander verbundenen Flussläufe von Argun, Amur und Ussuri gebildet. Im Süden Sibiriens trennen Altai, das Sajangebirge und das Jablonowgebirge östlich des Baikalsees Russland von der Mongolei. Im Südwesten verläuft sich das Terrain in der Kasachischen Steppe und der Kaspischen Senke, bevor es sich zwischen Kaspischem und Schwarzem Meer mit dem Kaukasus wieder zu einer natürlichen Barriere auftürmt. Im Kaukasus liegt der höchste Berg Russlands, der Elbrus. Sein Westgipfel ist 5642 Meter hoch.

Bei allen Gegensätzen und Extremen gibt es jedoch auch einige Faktoren, die Land und Leute miteinander verbinden und schon seit Ewigkeiten geprägt haben.

Weite

Platzangst – ein Fremdwort

Neben der viel beschworenen »russischen Seele« ist die »russische Weite« auch noch ein Lieblingsbegriff, wenn von unserem Reiseziel die Rede ist. Kein Wunder, bei den Dimensionen des Landes und seinem in weiten Teilen durch sanfte Hügellandschaften dominierten, wenig abwechslungsreichen Terrain.
Hinzu kommt, dass große Landstriche, vor allem östlich des Urals, kaum besiedelt sind. Spitzenreiter ist die sibirische Republik Sacha (Jakutien), die mit gut drei Millionen Quadratkilometern ungefähr neunmal so groß wie die Bundesrepublik ist. Bewohnt wird dieses karge, waldreiche Gebiet von nicht einmal einer Million Menschen. Das entspricht knapp der Einwohnerzahl Kölns. Platzangst dürfte hier ein Fremdwort sein.
Durchschnittlich müssen sich in Russland derzeit etwas mehr als acht Menschen einen Quadratkilometer Land teilen. (Zum Vergleich: In Deutschland kommen rund 230 Personen auf dieselbe Fläche.) Bei einer derart dünnen Besiedelung ist es nicht verwunderlich, dass immer wieder Geschichten die Runde machen, nach denen Menschen wochenlang durch die weiten russischen Wälder irren oder dort auf Nimmerwiedersehen verschwinden. Oder aber man erzählt sich von sibirischen Dörfern, die so weit abgelegen sind, dass deren Bewohner von weltbewegenden historischen Ereignissen wie dem Sturz der Zaren, dem Ausbruch des Zweiten Weltkriegs oder dem Ende der Sowjetunion erst Jahre später etwas mitbekommen.

Kein Mensch weit und breit – Steppenlandschaft an der Grenze zur Mongolei

Hang zur Gemeinschaft

Die Weiten mit ihren scheinbar unendlichen Möglichkeiten des Rückzugs aus der Gesellschaft haben jedoch kein Volk von Individualisten und Einsiedlern hervorgebracht. Ganz im Gegenteil! Tatsächlich hegen die meisten Russen bis heute einen ausgesprochenen Hang zur Gemeinschaft. Individuelle Freiräume für sich zu beanspruchen, stößt bei vielen auf Unverständnis. Entsprechend gibt es im Russischen auch kein Wort für Privatsphäre. Die am Kollektiv orientierte Gesellschaftsform der Sowjetunion hat diesen seit jeher vorhandenen Gemeinsinn sicherlich noch verstärkt. Mir scheint die Neigung zum gemeinschaftlichen Handeln etwas »Urrussisches« zu sein. Die Menschen hier brauchten einander schon immer, um zu überleben. Den teils widrigen klimatischen Bedingungen lässt sich gemeinsam schlicht besser trotzen.

Wetter

Eisbären und Kamelkarawanen

Wer sich im Zusammenhang mit Russland über das Wetter auslässt, kommt rasch auf Eis, Schnee und »sibirische Kälte« zu sprechen. Zweifellos hat kaum ein anderes Phänomen das Bild von Russland im Ausland mehr geprägt als der lange, harte und dunkle Winter. Nimmt man sich die Wetterverhältnisse des Riesenlandes allerdings etwas genauer vor, so zeigt sich, dass das russische Klima durchaus kontrastreicher ist, als vielfach angenommen: In den abgelegenen Gebieten nördlich des Polarkreises taut der Boden auch im kurzen Sommer kaum auf. Hier haben nur Eisbären ihre Freude. Im südrussischen Sotschi dagegen aalen sich die Sonnenhungrigen von Mai bis Oktober an den kilometerlangen Stränden der Schwarzmeerküste. Weiter Richtung Westen, wo die Wolga sich ins Kaspische Meer ergießt, ziehen in der Nähe von Astrachan Kamelkarawanen durch eine trockene Steppen- und Wüstenlandschaft. Im äußersten Norden, zum Beispiel in Murmansk, wird die finstere Polarnacht im Dezember und Januar nur hin und wieder durch das faszinierende Leuchten des Nordlichts unterbrochen. Dafür wird es im Sommer acht Wochen lang gar nicht erst dunkel.

Temperaturrekorde

Der weitaus größte Teil des Landes fällt jedoch, einmal abgesehen vom polaren Tundrenklima oberhalb des Polarkreises und den Steppengebieten im Süden, unter die (kühl-)gemäßigte Klimazone mit deutlich kontinentaler Ausprägung. Überspitzt gesagt ein Extremklima. Herausragendes Merkmal dieser Zone sind die gewaltigen Temperaturunterschiede. Das Nordpolarmeer ist anders als der Atlantik kein Wärmespeicher, sodass das Land im relativ trockenen Winter stark auskühlt. Von Süden her scheitern laue Lüftchen aus den Tropen an den hohen Gebirgszügen an der Grenze zu China. So sind in Moskau Fröste von bis zu -30 °C üblich, während im kurzen Sommer die Quecksilbersäule ebenso leicht über die +30-Grad-Marke steigt. Je weiter nach Osten, desto ausgeprägter werden die Unterschiede. Die größten Temperaturschwankungen, die jemals in einer Wetterstation gemessen wurden, hatte das ostsibirische Dörfchen Oimjakon, 650 Kilometer nördlich von Jakutsk, zu vermelden: Hier, an einem der beiden Kältepole der nördlichen Hemisphäre, wurden im Winter fast -78 °C, im Sommer bis zu +38 °C gemessen.

Gut vermummt, Winterfreuden in Omsk

So krass sind die Kapriolen der Quecksilbersäule natürlich nicht immer. Dennoch überwiegen in den meisten Regionen Extreme. Der lange Winter geht unvermittelt in den Sommer über, der vielerorts auch den meisten Regen bringt. Die gemäßigten Jahreszeiten wie Frühjahr und Herbst glänzen mehr oder we-

INFO

»Zieht euch warm an!«

Im Winter erkennen Russen Ausländer meistens daran, dass diese keine Kopfbedeckung tragen. Ich wurde immer wieder darauf hingewiesen, stets meinen Kopf gut mit einem Tuch oder noch besser einer Mütze zu schützen. Berühmt sind vor allem die russischen Pelzmützen für Männer, die traditionellen *Schapkas*. Den Rest des Körpers bedecken die Einheimischen mit diversen Schichten, um sich ihrer gegebenenfalls Stück um Stück wieder entledigen zu können. Die Russen beschreiben diese fesche Wintermode äußerst treffend als »bekleidet wie ein Kohlkopf« *(odét kak kapústa* – одет как капуста*)*. Denn während es draußen oft bitter kalt ist, herrschen drinnen nahezu tropische Temperaturen. Der Grund: Mit ihrer Heizungswärme gehen Russen verschwenderisch um. Thermostate haben sich bisher noch nicht durchsetzen können. Die zentral festgelegte Raumtemperatur bewegt sich bei über 20 °C und höher. So ist dort, wo die Heizkörper funktionieren, Schwitzen angesagt.
Wenn es einmal sehr kalt sein sollte, gibt es für die Füße noch eine ganz besondere Erfindung: Filzstiefel *(wálenki* – валенки*)*. Nichts wärmt bei eisigen Temperaturen besser als diese zwar nicht gerade modischen, dafür aber umso effizienteren, einfachen grauen Stiefel aus mehrfach gepresster Schurwolle.

Meterlange Eiszapfen

niger durch Abwesenheit. Und während Ende Mai mancherorts noch das Wasser der Eiszapfen langsam von den Dachrinnen tropft, knospen gleichzeitig schon die Blüten und Blätter. A propos Eiszapfen: Russland-Neulinge, die sich im Winter in den Städten aufhalten, sind gut beraten, trotz dicker Vermummung und rutschbahnartig vereister Bürgersteige ihr Haupt hin und wieder gen Himmel zu heben. Denn von oben droht Gefahr: Nicht selten bilden sich an den überhängenden Dachrinnen armdicke und meterlange Eiszapfen, die mühsam abgeschlagen werden müssen, bevor sie ahnungslose Passanten erschlagen könnten.

Wälder & Vegetation

Tundra

Das extreme, unwirtliche Klima verlangt in den meisten Landesteilen auch der heimischen Flora alles ab. Hier gedeihen lediglich äußerst zähe und widerstandsfähige Pflanzen. Fruchtbare Böden gibt es in Russland nur wenige. Von Norden nach Süden entsprechen die Vegetationszonen in etwa den jeweiligen Klimazonen. In den weiten Tundrengebieten des äußersten Nordens wachsen hauptsächlich Flechten und Moose. Die längste Zeit des Jahres bleibt der Untergrund im Reich des Dauerfrostbodens (durchschnittlich 300–400 Meter tief) ohnehin von einer dicken Eisschicht bedeckt. Nur im kurzen Sommer taut die oberste Schicht oberflächlich auf und verwandelt die Landschaft in einen mit Mücken verseuchten Sumpf.

Taiga

Typisch für Russland sind und bleiben jedoch die riesigen Waldgebiete südlich der Tundra, die vor allem den asiatischen Teil des Landes großflächig bedecken. Wer in Russland reist, etwa mit der Transsibirischen Eisenbahn oder – noch exotischer – der erst 1989 fertig gestellten Baikal-Amur-Magistrale (BAM), bewegt sich streckenweise tagelang durch schier endlose Wälder. Russland ist das waldreichste Land unseres Planeten (seine Wälder machen knapp ein Viertel der gesamten Waldfläche der Erde aus) und die grenzenlose Weite der Taiga ist ein immer wiederkehrendes Motiv alter und neuer russischer Literatur. Schon Anton Tschechow schrieb einst: »Die Kraft und der Zauber der Taiga liegen darin, dass vielleicht nur die Zugvögel wissen, wo sie zu Ende ist«.

Birkenwälder

Die Waldgebiete selbst bestehen gewöhnlich nur zu einem kleinen Teil aus Mischwald. Das gilt insbesondere für Russlands Westen, etwa ab einer Höhe von St. Petersburg bis hinunter zur ukrainischen Grenze im Süden. Nördlich davon und in den Gebieten östlich des Urals spricht man vom borealen (nördlichen) Nadelwaldgürtel, der berühmten Taiga. Hier dominieren Nadelbäume wie Tannen, Kiefern und Lärchen. Daneben sind aber auch einige Laubbäume vertreten wie Weiden, Pappeln und vor allem Birken. Die Birke ist eine Art russisches Wahrzeichen und wächst im ganzen Land. Viele Kunsthandwerksprodukte werden aus Birkenrinde gefertigt, Birkensaft gilt als Gesundbrunnen und schließlich benutzt man bevorzugt Birkenzweige, um sich in der *Bánja* (Sauna) zu massieren. Holz ist bis heute ein gerne und oft verwendeter Baustoff. Und wer sich die filigranen Schnitzereien, mit denen die Fensterumrahmungen vieler al-

Holzhäuser in Nowotscherkassk

ter Holzhäuser kunstvoll verziert sind, einmal genauer anschaut, bekommt eine Ahnung davon, was der Wald den hier lebenden Menschen bedeutet. Über Jahrhunderte versorgte er die Russen mit allem Lebenswichtigen: mit Baumaterial, Pelzen und Nahrung. Außerdem spielt er in den meisten russischen Märchen und Erzählungen eine wichtige, fast mystische Rolle. Ganz profan wird er jedes Jahr im Herbst zum Schauplatz eines bis heute bei Alt und Jung gleichermaßen beliebten Volkssportes: dem Pilze sammeln!

In Sachen landwirtschaftlicher Nutzung war der Wald jedoch weniger freigiebig zu den Russen: Einigermaßen verwertbar sind nur die Waldböden der osteuropäischen Mischwaldzone, die mit Hilfe von Düngung und angepassten Anbaumethoden halbwegs ertragreich sein können. Die Podsol-Böden (Bleicherde) der Taiga sind hingegen kaum urbar zu machen, zumal in großen Gebieten auch hier der Dauerfrostboden eine Nutzung von vornherein verhindert.

Russlands Kornkammer

Die fruchtbarsten Gegenden Russlands befinden sich daher im Süden des Landes, dort, wo sich die Wälder langsam lichten und über die Waldsteppe in die eigentliche Steppe übergehen. Sie erstrecken sich insbesondere über das mittlere und südliche Wolga-Tal, den südlichen Ural und Teile Westsibiriens. Hier, im berühmten

Schwarzerdegürtel, befindet sich Russlands Kornkammer – eine im Hinblick auf den Rest des Landes jedoch relativ kleine wirklich fruchtbare Zone. Ihr Humus- und Nährstoffreichtum bildet eine optimale Grundlage für den Anbau der meisten Feldfrüchte. Es ist sicher kein Zufall, dass das internationale Wort für Schwarzerde, Tschernosem (von чернозём – *tschernosjóm* – schwarze Erde), russischen Ursprungs ist, liegen doch die Kernbereiche dieses Bodentyps in den Ländern der ehemaligen Sowjetunion, neben Russland in der Ukraine und in Kasachstan.

Wasser

Mütterchen Wolga

Die Wolga, von den Russen auch zärtlich *»mátuschka Wólga«* (матушка волга – Mütterchen Wolga) genannt, gilt nicht nur wegen der überaus fruchtbaren Gebiete an ihren Ufern als der »russischste aller Flüsse« oder gar »Spiegel der russischen Seele«. Europas mächtigster Strom ist bis in die heutige Zeit die wichtigste Wasserstraße im weit verzweigten Netz der russischen Flüsse. Schon am Anfang der russischen Geschichte spielte die Wolga eine entscheidende Rolle als Wasserstraße: Auf ihr schipperten die normannischen Waräger mit ihren Drachenbooten

Rostow am Don

INFO

Wolgatreidler

Glanz und Elend des vorrevolutionären Russland lagen an den Ufern der Flüsse dicht beieinander. Berühmt geworden ist ein Gemälde von Ilja Repin (1844–1930) »Die Wolgatreidler« *(Burlakí na Wólge* – бурлаки на волге*)* aus dem Jahr 1873. Es zeigt, wie einige staubbedeckte Männer in verwahrloster Kleidung und mit leidgeprüften Gesichtern unendlich mühsam ein Boot gegen den Strom die Wolga heraufziehen. Schon zu Zeiten seiner Entstehung sorgte das Bild für Aufsehen, prangerte es doch unumwunden die elenden Arbeitsbedingungen im Zarenreich an. Viele sahen in dem Bild eine Parabel auf das russische Volk, seine Langmut und scheinbar unendliche Leidensfähigkeit.
Seither ist viel Wasser die Wolga hinunter geflossen. Und die neuen, kapitalistischen Zeiten bringen es mit sich, dass gewitzte Reiseveranstalter aus dem einstigen, von den Revolutionären bekämpften Feudalsystem heute auf ihre Art Profit schlagen: Wer gerne authentisches russisches Leiden erleben möchte, kann eine Erlebnis-Tourismus-Tour der besonderen Art buchen: Für ein paar tausend Rubel darf er sich dann Schleppseile umhängen und wie einst die Treidler ein Schiff die Wolga entlangziehen.

gen Süden, um nach einer lukrativen Handelsroute zwischen Ostsee und Schwarzem Meer zu suchen.

Fluss-Systeme

Viele der gut zwei Millionen Gewässer Russlands sind nach wie vor wichtige Verkehrsadern und werden heute gerne für Flusskreuzfahrten genutzt. Bevor es befestigte Straßen gab, behinderten die dichten Wälder und der vielerorts sumpfige Untergrund das Vorankommen. Die zahlreichen Flüsse und Ströme boten in der Regel die einzige Möglichkeit, größere Entfernungen in den Waldgebieten per Schiff oder Floß zurückzulegen. Sie begünstigten so die Erschließung von Gebieten entlang ihrer Ufer, wo prosperierende Städte und reiche Klöster entstanden. Wegen ihrer langsamen Fließgeschwindigkeit und des geringen Gefälles, waren sie perfekte Transportwege. Hilfreich war dabei die Tatsache, dass viele Flüsse so eng beieinander verlaufen, dass sie ganze Systeme bilden. Bevor man sie durch Kanäle miteinander verband, wurden die kurzen Entfernungen zwischen den einzelnen Flüssen durch Schleppstellen überbrückt, an denen die Schiffe mühselig über Holzstämme von einem Lauf zum nächsten transportiert wurden. Weite Teile des europäischen Russlands haben sich so entlang der gekoppelten Flussläufe von Wolga, Dwina, Don und Dnjepr erschließen lassen. Auch die rasante Landnahme Sibiriens verlief entlang der großen Ströme.

Sibirien – Mythos und Wirklichkeit

Sibirien – unheimlich und voller Widersprüche. Die einen verbinden damit die Faszination der schneebedeckten, unbewohnten Wildnis. Anderen erscheint die

Schlafendes Land

Region als Symbol unmenschlicher Herrschaftssysteme mit gefürchteten Arbeits- und Straflagern. Dritte schließlich denken lieber an seinen unermesslichen Reichtum an Bodenschätzen aller Art. All das ist Russland östlich des Ural – und noch vieles mehr!

Sibirien, was in der Sprache seiner Ureinwohner »schlafendes Land« bedeutet, beeindruckt zunächst einmal durch seine Größe. Vom Ural im Westen bis zu den Höhenzügen der pazifischen Wasserscheide im Osten sind es etwa 7000 Kilometer und von der Küste des Nordpolarmeers zu den Gebirgen an den chinesischen und mongolischen Grenzen im Süden rund 3500 Kilometer – Sibirien allein ist ungefähr so groß wie die USA.

Die meisten seiner gut 24 Millionen Einwohner leben entlang der Trasse der Transsibirischen Eisenbahn im äußersten Süden. Weite Landstriche im Norden sind hingegen unbewohnt.

Zwangsarbeit

Bereits kurz nachdem die ersten russischen Pioniere und Pelzjäger die sibirischen Weiten für den Zaren in Besitz genommen und die einheimischen Ureinwohner teilweise brutal unterworfen hatten, wurde das Land östlich des Ural zum Inbegriff von Verbannung, Verfolgung und mörderischer Zwangsarbeit. Denn schon im 17. Jahrhundert hieß es »ab nach Sibirien«: Unter Peter dem

Bahnhof von Sludjanka in Sibirien

INFO

Was bedeutet eigentlich Gulag?

Anders als vielfach angenommen befanden sich die gefürchteten Straflager übrigens nicht nur in Sibirien, sondern auch an der Wolga oder im äußersten Nordwesten, in der Nähe von Archangelsk. Die durch Alexander Solschenizyn weltberühmt gewordene Abkürzung »Gulag«, *Gláwnoje Uprawlénije Lageréj* (главное управление лагерей), bezeichnet außerdem nicht die eigentlichen Lager, sondern deren Hauptverwaltung, die Anfang der 1930er Jahre eingerichtet wurde. Wie viele Menschen wirklich in den sowjetischen Lagern umkamen, weiß bis heute niemand genau zu sagen. Man vermutet aber, dass ungefähr 20 Millionen Häftlinge den Auswirkungen von Zwangsarbeit, Kälte und Misshandlung erlagen.

Großen ging das Imperium dazu über, lästige Kritiker, Kriminelle und Kriegsgefangene in großem Stil in den Osten zu deportieren – eine Tradition, die unter der stalinistischen Schreckensherrschaft ihren traurigen Höhepunkt erreichte. (vgl. Seite 57)

Zwangsansiedlung

Doch nicht nur Unfreiwillige besiedelten den Osten. Um an die sibirischen Schätze wie Gold, Nickel, Wolfram oder Diamanten zu kommen, ließen die Sowjets noch in den entlegensten Gebieten Ansiedlungen – zu Stalins Zeiten oftmals durch Zwangsarbeiter – aus dem Boden stampfen. An den Reißbrettern der Moskauer Parteizentrale entstanden Pläne für gigantische Prestigeprojekte, die vom Fortschritt der sowjetischen Kultur künden sollten: riesige Staudämme, gewaltige Wasserkraftwerke und neue ehrgeizige Bahnprojekte wie die Baikal-Amur-Magistrale, dem »Helden-Projekt des (letzten) Jahrhunderts«. Ein Projekt übrigens, das sich mittlerweile als gigantische Fehlinvestition erwiesen hat. Mit üppigen Löhnen und einer ganzen Reihe von Privilegien wurde noch in den 1960er und 1970er Jahren jungen Arbeitern aus dem Westen des Sowjetreiches der Zuzug in den wilden Osten Russlands schmackhaft gemacht. Der Mythos des ausdauernden, Kälte und Einsamkeit trotzenden heldenhaften Sibiriers schloss nahtlos an die Tradition der zaristischen Pelzjäger an.

Sterbende Städte

In den neuen Städten, die so pompöse Namen erhielten wie *Pobéda* (Sieg) oder *Udátschnij* (Die Erfolgreiche), wurde eine komplette Infrastruktur errichtet, um den Zuzüglern das Leben zu erleichtern: Es entstanden Kulturhäuser, Kinos und Krankenhäuser. Viele folgten dem verlockenden Angebot auf gut bezahlte Arbeit. Doch seit in Russland nicht mehr der Plan, sondern der Profit regiert, begann mancherorts der Anfang vom Ende des sibirischen Traums: Häufig deckten die Einnahmen aus den Gruben nicht mehr die Ausgaben der städtischen Budgets, wenn die Rohstoffpreise auf den internationalen Märkten mal wieder sanken. Die Regionalverwaltungen beschlossen deshalb, die defizitären Städte zu »liquidieren«, das heißt, sie einfach nicht mehr zu versorgen, sie langsam sterben zu lassen. Besonders schlimm betroffen sind Siedlungen in den Gebieten, deren

Marktfrau in Chabarowsk

Zugangsstraßen die meiste Zeit des Jahres aufgrund von Schlamm und Matsch praktisch unpassierbar sind. Sie sind nur im Winter, wenn der Boden gefroren ist, per Lastwagen erreichbar. Vor dem Zusammenbruch der Sowjetunion wurden sie regelmäßig per Hubschrauber mit allem Lebensnotwendigen versorgt. Heute sind die Bewohner, die es sich nicht leisten können, aus der lebensfeindlichen Umgebung fort zu ziehen, auf sich selbst angewiesen. Der Staat hat die teuren Versorgungsflüge eingestellt. Dort, wo sich keine privaten Händler etablieren können oder wollen, ernähren sich die Zurückgebliebenen fast ausschließlich von dem, was die Natur ihnen gibt. Das Leben in diesen Landesteilen ist wieder genauso archaisch und rückständig wie vor Urzeiten.

Boomtowns

Aber es gibt auch andere Beispiele: Dort, wo sich die Ausbeutung der natürlichen Reichtümer noch rechnet, wird investiert und modernisiert. Nischnewartowsk etwa, das Zentrum der westsibirischen Ölindustrie, gilt als eine der reichsten Städte Russlands. Und auch im nordsibirischen Norilsk, das nur per Flugzeug oder Schiff erreichbar ist, rollt der Rubel: Der Großkonzern *Norilsk Nickel,* weltweit größter Nickelproduzent, ist eines der profitabelsten Unternehmen des heutigen Russland. Ganz nebenbei allerdings auch einer der größten Umweltverschmutzer: Mit über zwei Millionen Tonnen Schwefeldioxid pro Jahr verpesten die Metallhütten in weitem Umkreis die Luft. Das ist die dreifache Menge des Gesamtausstoßes an SO_2 in der Bundesrepublik im gleichen Zeitraum.

Armes, reiches Land: Umweltverschmutzung und Bodenschätze

Ökologische Katastrophengebiete

Überhaupt ist die grassierende Umweltverschmutzung eines der ganz großen Probleme des Landes. Fast überall dort, wo die reichen natürlichen Ressourcen ausgebeutet werden, leiden die Ökosysteme. Die reinen Fakten sind besorgniserregend: Etwa 15 % der Landesfläche werden als ökologische Katastrophengebiete eingestuft. Trinkwasser und Böden sind teilweise mit Krankheitserregern oder giftigen Schwermetallen verseucht. Die Schadstoffemissionen in den Großstädten liegen fast überall deutlich über den gesetzlichen Grenzwerten. Ein weiteres Problem sind die immensen Förderverluste: Riesige Mengen an Erdöl und Erdgas gehen beim Transport durch marode Pipelines verloren und belasten die empfindlichen Ökosysteme von Tundra und Taiga. Darüber hinaus bedrohen unkontrollierte Abholzungen die einzigartigen Baumbestände der russischen Waldgebiete. Mittlerweile als radioaktive Müllhalde berüchtigt sind die Gewässer um die Kola-Halbinsel im hohen Norden Europas, wo ausgemusterte Überreste der russischen Nordmeerflotte, inklusive alter Atom-U-Boote, vor sich hin rosten oder gezielt versenkt werden. Ob nun die letzten Rückzugsgebiete des sibirischen Tigers in der Ussuri-Region, die einzigartige Naturlandschaft des Baikalsees oder die empfindliche Natur der Tundra: Überall ist die reiche russische Umwelt durch exzessiven Raubbau gefährdet. Umwelt- und Tierschützer warnen, aber die Verantwortlichen denken nur langsam um.

Fehlender Umweltschutz

Die scheinbar unerschöpflichen Vorräte des Landes haben dazu geführt, dass nie Wert auf eine nachhaltige, intensive Nutzung der vorhanden Ressourcen gelegt wurde. Oder anders herum ausgedrückt: Sparsamkeit und Genügsamkeit waren noch nie Eigenschaften, die als typisch russisch galten, ein Hang zur Verschwendung schon eher. Die meisten Russen neigen dazu, das, was gerade da ist, sofort zu verbrauchen. Die Geschichte lehrte sie mehr als einmal, dass Besitz und Reichtum ebenso schnell gewonnen wie wieder zerronnen sein können.

Schon zu Sowjetzeiten galt die Natur nicht als schützenswertes Gut, sondern eher als eine Herausforderung, die es heldenhaft zu meistern galt. Energiesparen war damals ein Fremdwort, ebenso wie Thermostate, Zähler und wärmeisolierte Fenster: Stattdessen wurde (und wird) die Raumtemperatur durch Öffnen der Fenster geregelt und der Wasser- und Stromverbrauch – wenn überhaupt – kollektiv abgerechnet. So wurde jahrzehntelang verhindert, dass die Menschen ein Gespür dafür bekamen, was jeder Einzelne zum Umweltschutz beitragen kann.

Wilde Müllkippen

Da aber vieles damals noch Mangelware war, wurde zumindest im Alltagsgebrauch so viel wie möglich recycelt: Früher wurde aus jedem Stück Brennholz sorgfältig noch der letzte Nagel geborgen, war er noch so alt und verbogen. Schließlich war Baumaterial über Jahrzehnte hinweg *defizítnyj* (дефицитный – defizitär). Vor nicht gar zu langer Zeit wurden jegliche Getränke und Milchprodukte noch ausschließlich in Pfand-Gläsern verkauft und Altpapier für Geld gesammelt. Die moderne Wegwerfgesellschaft hat mit ihrem Einzug auch in Russland damit Schluss gemacht. Ein Blick in den Wald am Ortsrand genügt: Dort, wo das Dörflein endet,

Tierschützern ein Dorn im Auge: Handel mit Bärenfellen in der Taiga

in der meine Schwiegereltern beispielsweise ihre Datscha haben, sammeln sich in bunter Mischung ausgediente Kühlschränke, Autobatterien, Plastikmüll und Dosen auf einer wilden Müllkippe. Ein Abfallwagen kommt hin und wieder einmal vorbei. Wann und wo, erfährt aber nur, wer zufällig den winzigen Zettel mit den genauen Terminen erspäht, der lose an einen Baumstamm an der Hauptstraße gepinnt wird. Wer den Moment verpasst hat, kippt seinen Dreck einfach weiter in die Natur. In ganz Russland steckt die Abfallwirtschaft noch in den Kinderschuhen, schaffen es die öffentlichen Entsorgungssysteme nicht, mit den jährlich rasant anwachsenden Müllbergen Schritt zu halten …

Ein neues Umweltbewusstsein?

Vielfach scheitert der Umweltschutz außerdem an leeren Finanzkassen. Wie überall sonst auf der Welt wird auch in Russland die Sorge um die Umwelt als sekundäres Problem eingestuft und erst einmal vertagt, solange große Teile der Bevölkerung noch in Armut leben. Trotzdem gibt es Anzeichen dafür, dass sich langsam so etwas wie ein Umweltbewusstsein entwickelt. Schließlich wird die Umwelt-Gesetzgebung selbst von einer Organisation wie Greenpeace als angemessen eingestuft, auch, wenn es mit der Umsetzung der teils harschen Richtlinien bisweilen noch hapert. Immerhin hat Russland – die USA bis heute nicht – Ende 2004 das Kyoto-Protokoll zum Klimaschutz ratifiziert. Seit 1993 ist eine gesunde Umwelt sogar ein verfassungsmäßig verbrieftes Recht. Problematisch ist derzeit vor allem die Abschaffung des Umweltministeriums. Stattdessen hat man Ende der 1990er Jahre quasi den Bock zum Gärtner gemacht: Umweltschutz ist seither dem Ministerium für Naturressourcen zugeordnet, das für die Förderung der Bodenschätze zuständig ist und seine Prioritäten entsprechend setzt.
In Sachen Umweltschutz kommt deshalb insbesondere den regierungsunabhängigen Organisationen *(NGOs – Non Governmental Organizations)* eine wichtige Rolle zu. So half Greenpeace im Jahr 2000 den offiziellen Fischaufsehern

INFO

Eine Schatzkammer der Natur – Russlands natürlicher Reichtum

Vor gar nicht allzu langer Zeit schien es noch, als sei Russland ein wirklich armes Land: Berichte über Elend und Hunger der Bevölkerung waren an der Tagesordnung. Alle Jahre wieder wurde über die milliardenschweren Weltbankkredite gerätselt, die auf dem Weg in die marode russische Staatskasse offenbar in der berühmt-berüchtigten russischen Weite wirkungslos zu verpuffen schienen. Mittlerweile verbreitet sich jedoch ein ganz anderes Bild vom größten Land der Erde: Russland zahlt seine internationalen Kredite vor Ablauf der Fristen zurück und gehört zu den wichtigsten Rohstofflieferanten der Welt. Denn das Land ist so reich an Bodenschätzen wie kaum ein anderes: Egal, ob Erdöl, Erdgas, Edelmetalle (Gold, Silber, Platin, Kupfer u.a.), Kohle, Eisenerz, Uran, oder Diamanten, fast alles gibt es hier im Überfluss. Auch in dieser Hinsicht liest sich der russische Beitrag zur Weltwirtschaft teilweise wie ein Auszug aus dem Guinness-Buch der Rekorde – weltgrößter Erdgas- und Diamantenlieferant, zeitweise sogar größter Erdölproduzent. Die Hälfte der Kohlevorkommen unseres Planeten befinden sich hier, sowie 20 Prozent der Goldvorkommen. Mit der Öffnung des Landes und einem beständig intensiver werdenden Ausbau der Förderstätten wächst die russische Wirtschaft kontinuierlich. Von Jahr zu Jahr erhöhen sich die Förderquoten und steigen die Exportmengen: Der Energie-Hunger der Weltwirtschaft beschert der russischen Wirtschaft einen stetig steigenden Zufluss an Devisen.

Probleme totschweigen …

mit Schlauchbooten aus, um illegale japanische Fischer vor der Pazifik-Küste zu entlarven. Und im Moskauer Büro der Umweltorganisation gehen häufig zuerst die Hilferufe von lokalen Administrationen ein, wenn irgendwo schon wieder eine Ölquelle brennt. Es bleibt abzuwarten, inwiefern sich das Ende 2005 verschärfte Gesetz zur Kontrolle der *NGOs* auf die Tätigkeit der Umweltschützer auswirkt. International stößt die Gesetzesnovelle auf heftige Kritik, vermutet man dahinter doch das Bestreben des Kremls, kritische Organisationen möglichst einfach mundtot machen zu können.

… solange es geht

Die neuen Bestrebungen der Moskauer Regierung, insbesondere die Informationsflüsse genau zu kontrollieren, knüpfen durchaus an alte Sitten an. Schon zu Sowjetzeiten war es üblich, Umweltinformationen als *top secret* einzustufen, man denke nur an die verspätete Unterrichtung der Weltöffentlichkeit von der Reaktorkatastrophe in Tschernobyl im Jahre 1986. Und auch heute noch herrscht vor allem über die Atomindustrie beharrliches Schweigen. Alte Sperrgebiete wurden wieder eingerichtet und können von Ausländern nur mit einer Sondergenehmigung besucht werden: Am Umweltschutz manifestiert sich eine in Jahrhunderten gewachsene Tradition, dieses gewaltige Land mit all seinen Reichtümern und Widersprüchen von einer kleinen Zentrale aus äußerst strikt zu regieren.

Das alte Russland: Historische Schlaglichter

Der Moskauer Kreml: einst Zarenburg, dann Machtzentrum der alten Sowjetunion, heute Residenz des Präsidenten der neuen Russischen Föderation. Schon immer galt die trutzige Festung mit ihrer charakteristischen Ziegelmauer als eigentliches Symbol russischer Größe und Allmacht – ganz gleich, wer gerade von hier aus über das Riesenreich bestimmte. Und schon immer lebten und regierten die Herrschenden durch dicke Mauern von ihren Untertanen getrennt und bewusst deren Blicken entzogen. Das war zu Zarenzeiten nicht anders als während der Sowjetunion und auch die heutige Führung des Landes tut sich bisweilen noch schwer mit Transparenz und Bürgernähe. Im gewaltigen Bauwerk des Kreml manifestiert sich ein gutes Stück Kontinuität im Verhältnis der Russen zu ihren Herrschern.

Von den Anfängen bis zur Zarenzeit

Wechselvolle Geschichte

Zeichen seiner wechselvollen Geschichte sind in Russland allgegenwärtig. Heute finden sich aufpolierte Relikte aus der Epoche der Zaren einträchtig neben Hinterlassenschaften aus Sowjetzeiten und modernstem Hightech. Das trägt oft ku-

Stalin aus Plastik

riose Züge. So war ich doch einigermaßen erstaunt, als ich bei meinem letzten Russland-Besuch im Garten einer supermodernen Landvilla eine Stalin-Statue aus Plastik entdeckte. Und nur wenige Kilometer weiter eine baufällige, klassische Holzdatscha, auf deren schwarz lackiertem Eisentor das doppelköpfige Adlerwappen der Zarenherrscher prangte. Um das heutige Russland in all seiner Widersprüchlichkeit besser zu verstehen, ist ein genauerer Blick in die Vergangenheit angebracht. Denn das Denken, Fühlen und Handeln moderner Russen ist nicht nur von den großen Umbrüchen der 1990er Jahre geprägt, sondern mindestens ebenso sehr von der rund 70 Jahre währenden Sowjetherrschaft und zuvor der Zarenzeit.

Territoriale Expansion

Wie ein roter Faden zieht sich zum Beispiel die Unterdrückung und Verfolgung Andersdenkender oder vermeintlicher Gegner seitens des jeweiligen Staatsapparates durch alle Epochen russischer Geschichte. Auch der Umgang mit Minderheiten sowie die großen Strukturunterschiede zwischen Stadt und Land sind das Produkt einer jahrhundertelangen Entwicklung. Nicht zuletzt erklärt sich das Selbstverständnis des aktuellen Russland aus der allmählichen territorialen Expansion, aus dem ein riesiges Staatsgebiet hervorgegangen ist, das sich über weite Teile zweier Kontinente erstreckt. Und so spiegelt sich im Leben der Russen auch immer das Verhältnis zwischen Europa und Asien, Ost und West wider.

Kiewer Reich und Goldene Horde

Ungewisse Ursprünge

Viele Einzelheiten der ersten russischen Herrschaftsphasen liegen im Dunkeln. Als halbwegs gesichert gilt heute zumindest Folgendes: Das eigentliche russische Kernland wurde von ostslawischen Stämmen gebildet, die in einem Gebiet sesshaft waren, das sich von knapp unterhalb der Ostsee im Norden bis zum Dnjepr im Süden erstreckte. Im äußersten Westen wurde dieses Siedlungsgebiet von Dwina und Weichsel, im Osten von der oberen Wolga begrenzt. Neben den Slawen wurde es von skandinavischen, finnischen und baltischen Bevölkerungsgruppen bewohnt.

Die Rjurikiden

Wann genau sich erste Herrschaftsstrukturen herausbildeten und woher die slawischen Stämme ursprünglich kamen, ist hingegen nicht ganz geklärt. Allgemein gehen Historiker aber davon aus, dass etwa um die Mitte des 9. Jahrhunderts n. Chr. unter dem legendären Warägerfürsten Rjurik und seinen Brüdern der Prozess begann, der im Laufe der folgenden 150 Jahre zur Entstehung des ersten Staatswesens auf russischem Boden führte. Ob Rjurik selbst wirklich gelebt hat, lässt sich nicht mit Sicherheit sagen. Genauso wenig, wie es dazu kam, dass die Waräger über die Mehrheit der ansässigen Slawen herrschten. Über die Existenz der Rjurikiden-Dynastie an sich gibt es jedoch keine Zweifel. Sie beherrschten bis ins 16. Jahrhundert das russische Reich. Erst der Tod Iwan des Schrecklichen (1584) besiegelte den Untergang dieses Herrschergeschlechts.

Nestorchronik

Ohne die Aufzeichnungen des berühmten Mönches Nestor des Kiewer Höhlenklosters wüssten wir aus dieser frühen Zeit wahrscheinlich kaum etwas. Die meisten Erkenntnisse über die Entstehung des ersten russischen Staatswesens gehen auf die so genannte Nestorchronik zurück, das Hauptwerk der altostslawischen Geschichtsschreibung. Danach sollen es die slawischen Stämme selbst gewesen sein, die den Waräger Rjurik berufen haben, über sie zu herrschen. Da die Nestorchronik aus dem 12. Jahrhundert stammt, von ihr aber nur Abschriften aus dem 14. und 15. Jahrhundert erhalten sind, ist die Zuverlässigkeit der Quelle fraglich und die Berufungsgeschichte selbst, die die Reichsgründung auf das Jahr 862 festschreibt, zumindest zweifelhaft.

Die Kiewer Rus

Mit dem Zusammenwachsen der ostslawischen Stämme unter Waräger-Herrschaft bildete sich wohl eher langsam ein staatsähnliches Konstrukt entlang der Achse Nowgorod–Kiew. Dieses Gebilde war dabei alles andere als ein zentralistisch regiertes Staatswesen. Vielmehr handelte es sich bei der Kiewer Rus um eine lose Föderation einzelner befestigter Stützpunkte und Fürstentümer mit jeweils eigenen Zentren, die durch die sukzessive Unterwerfung benachbarter Gebiete stetig anwuchs. Jedem neu eroberten Territorium wurde ein Gefolgsmann der Rjurikiden vorangestellt. Der jeweils mächtigste Herrscher innerhalb dieses Gefüges wurde zum Großfürsten von Kiew bestimmt, was dazu führte, dass die

Gegen einfache Bauern hat jeder leichtes Spiel.

INFO

Die Russen als Nachkommen der Wikinger?

Die Bezeichnung »Russe« geht auf das Wort »Rus« zurück, mit dem ursprünglich die Waräger oder, um den in Westeuropa gängigeren Begriff zu benutzen, die schwedischen Wikinger bezeichnet wurden. Wie groß der Einfluss war, den die Nordmänner auf die Gründung des Kiewer Reiches hatten, ist umstritten. Einig ist man sich aber zumindest darüber, dass ihre Herrschaft entscheidende Impulse für das Heranwachsen des ersten Staatswesens in der osteuropäischen Tiefebene gab.
Die Etymologie des Namens Rus – wie sollte es auch anders sein – ist nicht mit eindeutiger Sicherheit zu bestimmen. Als am wahrscheinlichsten gilt aber die Herleitung von *Ruotsi* (Ruderer), der finnischen Bezeichnung für die »Schweden«. Infolge der allmählichen Assimilierung der schwedischen Einwanderer wurde der Name Rus schließlich auf alle Einwohner des Kiewer Reiches übertragen; Verkehrssprache wurde das Slawische.

Fürsten samt Gefolgschaft – wie bei so vielen Dynastien des Mittelalters üblich – ständig von Hof zu Hof zogen.

Wladimir der Heilige

Die strategische Bedeutung Kiews war beträchtlich, lag die Stadt doch verkehrsgünstig am Schnittpunkt der alten Handelswege zwischen Ostsee und Schwarzem Meer, zwischen Skandinavien und dem Byzantinischen Reich. Bereits um die Wende zwischen dem 9. und 10. Jahrhundert kam es zu einzelnen Kriegszügen der Rus gegen Konstantinopel. Daraus entwickelten sich in der Folge aber durchaus fruchtbare Handelsbeziehungen. Einen wichtigen Einschnitt markiert das Jahr 988, in dem Wladimir der Heilige (980–1015) den christlich-orthodoxen Glauben annahm und die gesamte Kiewer Bevölkerung gleich mittaufen ließ. Den Kiewer Fürsten brachte das viele Vorteile: Sie wurden für den dynastischen Heiratsmarkt im Ausland attraktiv und ihre Nachkommen gingen in der Folgezeit mit fast allen großen europäischen Königshäusern Eheverbindungen ein. Es verfestigte ihre Macht nach innen und außen. Im ersten Jahrtausend wurde Kiew so zu einer der größten Städte Europas und zum kulturellen, religiösen und wirtschaftlichen Herzen des aufstrebenden ostslawischen Reiches.

Zerfall

Die Blüte war jedoch nur von relativ kurzer Dauer: Probleme erwuchsen dem jungen Staat vor allem aus seiner komplizierten Erbfolgeregelung, die zu heftigen Konkurrenzkämpfen potenzieller Thronfolger um die Kiewer Krone führte. Seine letzte Hochphase erlebte das Reich unter dem Großfürsten Wladimir Monomach (1113–1125), der die zerstrittenen Fürsten noch einmal unter sich einen konnte. Nach seinem Tod zerfiel die Rus dann endgültig in diverse voneinander unabhängige, konkurrierende Fürstentümer. Anschließend hatten die Mongolen leichtes Spiel. Aber auch im Norden standen mit den Rittern des Deutschen Ordens und den Schweden mächtige Gegner bereit, sich Teile des vermeintlich leicht zu erbeutenden Reiches einzuverleiben.

Der Mongolensturm

Mord und Plünderung

»Die Mongolen kommen«! Der den zähen Steppenreitern vorauseilende Ruf allein schon verbreitete Angst und Schrecken. Praktisch keine der an Eroberungen von außen nicht gerade armen Geschichte Russlands hat die Russen so nachhaltig traumatisiert wie der Einfall der Mongolen im vierten Jahrzehnt des 13. Jahrhunderts. Den plötzlich am Horizont auftauchenden Reiterhorden mit ihren gut ausgebildeten, kriegsgewohnten Soldaten war die russische Landbevölkerung hoffnungslos unterlegen. Die Mongolen mordeten, plünderten, brandschatzten und gruben sich so auf ewig in das Kollektivgedächtnis ihrer Opfer ein. Selbst heute noch hegen viele Russen tiefes Misstrauen gegenüber asiatischen Einflüssen, allen voran chinesischen. Die rund 200 Jahre währende mongolische Herrschaft wurde als »Tatarenjoch«, ihr Feldzug als »Mongolensturm« empfunden und hat das kulturelle und wirtschaftliche Leben der Rus dauerhaft geschädigt.

Basiliuskathedrale in Moskau, Bauherr im 16. Jahrhundert war Iwan der Schreckliche.

Tributpflicht

In den Jahren 1237 bis 1242 unterwarfen die Tataren Stadt um Stadt der Rus, im Jahr 1240 wurde Kiew erobert und zerstört. Den Mongolen ging es dabei weniger um die Etablierung einer eigenen Herrschaft auf russischem Boden als um das Eintreiben von Tributen. Städte wurden nur dann zerstört, wenn sie ihren Verpflichtungen nicht nachkamen oder sich nicht unmittelbar unterwarfen. Die Tribute waren so gewaltig, dass sie das wirtschaftliche Leben der betroffenen Gebiete zum Erliegen brachten. Das einst blühende Gebiet von Kiew und Umgebung versank für lange Zeit in Bedeutungslosigkeit.
Die tributpflichtigen Fürsten wurden von den Khanen ernannt oder bestätigt, was ihrer politischen Unterwerfung gleichkam. Auf das kirchliche und gesellschaftliche Leben ihrer Vasallenstaaten nahmen die Mongolen hingegen keinen Einfluss. Die russische Kirche genoss eine privilegierte Stellung, da sie von allen Tributen befreit war. In dieser dunklen Epoche war sie die einzige Instanz, die ihre Schätze und ihren Einfluss mehren konnte.

Überlegenes Herrschaftssystem

Das gewaltige Mongolenreich hat aufgrund seiner hoch entwickelten Verwaltung, seiner strengen Ordnung, dem ausgeklügelten Kommunikationssystem und seiner militärischen Überlegenheit perfekt funktioniert. Diese Strukturen wurden auf die unterworfenen Gebiete übertragen und prägten auch deren Entwicklung. Im Russischen haben sich bezeichnenderweise viele Worte erhalten, die tatarischen Ursprungs sind, wie zum Beispiel *déngi* – деньги (Geld), *kasák* – казак (freier Krieger) und *towár* – товар (Ware).
Der Einheit des Mongolenreichs stand der Zerfall der Rus gegenüber, wobei die Auswirkungen der mongolischen Herrschaft unterschiedlich intensiv waren: Der Westen, ein Gebiet, das in etwa dem heutigen äußersten westlichen Teil der Ukraine entspricht, geriet unter litauische Herrschaft und damit mehr und mehr unter westeuropäischen Einfluss. Der Nordosten unterstand am längsten der Goldenen Horde, nur der Nordwesten mit seinem Zentrum Nowgorod blieb von der direkten Besetzung durch Mongolen verschont, war ihnen aber ebenso tributpflichtig.
Dieser Teil des Landes wurde stattdessen von den Schweden und den Deutschen Ordensrittern bedroht, deren Einfälle (1240 und 1242) durch den später heilig

INFO

Mongolen, Tataren oder »Goldene Horde«?

Während man in Westeuropa zumeist ganz allgemein von Mongolen spricht, ist im Russischen die Bezeichnung *tatary* geläufiger. Gemeint ist dabei ein westmongolischer Stamm, der sich selbst als »Goldene Horde« bezeichnete. Anführer dieses Teils des mongolischen Imperiums war Dschingis Khans Enkel Batu. Sein Herrschaftszentrum befand sich in Saraj an der unteren Wolga.
Nicht zu verwechseln ist *Tatar* übrigens mit dem Wort *Tartar,* vom Lateinischen *ex tartaro* (aus der Hölle) abgeleitet, der Bezeichnung, mit der im Mittelalter Angehörige aller zentralasiatischen Steppenvölker bedacht wurden.

Nowgorods Sonderstellung

gesprochenen Großfürsten von Wladimir, Aleksandr Newskij, gestoppt wurden. Aleksandr Newskij verstand es, durch geschicktes Verhandeln mit den tatarischen Okkupanten, seine eigenen Interessen durchzusetzen: So halfen sie ihm etwa bei Erbfolgestreitigkeiten gegen seinen Bruder. Die orthodoxe Kirche vereinnahmte in der Folgezeit den berühmten Feldherren für sich, hatte er sich doch erfolgreich dem »westlichen Expansionsdrang« entgegengestellt. Außerdem galt er als Beschützer der orthodoxen Kirche vor der vermeintlich geplanten Übernahme durch den Katholizismus.

Der Aufstieg Moskaus

Großfürstentum Moskau

Aber auch andere konnten sich die mongolischen Interessen zunutze machen. So sicherten sich die Moskauer Herrscher beim Khan der Goldenen Horde den Titel des Großfürsten und die Befugnis, in dessen Namen Tribute einzuziehen. Dies erwies sich als äußerst einträgliches Geschäft, denn die tatarische Hauptstadt Saraj war weit weg. Längst nicht alle Einnahmen wurden an den Tatarenherrscher abgeführt, sondern landeten stattdessen in der Moskauer Staatskasse. Im Gegenzug konnten sich die schlauen Fürsten dadurch so manches angrenzende Territorium einverleiben, sei es durch Erbteilung, durch kriegerische Auseinandersetzungen oder eben durch Ankauf. Dem Moskauer Fürsten Iwan I. brachte seine erfolgreiche Eintreibe-Politik den bezeichnenden Beinamen *Kalitá* (Geldsack) ein. Zugute kam den Moskauer Herrschern außerdem, dass die Macht der Goldenen Horde im 14. Jahrhundert aufgrund von Erbstreitigkeiten zunehmend schwand.

Stetige Expansion

Am Ausgang des 14. Jahrhunderts verfügte das neue Moskauer Großfürstentum noch über eine relativ kleine Fläche. Begrenzt wurde es durch die Flüsse Suchona und Oka im Norden und Süden, im Westen durch die Quellgebiete von Djnepr und Düna und durch die Wetluga im Osten. Ganz erheblich erweitert wurde das Herrschaftsgebiet Moskaus zur Zeit Iwans III. (1462–1505).

1478 beendete die Eroberung Nowgorods seine kurze Blüte als freie Handelsstadt. Das Stadtparlament wurde entmachtet und durch Moskau treue Abgesandte ersetzt. Weiteren Fürstentümern (Rjasan, Smolensk, Twer) erging es ebenso.

Erstarkung der Kirche

Von entscheidender Bedeutung wurde nun auch die Rolle der orthodoxen Kirche bei der Legitimation der weltlichen Macht: Als im Jahr 1453 Konstantinopel von den Türken erobert und damit der Untergang des Byzantinischen Reiches besiegelt wurde, sah sich die russisch-orthodoxe Kirche als einzig legitime Nachfolgerin der oströmischen Tradition.

Der erste Zar

Die Heirat Iwans III. mit der Nichte des letzten Kaisers unterstrich diesen Anspruch. Der jeweilige Metropolit von Moskau bestätigte von nun an die Macht der nur Gott verantwortlichen Zaren, die somit jenseits jeglicher weltlicher Rechtssprechung standen. Das Fundament der russischen Autokratie war gelegt. Die Nachfolger Iwans III., allen voran Iwan IV. und Peter I., sollten ein gewaltiges Bollwerk darauf errichten.

Die Epoche der Zaren (1462–1917)

Krieg statt Diplomatie

Einen entscheidenden Schritt bei der Expansion des neuen Reiches machte Russland unter Iwan IV., dem Schrecklichen (1547–1584). Hatte sich Iwan III. noch hauptsächlich darauf verlegt, sein Herrschaftsgebiet durch geschicktes Taktieren und Verhandeln zu erweitern, so zögerte sein Enkel nicht, auch militärisch aktiv zu werden.

Iwan der Schreckliche (1533–1584)

Iwan begann seine Herrschaft 1533 noch als Minderjähriger unter der Vormundschaft seines Mentors, des Moskauer Metropoliten Makarij. Als 16-jähriger wurde Iwan IV. schließlich gekrönt und nannte sich fortan äußerst selbstbewusst »Zar und Selbstherrscher über ganz Russland«.

Dienstadel

Die erste Phase der Regentschaft des jungen Zaren war gekennzeichnet durch innenpolitische Reformen, die zum Ziel hatten, die unter seinen Vorgängern begonnene Reichsgründung auch administrativ abzusichern. Nennenswert sind dabei vor allem zwei Maßnahmen: 1550 verfügte Iwan eine Justizreform, die die zuvor übliche lokale Rechtsprechung der Bojaren (vgl. Seite 40) erheblich einschränkte. Zudem verteilte er in großem Stil Besitztümer an eigene, handverlesene Gefolgsleute, von denen er sich im Gegenzug treue Dienste versprach. Der so geschaffene »Dienstadel« sollte der Vormacht der Bojaren weiter Einhalt gebieten. Denn Iwan IV. begegnete ihnen von Anfang an mit großem Misstrauen, das zum Ende seiner Herrschaft sogar pathologische Züge annahm.
Die zweite Maßnahme war eine tief greifende Heeresreform. Erstmals wurde in der Mitte des 16. Jahrhunderts auch Nichtadeligen der Zutritt zum Militärdienst

INFO

Der Zar – Herrschaft ohne Grenzen

Der Begriff »Zar« leitet sich vom lateinischen Wort *caesar* ab, von dem auch das deutsche Wort Kaiser stammt. Die byzantinischen Herrscher nannten sich selber *kaisar*. Da die russischen Monarchen sich als direkte Nachfolger in der Tradition des Oströmischen Reiches sahen, nahmen sie ganz selbstverständlich auch diesen Titel an, der zuvor nur dem byzantinischen Kaiser und den Khanen in Saraj vorbehalten war. Iwan III. war der erste Herrscher, der sich gelegentlich so bezeichnete. Bis zu diesem Zeitpunkt lautete der offizielle Titel noch Großfürst *(Welíki Knjas* – Великий Князь*)*. Erst seit Iwan IV. nannten sich alle Fürsten ab dem Zeitpunkt ihrer Krönung automatisch Zar. Peter dem Großen war das immer noch nicht genug: Er taufte sein riesiges Reich »Russisches Imperium« und nannte sich selbst »Imperator« wie einst die römischen Herrscher, ein Titel, den auch seine Nachfolger nur allzu gerne übernahmen. Damit wurde ganz deutlich signalisiert, dass Russland sich fortan als etablierte europäische Großmacht verstand.

Säbelfolklore vor historischer Kulisse

Berufssoldaten

ermöglicht und ein ständiges Heer von Berufssoldaten gebildet. Frucht dieser Bemühungen war der Aufbau von Strelizen- und Kosakenverbänden, Elitetruppen des Zaren, ihm allerdings nicht immer nur treu ergeben.

Imperiale Großmacht

Außenpolitisch war Iwans Herrschaft in erster Linie durch Expansionsdrang gekennzeichnet: 1552 eroberte er das Khanat von Kasan, das Machtzentrum der Krimtataren, zwei Jahre später das Khanat von Astrachan. Damit war der Weg nach Osten frei und die Tataren endgültig besiegt. Das Moskauer Reich dehnte sich nun bis zum Kaspischen Meer aus und hatte erstmals Territorien in Besitz genommen, die einer anderen Bevölkerungsmehrheit (den Tataren) und einer anderen Religion (dem Islam) unterstanden. Es war damit in den Rang einer imperialen Großmacht aufgestiegen. Gerechtfertigt wurde die Eroberung der neuen Gebiete mit dem Argument, es von den »Ungläubigen« befreien zu müssen, und dem Selbstverständnis Iwans IV. als Alleinherrscher in der unmittelbaren Nachfolge der byzantinischen Kaiser. Mit der Expansion gen Süden verschaffte der Zar seinem Reich zum ersten Mal seit Jahrhunderten sichere Grenzen und den Zugang zu fruchtbaren Böden.

INFO

Die Kosaken – von Bauern zu Berufssoldaten

Das Wort *kasák* stammt wahrscheinlich aus dem Turktatarischen und bedeutet »freier Krieger«. Im 15. Jahrhundert verstand man darunter freie, slawischstämmige Reiterverbände, die sich die Kriegsform der Tataren zu eigen gemacht hatten und das Moskauer Reich an der Grenze zur Steppe beschützten. Ab dem 16. Jahrhundert bekamen diese Reitersoldaten regen Zulauf von Bauern aus den nördlichen Waldgebieten, die sich dem schweren Los als Knechte und Ernährer habgieriger und grausamer Gutsherren entzogen und sich durch die Flucht in die Steppe bessere Lebensbedingungen erhofften. Hauptgebiete der Kosaken waren die Territorien an den Unterläufen von Dnjepr und Don.

Die Kosaken führten ein relativ freies und selbstbestimmtes Leben. Teilweise lebten sie als freie Söldner, die sich für einzelne Feldzüge anwerben ließen, teilweise – als so genannte Stadtkosaken – im Dienste des Zaren.

Begegnete man den Kosaken aufgrund ihrer tapferen Kampfweise mit viel Respekt, so blieben sie für die Herrscher im fernen Moskau doch stets auch unberechenbar. Schließlich fiel es den einst Entflohenen überaus schwer, sich erneut einer Vormacht unterzuordnen.

Livländischer Krieg

Die Ausdehnung Richtung Norden und Westen zur Sicherung eines direkten Meereszugangs erwies sich hingegen als strategischer Fehler katastrophalen Ausmaßes. Zwar begann der Livländische Krieg (1558–1582/83) zunächst durchaus vielversprechend für den siegesgewohnten Zaren: Iwan schlug den Deutschen Orden in seinen Hochburgen an der Ostsee und konnte sich dessen ausgedehnte Ländereien im Baltikum einverleiben. Die übrigen Territorien ließen sich aber nicht von Russland erobern, ihre Bewohner suchten stattdessen Schutz beim schwedischen bzw. polnisch-litauischen König.

Die Türken vor Moskau

Der Krieg zog sich über 25 Jahre hin, mit schweren Verlusten auf beiden Seiten. Die Bindung der russischen Truppen an der nordwestlichen Grenze begünstigte darüber hinaus den Einfall von Krimtataren und Türken im Süden. Diese drängten darauf, die eroberten Gebiete zurück unter islamische Herrschaft zu führen und gelangten dabei bis vor die Tore Moskaus, das 1571 abgebrannt wurde. Erst im kommenden Jahr gelang es dem nunmehr an zwei Fronten kämpfenden Zaren, die Eroberer zurückzudrängen.

Der Livländische Krieg endete 1582/83 aus russischer Sicht in einem Fiasko: Die Waffenstillstandsabkommen mit Polen-Litauen und Schweden schrieben vor, dass Russland alle vormals eroberten Territorien zurückgeben musste.

Iwans Terrorherrschaft

Der Grund für die Niederlage war aber nicht nur militärisches Versagen, sondern lag vor allem in der zunehmenden Terrorherrschaft des »Schrecklichen« begründet. Das russische Wort *grósnyj* (грозный) bedeutet übrigens im ursprünglichen Sinne eher »streng« oder »übermächtig« als »schrecklich«. Der Beiname »der Schreckliche« ist vor allem im Ausland geläufig. Auch heute

noch wird dem widersprüchlichen Zaren in Russland mit einer seltsamen Mischung aus Respekt, Mitleid und Abscheu gedacht. (Diese Tendenz, selbst für monströse Exzesse willkürlicher Herrschaft Verständnis zu zeigen, ist geblieben. So wird selbst Stalin von manchen bis heute noch verehrt.)
Die Ursachen für den Terror in der zweiten Periode seiner Herrschaft werden vor allem in Iwans gespaltener Persönlichkeit gesucht. Ihn quälte eine ungeheure Furcht vor den Bojaren und allen, die ihm in irgendeiner Form die Macht streitig machen konnten. Je mächtiger er wurde, desto stärker wuchs sein Misstrauen gegenüber seiner engsten Umgebung. Es gipfelte im Mord an seinem ältesten Sohn und Thronfolger. Er soll ihn eigenhändig umgebracht haben.

Verfolgungswahn

Auch den Bojaren ging es unter seinem Verfolgungswahn an den Kragen. Iwan IV. berief eine *oprítschnina* (опричнина), eine enge Gefolgschaft aus ihm treu ergebenen Anhängern jeglichen Ranges. Dabei überwogen niedere Dienstadelige und ausländische Abenteurer, die zum Schutze des Zaren nach freiem Ermessen handeln konnten und denen bei allen Maßnahmen Straffreiheit garantiert war. Große Teile des Erbadels wurden von dieser *oprítschnina* enteignet, umgesiedelt, getötet oder vertrieben. Ihre Güter fielen an die *oprítschniki,* die Handlanger des Zaren. Die vollkommene Willkür der *oprítschniki* führte allmählich zu einer Umschichtung der Besitzverhältnisse mit dramatischen Folgen: Die *oprítschniki,* in der Regel mittellose Gutsherren, pressten das Letzte aus den auf ihrem Territorium ansässigen Bauern heraus. Dies führte in den 80er Jahren des 16. Jahrhunderts geradezu zu einer Massenflucht der Bauern, zu Hunger und Seuchen. Als Iwan IV. im Jahr 1584 starb, lag das einst prosperierende Moskauer Reich in Trümmern.

INFO

Die Bojaren – das blaue Blut Russlands

Das Bojarentum geht auf eine alte Tradition zu Zeiten der Kiewer Rus zurück: Die Waräger-Fürsten verfügten über Gefolgsmänner *(druschína –* дружина*),* die zunächst frei wählen konnten, welchem Fürsten sie dienten. Später wurde diese Freizügigkeit allmählich eingeschränkt und die nichtfürstlichen Adeligen mussten dem Fürsten Gefolgschaft leisten, unter dessen Herrschaft die von ihnen geerbten Territorien standen. Ab diesem Zeitpunkt verstand man unter Bojaren alle (Erb-)Adeligen, denen Besitztümer unterstanden, und die sich im Dienste eines Fürsten oder Teilfürsten befanden.
Die Bojaren erwiesen sich im Laufe der Geschichte immer wieder als starke Widersacher der Zaren und wurden entsprechend häufig von diesen bekämpft, am stärksten unter Iwan dem Schrecklichen. Peter der Große schränkte die Macht des Bojarenstandes Anfang des 18. Jahrhunderts erheblich ein, indem er die Bojaren-Duma durch den Senat ersetzte. Unter Katharina II. löste schließlich eine westlich geprägte Standesgesellschaft das Bojarentum ab.

Archaisch: Bauernhof bei St. Petersburg

Zeit der Wirren (1605–1613)

Boris Godunow

Die schwierigen und vor allem für die Landbevölkerung entbehrungsreichen Jahre zwischen der Rjurikiden- und der Romanow-Dynastie sind als die »Zeit der Wirren« *(Smúta* – Смута*)* in die russischen Geschichtsbücher eingegangen. Symptomatisch für diese Epoche ist die tragische Geschichte von Boris Godunow, unsterblich geworden durch Puschkins gleichnamiges Epos und dessen Vertonung durch Modest Mussorgskij.

Nach dem Tode Iwans IV. hatte sein ältester Sohn Fjodor den Thron bestiegen, der als schwachsinnig galt, und an dessen Seite Boris Godunow die Regentschaft übernahm. Man geht davon aus, dass Boris Godunow den jüngsten Sohn Iwans IV., Dimitrij, ermorden ließ, aus Angst, dass dieser nach Fjodors Ableben den Thron übernehmen würde. Nach dem Tode Fjodors gab es keinen Thronfolger mehr, und Boris Godunow wurde 1598 von der Reichsversammlung zum Zaren gewählt.

Der glücklose Zar konnte sich aber nicht gegen den Widerstand des Hochadels durchsetzen. Dem war der »Emporkömmling«, dem noch dazu eine tatarische Herkunft nachgesagt wurde, von Anfang an ein Dorn im Auge. Die Bojaren versuchten statt seiner, einen eigenen Anwärter auf den Thron zu hieven. So traten innerhalb kürzester Zeit zwei Usurpatoren auf, die sich als Dimitrij, Iwans IV. verstorbenen jüngsten Sohn, ausgaben. Mit Godunows Tod im Jahr 1605 starb auch die Hoffnung auf eine bessere Zeit. Erneut versank das Land im Chaos. Hungersnöte, Massenflucht und Aufstände waren die Folge.

Die Romanows

Die westlichen Gegner Russlands, Polen und Schweden, nutzten die Gunst der Stunde und fielen in das geschwächte Reich ein, Moskau wurde zwei Jahre lang von polnisch-litauischen Truppen belagert. Wie häufiger im Laufe der russischen Geschichte (z.B. beim Einmarsch Napoleons oder später der Wehrmacht) war es wohl erst die massive Bedrohung von außen, die alle zerstrittenen Parteien im Kampf gegen die Fremdherrschaft zu einen vermochte. Tatsächlich wurden Polen und Schweden zurückgedrängt und mit Michail Romanow, einem Großneffen der ersten Frau Iwans IV., bestieg 1613 erstmals ein Abkömmling der Dynastie den Thron, die von nun an für 300 Jahre die Geschicke des Landes bestimmen sollte.

Peter I. Romanow (1682/89–1725) und der Aufstieg St. Petersburgs

In den folgenden 70 Jahren beruhigte sich die Lage im Lande und die Wirtschaft konnte sich wieder erholen. Auch flächenmäßig wuchs das Moskauer Reich erneut: 1654 löste sich die von Kosaken geführte Ukraine von Polen-Litauen und unterstellte sich dem Zaren. Und in Richtung Osten dehnte sich das Reich unaufhaltsam aus: In nur knapp 50 Jahren wurden die gewaltigen, aber kaum besiedelten Territorien zwischen Ural und Pazifik in Besitz genommen, 1689 dann im Vertrag von Nerschinsk die Grenze zu China festgelegt.

Fenster nach Europa

Einer der glanzvollsten Vertreter der Romanow-Dynastie ist sicherlich Peter I., der Große. Unter seiner Ägide vollzog sich auch in Russland der Wandel vom Mittelalter zur Moderne. Nach Reisen ins Ausland, vor allem nach England und in die Niederlande, stand sein Entschluss fest: Er wollte das »Fenster nach Europa« aufstoßen, wie es Puschkin später nennen sollte, koste es, was es wolle. Dabei rückte er so manchen alten russischen Traditionen zu Leibe: Berühmt geworden ist die von ihm eingeführte Strafsteuer auf das Tragen langer Bärte und Kaftane. Wem sein Bart lieb war, dem kam das von nun an teuer zu stehen und auch wer sich weigerte, westliche Kleidung zu tragen, musste dafür zahlen.

Radikaler Fortschritt

Mit seinen diversen Reformen griff Peter tief in das Alltagsleben der Russen ein. Er wollte den Anschluss an Europa erreichen und das möglichst schnell. Egal ob Verwaltung, Militärwesen, Wirtschaft oder Religion, kein Bereich des öffentlichen Lebens war vor der Umgestaltungswut des umtriebigen Zaren sicher. In den seltensten Fällen konnte er dabei allerdings auf gewachsene Strukturen zurückgreifen, die seine Neuerungen hätten stützen können, es gab praktisch keine Mittelschicht und kein prosperierendes Stadtbürgertum. Der von Peter verordnete Fortschritt kam von oben, war radikal und bedeutete de facto nur in den Städten eine gewisse Modernisierung. An den nach wie vor elenden Lebensbedingungen zahlloser Leibeigener auf dem Lande änderte sich hingegen nichts. Der bis heute spürbare Graben zwischen Stadt und Land vertiefte sich um ein beträchtliches Stück.

Der größte Romanow – Peter mit Blick nach Westen

Zugang zum Meer

Ganz allgemein ging Peter nur wenig zimperlich mit Gefühlen und Gesundheit seiner Untertanen um. Während des überwiegenden Teils seiner Herrschaft führte er Krieg. Vorrangiges Ziel war der Zugang zum Meer, vor allem zu Ostsee und Schwarzem Meer. Im Süden blieben seine Bemühungen gegen das Osmanische Reich fruchtlos. Im Nordischen Krieg mit Schweden (1700–1721) gelang es ihm dagegen, diesen die Ostseeprovinzen Estland, Livland und Karelien abzuringen.

Petersburg wird Hauptstadt

Hier, im äußersten Westen des damaligen Staates, gründete er 1703 dann auch »seine« Stadt als sichtbaren Ausdruck eines Neubeginns. Die relative Isolation des russischen Reiches war damit endgültig beendet. 1712 machte Peter folgerichtig Petersburg zur Hauptstadt, und setzte damit auch räumlich ein Zeichen für die neue Ausrichtung Russlands nach Westen. Doch die Verlegung der Hauptstadt hatte nicht nur strategische, sondern auch starke persönliche Gründe. 1682 war der gerade erst zehnjährige Peter zwar zum Zaren gewählt worden, doch die Strelizen putschten und setzten durch, dass ihm sein geisteskranker Halbbruder zur Seite gestellt und seine Schwester Sophia zur Regentin ernannt wurde. Seit der junge Zar außerdem noch miterleben musste, wie seine Familie brutal ermordet wurde, war ihm die alte Moskauer Metropole mit ihren Hofintrigen für immer verhasst.

Vehemente Verwestlichung

Die Gründung der neuen Hauptstadt stieß nicht nur im fernen Moskau auf wenig Gegenliebe, ließ der ehrgeizige Zar sie doch in einer ausgesprochen lebensfeindlichen Umgebung errichten. Tausende Arbeiter, darunter viele schwedische Kriegsgefangene, sind beim Bau der Stadt in den sumpfigen, fieberverseuchten Weiten des Newa-Deltas ums Leben gekommen. Und zur Finanzierung des Großprojektes belegte Peter das ganze Land mit Sondersteuern. Die von Peter

Nach holländischem Vorbild: Grachten in Peters Stadt

vehement vorangetriebene »Verwestlichung« fand viele Widersacher, darunter Anhänger der orthodoxen Kirche, Traditionalisten, die um den Fortbestand einer eigenständigen russischen Kultur besorgt waren und natürlich all jene, denen der proklamierte angebliche Fortschritt nur noch mehr Leid und Elend brachte. Peters Entschlossenheit ging soweit, dass er sogar seinen Sohn Alexej foltern und zum Tode verurteilen ließ, da er fürchtete, dieser würde nach seinem Ableben die von ihm durchgesetzten Neuerungen und Errungenschaften wieder rückgängig machen.

Trotz seiner häufig grausamen Maßnahmen wird Peter der Große bis heute in Russland verehrt und bewundert. Und das Konzept, Reformen nicht wachsen zu lassen, sondern quasi ad hoc – per Dekret – zu verordnen, sollte weiterhin Schule machen. Fortgeführt wurde es unter anderem von Katharina der Großen. Auch viel später, schon unter sowjetischer Herrschaft, findet es sich wieder, als versucht wurde, in Rekordzeit aus dem ländlich geprägten Russland eine Industrienation zu formen.

INFO

Geburt eines Weltreiches

In den 300 Jahren zwischen 1600 und 1900 hat sich Russland stetig vergrößert, durchschnittlich um 130 Quadratkilometer pro Tag! Besonders rasant vollzog sich dabei die so genannte »Erschließung« Sibiriens, eine beschönigende Bezeichnung für die Inbesitznahme der endlosen Waldgebiete zwischen Jenissej und Pazifik. Treibende Kraft war dabei anfangs der schier nicht zu stillende Hunger der europäischen Herrschaftshäuser nach wertvollen Pelzen. Auf der Suche nach immer neuen Quellen für den lukrativen Handel drangen russische Pelzhändler und Pioniere tiefer und tiefer in bis dahin unerschlossenes Gebiet vor. In dem halben Jahrhundert zwischen 1600 und 1650 stießen sie dabei bis an die pazifische Küste im äußersten Osten vor.

Die russischen Herrscher unterstützten den Vorstoß der Pelzjäger nach Kräften, sorgten sie doch dafür, dass das Reich gegen Angriffe von außen geschützt wurde. Entlang der großen Ströme Sibiriens wurden Forts und Brückenköpfe errichtet, und das an natürlichen Grenzen arme Land so endlich dauerhaft gesichert.

Zur Zeit Katharinas II. gelang es schließlich in mehreren Kriegen, den Tataren die fruchtbaren Gebiete zwischen Schwarzem und Kaspischem Meer abzuringen.

Die Geburt des neue Riesenreiches konnte indes nicht ohne Verlierer bleiben: Am Vorabend der Revolution waren nur rund die Hälfte der Einwohner Russen, den Rest stellten diverse Volksgruppen, deren angestammte Gebiete auf die eine oder andere Art an Russland gefallen waren. Darunter die unterschiedlichen Kaukasus-Völker, sibirische Nomaden wie die Tungusen und Jakuten, Ukrainer, Tataren, Weißrussen, aber auch Polen, Juden, Balten und Deutsche.

Dieses äußerst heterogene Vielvölkergemisch, allen voran die kriegerischen Kaukasier, sollte in der Zukunft immer wieder für politischen Zündstoff sorgen.

Katharina II. (1762–1796)

Eine deutsche Prinzessin …

Bemerkenswert ist, dass die Herrschaft über das raue Russland in den verbleibenden Jahren des 18. Jahrhunderts hauptsächlich in den Händen von Frauen liegen sollte. Insgesamt vier Vertreterinnen des vermeintlich »schwachen Geschlechts« regierten in kurzer Folge das Land. Aber keine von ihnen sollte es so nachdrücklich prägen wie die deutsche Prinzessin Sophie Friederike Auguste von Anhalt-Zerbst, die als »Katharina die Große« in die Geschichte einging.

… auf dem Zarenthron

Der überaus intelligenten, ehrgeizigen und machtbesessenen Frau genügte es nicht, Zarengattin zu sein. Sie beanspruchte den Thron für sich selbst. Mit Hilfe ihres Favoriten Grigorij Orlow und der Garde stürzte sie ihren ungeliebten Gatten Peter III. kaum ein halbes Jahr, nachdem er zum Zaren gewählt worden war. Aber ließ sie ihn auch von Orlow ermorden? Man geht davon aus, dass dies nicht auf Katharinas Befehl hin geschah, sie es jedoch billigend in Kauf nahm. Orlow indes blieb nicht der starke Mann an ihrer Seite: Er war nur einer in einer

Der eherne Reiter

langen Reihe von Liebhabern, denen die leidenschaftliche Frau gestattete, sehr wohl das Bett, nicht aber die Krone mit ihr zu teilen.

Katharina verfolgte von Anfang an das Ziel, in die Fußstapfen Peters I. zu treten. Sinnfällig wird das in einem überaus berühmten Monument, das sie ihrem großen Vorbild widmete: Der »Eherne Reiter« in St. Petersburg, 1782 enthüllt und mit der einfachen lateinischen Inschrift versehen: *Petro Primo – Catharina Secunda* (Peter dem Ersten von Katharina der Zweiten). Damit machte sie für alle Welt sichtbar: »Ich, Katharina II., stehe auf einer Stufe mit Peter I.«.

Despotin oder Reformerin?

Im Westen ist Katharina vor allem als Herrscherin berühmt, die sich das Gedankengut der Aufklärung zu eigen machte. Mit den französischen Philosophen Voltaire und Diderot unterhielt sie einen umfangreichen Briefwechsel. Die Zarin bekannte sich wohl auch wirklich zu den neuen Ideen und versuchte, an Peters Reformen anzuknüpfen. Sie bemühte sich, den Adel stärker an die Krone zu binden, indem sie ihm erstmals seine Rechte und Pflichten garantierte und ihm weitreichende Privilegien einräumte. Sie setzte Reformen in Rechtsprechung und Verwaltung in Gang und gestand den Regionen zumindest teilweise eine gewisse Selbstverwaltung zu. Außerdem unterstützte sie den Aufbau eines Bildungswesens und förderte Zeit ihres Lebens Künste und Wissenschaften. Bis heute sichtbarer

Eremitage im Winterpalast an der Newa

Ausdruck dieses Mäzenats sind weite Teile der Petersburger Eremitage. Katharina ließ den Winterpalast ihrer Vorgängerin Elisabeth vor allem zu dem Zweck ausbauen, die eigenen, ausufernden Kunstsammlungen unterzubringen.

Nur am menschenunwürdigen Fortbestand der Leibeigenschaft rührte sie nicht, im Gegenteil, die Lage der Geknechteten verschlechterte sich zu Katharinas Zeiten noch weiter. Sie selbst soll während ihrer Regentschaft gar rund 800000 Leibeigene »verschenkt« haben.

Die krassen gesellschaftlichen Gegensätze zwischen der vergnügungssüchtigen Hofgesellschaft und dem riesigen Heer der Besitz- und Rechtlosen entluden sich 1773/74 in einem Aufstand unter Führung des Don-Kosaken Pugatschow, den Katharina gnadenlos und blutig niederschlagen ließ.

Großmacht und andere Gelüste

Auch Katharina führte Krieg und dehnte das Russische Reich weiter aus. Sie führte dabei zu Ende, was Peter begonnen hatte: Durch ihre erfolgreichen Kriege gegen die Türken verschaffte sie Russland den ersehnten Zugang zum Schwarzen Meer. Aber auch im Westen trieb sie die Expansion des russischen Imperiums voran. So gelang es ihr, die russische Grenze auf Kosten des alten Gegners Polen um rund 900 Kilometer nach Westen zu verschieben. Dies unter Billigung der Anrainerstaaten Preußen und Österreich, die sich ihrerseits weite Teile des ehemaligen polnischen Staatsgebietes einverleibten.

INFO

Potemkinsche Dörfer

General Grigorij Potemkin (1739–1791), einer der beliebtesten und einflussreichsten Favoriten der Zarin, wurde nach dem Sieg über die Türken damit beauftragt, die fruchtbaren Steppengebiete um das Schwarze Meer durch Bauern dauerhaft zu kolonisieren. Bei einer verfrühten Inspektionsreise der Kaiserin im Jahr 1787 war dieses Projekt noch lange nicht abgeschlossen. Der findige Graf improvisierte und führte der beeindruckten Monarchin stattdessen wohl nur halbfertige Attrappen und leere Fassaden vor, eben genau jene »Potemkinschen Dörfer«, wie sie dann als Vorspiegelung falscher Tatsachen in den Sprachgebrauch eingegangen sind.

Russland am Vorabend der Revolution

Napoleon in Russland

Die letzten 100 Jahre vor dem Beginn der Sowjetzeit sind gekennzeichnet durch schwelende Konflikte, Krisen und die Unfähigkeit der russischen Herrscher, die zunehmend drängenden sozialen Fragen zu lösen. Noch ein letztes Mal zusammengeschweißt wurden die diversen gesellschaftlichen Schichten und Gruppierungen innerhalb des Zarenreiches durch die Invasion der französischen Truppen unter Napoleon. (Der Napoleonische Feldzug ging unter dem Begriff »Vaterländischer Krieg« in die russische Geschichte ein, während der 2. Weltkrieg als »Großer Vaterländischer Krieg« bezeichnet wurde.) Als die *Grande Armée* 1812 bis nach Moskau vordrang und sich die russischen Generäle gezwungen sahen, der Entscheidungsschlacht auszuweichen und dem Feind stattdessen kampflos die eigene Hauptstadt zu überlassen, begann ein gnadenloser Partisanenkampf, an dem sich auch die russische Zivilbevölkerung beteiligte. Zusätzlich durch die Härten des russischen Klimas bedrängt (zunächst verwandelten sich im Herbst die Wege in Schlamm-, dann im Winter in Eiswüsten), musste sich Napoleon geschlagen zurückziehen. Von seinen einst 600000 Soldaten kehrten nur 30000 nach Frankreich zurück. An der Seite alliierter Verbände drang die russische Armee nun ihrerseits bis nach Paris vor. Territorial profitierte Russland vom Sieg über Napoleon, indem ihm Finnland, weitere Gebiete Restpolens sowie Bessarabien zufiel.

Dekabristen-Aufstand

Die adligen russischen Offiziere, die während des Krieges gegen Napoleon durch Europa gekommen waren, zeigten sich beeindruckt vom sozialen und politischen Fortschritt, dem sie dort begegneten. Bei ihrer Rückkehr nach Russland setzten sie sich für Reformen im Zarenreich ein. Zahlreiche Geheimbünde entstanden, in denen diese neuen Ideen diskutiert wurden. Der Tod von Katharinas Enkel, Zar Alexander I., im Dezember 1825 war der Funke, an dem sich das explosive Gemisch entzündete: In den Wirren um seine Nachfolge sahen die progressiven Aristokraten ihre Stunde gekommen und putschten. Doch der Dekabristen-Aufstand (von russisch *dekábr* – Dezember) wurde niedergeschlagen.

Fünf der rebellischen Offiziere wurden gehenkt, einige degradiert und rund 600 zu Zwangsarbeit nach Sibirien verbannt.

Alexanders Nachfolger, Nikolaus I., regierte mit harter Hand und ließ seine Untertanen von einer neu geschaffenen Geheimpolizei, der »Dritten Abteilung«, bespitzeln. Zu den vielen gesellschaftlichen Brüchen war ein weiterer hinzugekommen: Die nach Iwan dem Schrecklichen nur mühsam überwundene Kluft zwischen Hochadel und Zar brach wieder auf. Diesmal unüberbrückbar.

Ende der Leibeigenschaft

Denn auch den seit Jahrhunderten verbrieften Adelsprivilegien drohte das Aus. 1861 wagte Alexander II. endlich den entscheidenden Schritt zur Abschaffung der Leibeigenschaft. Zu sozialer Gerechtigkeit und Wohlstand führte diese Maßnahme indes nicht. Weite Teile des Gutsadels verarmten und auch den Bauern brachte die Neuerung nur eine äußerst relative Freiheit. Denn das Land, das sie erhielten, war oftmals kleiner als das, welches sie vorher bearbeitet hatten. Noch dazu mussten sie dafür Ablösezahlungen leisten, die viele in die Schuldenfalle trieben. Die Bauern wurden auch nicht im eigentlichen Sinne Privateigentümer, sondern ihr Land, an das sie weiterhin gebunden waren, verblieb im Besitz der Landgemeinde, des *mir* (мир). Freie Arbeitskräfte entstanden dadurch kaum.

Industrialisierung

Dabei waren es genau solche freien Arbeiter, derer das Land dringend bedurfte. Denn auch im Russland des ausgehenden 19. Jahrhunderts setzte nun die Industrialisierung ein. Vor allem Schwerindustrie und Bergbau boomten, aber auch Textilindustrie und Maschinenbau. Alle Industriezweige profitierten vom großen Reichtum des Landes an natürlichen Rohstoffen. Rückständig war je-

Der kaiserliche Doppeladler – das alte und neue Wappen Russlands

doch weiterhin die Infrastruktur des Riesenreiches. Es fehlten Verkehrswege, um die Rohstoffe zu den weiterverarbeitenden Industriestätten zu transportieren, die sich hauptsächlich an der Peripherie der Metropolen befanden.
Der wirtschaftliche Aufschwung konnte nicht über die bestehenden Konflikte zwischen sozialen Schichten, Stadt und Land hinwegtäuschen. Im Untergrund gärte es heftig. So ist es kein Wunder, dass sich verstärkt revolutionäre Gruppierungen formierten, die der Autokratie der Zaren den Kampf ansagten.

Der letzte Zar (1894–1917)

Nikolaus II. Romanow

Erstes Anzeichen eines drohenden Umsturzes war das Attentat, dem Alexander II. 1881 zum Opfer fiel. Nach Alexander III., der in Reaktion auf den gewaltsamen Tod seines Vorgängers manche der begonnenen Reformen wieder rückgängig machte, bestieg 1894 Nikolaus II. Romanow den Zarenthron.

Rasputin

Der glücklose und als schwache Persönlichkeit geltende Zar war mit den gewaltigen Problemen seines Landes hoffnungslos überfordert. Er ließ eine so zwielichtige Figur wie Rasputin (1871–1916) an seinen Hof, von dem die Zarin sich die Heilung des bluterkranken kleinen Zarewitsch erhoffte. Der aus dem Nichts kommende Wanderheilige und angebliche Wunderheiler gewann einen unheilvollen Einfluss auf den Zaren. Man sagte ihm nach, dass er heimlich an wichtigen politischen Entscheidungen beteiligt war. Hinzu kam, dass Russland 1904/05 in einen überaus verlustreichen Krieg mit Japan verwickelt war. Die Niederlage in der Seeschlacht bei Tsushima ließ den Glauben der Bevölkerung in ihre Führung schwinden und war der berühmte Tropfen, der das Fass endgültig zum Überlaufen brachte.

Blutsonntag

Auslöser der ersten (bürgerlich-demokratischen) Revolution von 1905 war eine friedliche Arbeiterdemonstration vor dem St. Petersburger Schlossplatz, deren Vertreter von Truppen des Zaren brutal niedergemetzelt wurden. Rund 130 Demonstranten fanden dabei den Tod. Dieser »Blutsonntag« löste eine gewaltige Welle des Protests im ganzen Lande aus, der sich schnell praktisch alle gesellschaftlichen Schichten anschlossen.

Zugeständnisse an die Revolutionäre (Garantie bürgerlicher Rechte und die Einführung eines Zwei-Kammer-Parlaments, der Duma) verschafften der siechen Monarchie nur eine kurze Atempause. Zwischen 1907 und 1914 konnten auf Initiative der progressiven Kräfte innerhalb der Duma noch einige Reformen auf den Weg gebracht werden, doch der Ausbruch des Ersten Weltkriegs 1914 machte alle Bemühungen endgültig zunichte: Das Zaren-Regime war dem Ansturm der deutschen Truppen nicht gewachsen. Millionen russischer Soldaten starben an der Front, die Versorgung der Stadtbevölkerung brach zusammen, das Volk litt Hunger.

Abdankung

Anfang 1917 führte die Februarrevolution zur Abdankung des letzten Romanow. Der Flug des Zaren-Adlers war beendet, stattdessen sollten die neuen Symbole, Hammer und Sichel, für rund 70 Jahre das Land beherrschen.

Siebzig Jahre Sozialismus (1918–1991)

**»Oh Sonne der Freiheit durch Wetter und Wolke!
Von Lenin, dem großen, ward Licht unserm Pfad.«**
Aus der Hymne der UdSSR

Hoffnung auf eine bessere Zukunft

Der großen Mehrheit der Russen müssen die Ziele und Versprechen der Revolutionäre wie das sprichwörtliche Licht am Ende eines langen und finsteren Tunnels vorgekommen sein. Waren die letzten Jahre der Zarenzeit von Hoffnungslosigkeit, Krieg, Hunger und Elend gekennzeichnet, herrschte nun auf einmal ein ganz neuer Geist. Das ganze Land wurde von einer gewaltigen Aufbruchsstimmung gepackt, geprägt vom Glauben an Fortschritt, Freiheit und Frieden, und an einen »neuen Menschen« in einer neuen Gesellschaftsordnung, die Gleichheit, Solidarität und Gerechtigkeit versprach. Es ist also kein Wunder, dass die sozialistische Revolution vielen wie der lang ersehnte Beginn einer besseren Zukunft und Lenin als strahlender Held eines neuen Zeitalters erschien.

Die Große Oktoberrevolution von 1917

Der erste revolutionäre Ruck des Jahres 1917 hatte am 15. März zur Abdankung Nikolaus II. und zum Sturz der alten autokratischen Ordnung geführt. Zwei Triebkräfte, die bürgerlich-demokratische und die sozialistische, waren im Revolutionsgeschehen wirksam geworden. Entsprechend bildeten sich zwei Organe, die miteinander um die Macht in Russland rivalisierten: die Provisorische Regierung und der Petrograder Rat *(Sowjét)* der Arbeiter und Soldaten. (Seit Kriegsbeginn 1914 hieß St. Petersburg in Abkehr vom deutschen Namen Petrograd.)

Die Sowjets auf dem Vormarsch

Zunächst übernahm die Provisorische Regierung unter Lwow, später dann Kerenskij, die Staatsgeschäfte, konnte sich aber letztlich nicht gegen die Sozialisten behaupten. Auf der einen Seite waren es also konservativ-liberale Gruppierungen, die eine parlamentarische Demokratie anstrebten und an der zaristischen Kriegspolitik festhielten. Auf der anderen Seite drängten die sozialistischen Abgeordneten des Petrograder Rates auf eine unmittelbare Beendigung des Krieges. Die Räte *(Sowjéts)* waren mit ihren neuen politischen Vorstellungen bereits während der ersten Revolution von 1905 hervorgetreten und setzten sich aus den Arbeiterkomitees der Betriebe und Stadtteile zusammen. Im aufgeheizten Klima von 1917 gerieten sie zunehmend unter den Einfluss radikaler Kräfte. Prominente Agitatoren wie Lenin und Trotzkij, die unter der liberalen Interims-Regierung im Mai und April aus Exil oder Untergrund wieder aufgetaucht waren, verstanden es, die »Massen« für ihre Ziele und Ideen zu

Moskau–Peking. Hammer und Sichel nehmen Fahrt auf.

begeistern. Lenin (wie viele seiner revolutionären Begleiter) war mit Unterstützung der Deutschen in einer Nacht- und Nebel-Aktion nach Russland eingeschleust worden, in der Absicht, die politische Lage im ehemaligen Zarenreich weiter zu destabilisieren und somit einen baldigen Friedensschluss zum deutschen Vorteil zu erwirken. Die kaltblütige Rechnung ging auf. Die Tage der Provisorischen Regierung waren gezählt.

Lenin und Trotzkij

Im Zuge der innenpolitischen Konflikte verstrich ungenutzt wertvolle Zeit, um die drängenden Probleme des Landes (Frieden und die längst überfällige Agrarreform) zu lösen. Weitere Niederlagen im Krieg führten zur Desertion vieler Soldaten und einem Linksrutsch in der Bevölkerung. Unzufriedene Bauern revoltierten gegen Gutsbesitzer und enteigneten sie. Unter Lenins Führung erstarkte im Herzen des Petrograder Rates eine kleine, aber schlagkräftige Truppe von Berufsrevolutionären, die *Bolschewikí* (Mehrheitler), die sich auch in den anderen Räten bald gegen ihre politischen Widersacher, die gemäßigtereren *Menschewikí* (Minderheitler), durchsetzen konnten: Lenin und Trotzkij drängten zielstrebig zur gewaltsamen Machtübernahme.

Lenin in der Pose des Visionärs

Auftakt

Am 25. Oktober 1917 gab eine Kanonensalve der Besatzung des Panzerkreuzers »Aurora« das Signal zum Umsturz: Revolutionäre Garden stürmten – ohne dabei auf wirklichen Widerstand zu stoßen – den Sitz der Übergangsregierung im Winterpalast. Reste eines Frauenbataillons und eine Handvoll Kosaken, im Ganzen etwa 300 Personen, sollen ihn verteidigt haben. Ansonsten lief das Petrograder Leben völlig normal weiter. Spaziergänger flanierten auf den Boulevards. Die Theater setzten ihren Spielplan fort. Viele Bürger erfuhren von den Vorgängen überhaupt erst aus der Zeitung.

Mit diesem im Nachhinein extrem aufgebauschten, in Wirklichkeit aber eher unspektakulären Staatsstreich wurde die Provisorische Regierung entmachtet, die Verfassungsgebende Versammlung aufgelöst. Es war eine politische Revolution, eingefädelt von Berufsrevolutionären und Ideologen. Es war keine Revo-

INFO

»Oktober« – Zehn Tage, die die Welt erschütterten

Wer sich zu Gemüte führen möchte, wie die Oktoberrevolution garantiert nicht abgelaufen ist, nämlich »tausende Bolschewisten stürmen zwischen Kanoneneinschlägen der Aurora die letzte Bastion der alten bourgeoisen Regierung«, sollte sich den – künstlerisch hervorragenden, aber ideologisch durchtränkten – Film-Klassiker »Oktober« von Sergej Eisenstein (1898–1948) ansehen. Eisenstein war ein berühmter Filmregisseur der Sowjetzeit und drehte dieses Werk 1928 zu Propagandazwecken. Zehn Jahre zuvor, seinerzeit noch als Student in St. Petersburg und infiziert von den marxistisch-leninistischen Idealen, hatte er sich von der Roten Armee rekrutieren lassen, während sein Vater der politischen Gegenseite in der Weißen Armee diente. Ein Beispiel dafür, wie die damaligen politischen Verhältnisse zu tiefen gesellschaftlichen Brüchen führten und ganze Familien reihenweise entzweiten.

lution, die »direkt vom Volk« ausging. Es war dies der Bruch mit dem Versuch, demokratische Strukturen aufzubauen. Von nun an gewannen die kommunistisch-diktatorischen Kräfte die Oberhand, die das Land in der Tat »umwälzten«.

Räterepublik

Die neu geschaffene Räterepublik unter Führung der Bolschewistischen Partei, wie sie sich nunmehr nannte, machte schnell Nägel mit Köpfen. Auf der Basis von Dekreten begann sie, die wesentlichsten Versprechen der Revolution einzulösen. So wurde der Krieg einseitig für beendet erklärt, die Basis für eine entschädigungslose Enteignung von Grund und Boden, sowie für die Verstaatlichung der gewerblichen Betriebe geschaffen, ein generelles Bildungssystem für alle Bevölkerungsschichten vorangetrieben.

Die diversen Völker Russlands erhielten das Recht auf Selbstbestimmung. Man ging ganz selbstverständlich davon aus, dass sie sich einem künftigen, sozialistischen Staatenbund freiwillig anschließen würden. Das neu geordnete Land nannte sich »Russische Sozialistische Föderative Sowjetrepublik« *(Rossíjskaja Sowjétskaja Federatíwnaja Sozialistítscheskaja Respúblika – RSFSR,* Российская Советская Федеративная Социалистическая Республика – РСФСР*)*. Neue Hauptstadt, allerdings hauptsächlich aus militärtaktischen Erwägungen, wurde nun Moskau.

Bürgerkrieg

Der Preis, den Land und Menschen dafür zu zahlen hatten, war hoch. Die Bolschewisten griffen brutal durch. So erteilte Lenin den Befehl, die gesamte Zarenfamilie auszulöschen, was im entlegenen Jekaterinburg unter nie ganz geklärten Umständen auch geschah. Erst 1992 wurden die in einem Waldstück verscharrten Leichen wieder entdeckt.

Am 3. März 1918 fand im Friedensvertrag von Brest-Litowsk der (1. Welt-)Krieg für Russland sein Ende. Doch es musste dabei große Gebietsverluste hinnehmen (Polen, Finnland, das Baltikum und die Ukraine) und Reparationszahlungen leisten. Außerdem war es in einen Bürgerkrieg gestürzt.

Leo Trotzkij 1918

An der Peripherie des alten Reiches hatten sich aus den Metropolen geflüchtete Adelige sowie Vertreter des zaristischen Offizierskorps und des Bürgertums gesammelt, um gemeinsam gegen die von Trotzkij gebildete und hervorragend organisierte Rote Armee vorzugehen. Unterstützt wurden die »Weißen Verbände« von einer internationalen Koalition aus Engländern, Japanern, Italienern und Amerikanern, die sich genötigt sahen, dem vermeintlichen »Schreckgespenst« eines weltweit siegreichen Sozialismus mittels militärischer Intervention entgegenzutreten. Im Frühjahr 1918 landeten Truppen in Murmansk, Wladiwostok und später auch in Archangelsk. Doch die Mehrheit der russischen Bevölkerung sympathisierte mit der Roten Armee, und so musste sich die von den Westmächten gestützte Weiße Armee letzten Endes geschlagen geben.

Kriegskommunismus

Um der schwierigen Versorgungslage in den Kriegsjahren Herr zu werden, proklamierten die neuen Machthaber den »Kriegskommunismus«: Die von den Bauern produzierten Nahrungsmittel wurden, wenn nötig, beschlagnahmt, Betriebe und Gehöfte mit einer Ablieferungspflicht belegt. Den Schwerpunkt der industriellen Entwicklung legte man einseitig auf die Kriegsgüterproduktion. Praktisch lief der Kriegskommunismus auf die totale Kontrolle des Staates über Produktion, Verteilung der Güter und Arbeitskräfte hinaus. Die eben noch so hoffnungsfroh an Selbstverwaltung glaubenden Arbeiter wurden schnell eines Besseren belehrt, die Bildung neuer Parteien verboten. Stillschweigend ging die Macht von der alten bourgeoisen Elite in die Hände einer neuen Parteielite über. Die hehren Ideen von der Freiheit des Individuums und der Wahrung seiner Rechte gegenüber der Staatsmacht erwiesen sich als leere Versprechungen. Der einzelne russische Bürger blieb der Landesführung weiterhin recht- und schutzlos ausgeliefert – eine Tradition, die sich bis in die Gegenwart fortsetzen sollte.

Der dreijährige Bürgerkrieg bedeutete für Russland einen gewaltigen Aderlass. Die adelige Oberschicht des Landes war entweder umgekommen oder ins Ausland geflohen, die industrielle Produktion dramatisch geschrumpft und die Landwirtschaft lag am Boden. Erneut brachen Unruhen aus.

Vor allem in den dörflichen Regionen. Missernten und Zwangsmaßnahmen zur Getreiderequirierung hatten eine Hungersnot zur Folge. Als die Beschaffungspolitik der Sowjets darin gipfelte, den Bauern auch noch die allerletzten Vorräte – das Saatgetreide – abzunehmen, setzten sich diese zur Wehr. In den Dörfern kam es zu blutigen Aufständen gegen die Rotarmisten.

INFO

Die Rote Armee

Die Rote Arbeiter- und Bauernarmee (kurz: Rote Armee) war die Armee der sozialistischen Republiken der Sowjetunion zwischen 1918 und 1946. Sie wurde unter maßgeblicher Beteiligung Leo Trotzkijs in der Revolutionszeit aufgebaut. Ihr Name entstand im Verlauf des Bürgerkriegs, als man die Soldaten des politischen Gegners als »Weiße Armee« bezeichnete. Von 1946 bis zum Ende der Sowjetunion 1991 hieß die Armee der UdSSR offiziell »Sowjetarmee« *(Sowjétskaja Ármija* – Советская Армия*)*, wurde und wird aber fälschlicherweise weiterhin oft als »Rote Armee« bezeichnet. Die heutigen russischen Soldaten gehören zu den »Streitkräften der Russischen Föderation« *(Wooruschónnye Síly Rossíjskoj Federázii* – Вооружённые Силы Российской Федерации*)*. Auf die rote Fahne mit dem gelbumrandeten roten Stern mussten sie nicht verzichten. Sie ist auch heute noch die offizielle Flagge der Armee. Nach einer von mehreren Theorien gilt der rote Stern als Symbol für die Hand des durch die Revolution befreiten Menschen.

NÖP und Gründung der Sowjetunion

Kurskorrektur

Die katastrophalen Zustände im Land zwangen Lenin zu einem Richtungswechsel, und so wurden während der NÖP, der »Neuen Ökonomischen Politik« *(NEP, Nówaja ekonomítscheskaja polítika* – НЕП, Новая экономическая политика*)*, zumindest teilweise wieder marktwirtschaftliche Elemente wie Privateigentum und eine an Gewinn orientierte Produktion zugelassen. Auch staatsunabhängige Klein- und landwirtschaftliche Betriebe durften sich bilden. Die Bemühungen trugen rasch Früchte, die Wirtschaft erhielt wieder Aufwind und die Lage entspannte sich, wenn auch nur für kurze Zeit.

UdSSR

Autonomiebestrebungen in einzelnen Sowjetrepubliken (vor allem Ukraine und Georgien) machten es nötig, die Föderative Republik mittels einer neuen Verfassung auf ein gesichertes Fundament zu stellen. So wurde auf Initiative Lenins, der einen Nationalitätenkonflikt um jeden Preis vermeiden wollte, im Dezember 1922 schließlich die UdSSR, die »Union der Sozialistischen Sowjetrepubliken« *(SSSR, Sojús Sowjétskich Sozialistítscheskich Respúblik* – СССР, Союз Советских Социалистических Республик*)* ausgerufen. Dabei handelte es sich zunächst um einen Zusammenschluss der Ukraine, Weißrusslands und der Transkaukasischen Republik (ein Konglomerat der miteinander verfeindeten Gebiete von Armenien und Aserbaidschan sowie Georgien) mit Russland. In der

Folgezeit sollte die Union um die mittelasiatischen Republiken Usbekistan und Turkmenistan (1924/25), Tadschikistan (1929) und schließlich Kasachstan und Kirgisien (1936) erweitert werden. Einzelnen Volksgruppen (z.B. Tataren und Baschkiren) wurde das Recht auf »autonome Gebiete« eingeräumt. Zumindest in der Anfangszeit genossen die einzelnen Mitglieder der Föderation noch eine gewisse Unabhängigkeit, vor allem in kulturellen Fragen. Diese relative Freiheit von der Moskauer Zentrale entpuppte sich jedoch bald als Scheinsouveränität und wurde in der Praxis nach und nach abgebaut.

Stalin

Lenins Tod im Jahr 1924 markierte einen wichtigen Einschnitt. Um seine Nachfolge entbrannte ein Machtkampf zwischen Stalin und Trotzkij, den Stalin letztlich für sich entschied. Trotzkij wurde 1929 aus der UdSSR ausgewiesen. Er starb im mexikanischen Exil 1940, ermordet von einem russischen Geheimagenten. Damit war diese kurze Atempause innerhalb der wechselhaften Geschichte des Landes auch schon wieder beendet.

Ein Land in Angst: Stalins Terrorregime

Industrialisierung

Glaubte Lenin noch an die Weltrevolution, so setzte Stalin alles daran, den Sozialismus in Russland selbst fest zu verankern. Dazu arbeitete er mit Hochdruck daran, aus dem landwirtschaftlich geprägten Land eine moderne Industrienation zu machen. Die ersten Fünfjahrespläne wurden eingeführt und die industrielle Produktion um ein Vielfaches gesteigert. Stalins Ehrgeiz galt der Schwer- und Rüstungsindustrie. Die Produktion von Konsumgütern blieb hingegen zurück. Auch die Landwirtschaft wurde durch die Schaffung von Kolchosen (Gemeinschaftsbetriebe) und riesigen Sowchosen (Staatsgüter) rigoros verändert. Mehr Freiheit brachte das den Bauern mitnichten. Ihre Proteste wurden unterdrückt, bisweilen auch mit Waffengewalt niedergeschlagen. Die landwirtschaftliche Produktion sank gegen Null. Die Folge war Anfang der 1930er Jahre erneut eine verheerende Hungersnot, der Millionen von Menschen zum Opfer fielen.

Genosse Stalin (1879–1953)

Doch nicht nur die Bauern hatten zu leiden. Nomadisierende Minderheiten-Stämme wurden zwangsweise sesshaft gemacht. Auch andere Minderheiten büßten schnell die Reste ihrer zeitweiligen Unabhängigkeit ein. Unter dem Deckmäntelchen der revolutionären Umgestaltung des Reiches wurde der

Stalins Monumentalbauten – Machtdemonstration pur

Sozialistischer Umbau

russischstämmige Bevölkerungsanteil (zu diesem Zeitpunkt etwas mehr als die Hälfte der Sowjetbürger) zur »Avantgarde« erklärt, einzig und allein dazu befähigt, den sozialistischen Umbau in den Republiken voranzutreiben. Wer sich dem widersetzte, landete zwangsweise in Sibirien. Mit den Folgen dieser radikalen Nationalitätenpolitik kämpft das Land noch heute – man denke nur an das »Pulverfass Kaukasus« mit seinem gewaltigen ethnischen und religiösen Konfliktpotenzial (vgl. Seite 85).

Säuberungen

Stalin baute das von Lenin begonnene Machtmonopol konsequent aus. Er setzte dabei in noch stärkerem Maße auf Angst und Terror als sein Vorgänger. Während der *tschístka,* der so genannten »Säuberung«, baute er einen effizienten Kontroll- und Einschüchterungsapparat auf. Systematisch entledigte er sich in kurzer Zeit potenzieller Konkurrenten unter den *Bolschewikí,* vermeintlich Andersdenkender, aber auch der geistigen Elite der nichtrussischen Völker und der russischen *Intelligenzija*. Sie wurden umgebracht oder fanden über kurz oder lang in den gefürchteten Arbeitslagern in Sibirien den Tod (vgl. Seite 24f). Wer überlebte, und das waren die wenigsten, wurde so zumindest für lange Zeit mundtot gemacht.

INFO

»Die Sonne, die uns täuscht« – Böse Fratze des Stalinismus

Zum emotionalen Nachvollziehen: Der 1994 gedrehte Spielfilm des russischen Regisseurs Nikita Michalkow beschreibt in eindringlicher Weise und nach einer wahren Begebenheit, wie Stalins Geheimpolizei 1936 in die behagliche Sommerhaus-Idylle des sowjetischen Divisionskommandeurs Kotow einbricht. Der General, einst loyaler Weggefährte Stalins und Held der Revolution, hatte sich durch seine idealistische und nonkonformistische Art offenbar unbeliebt gemacht. Er wird bespitzelt und in Moskau angeschwärzt, worauf der Diktator ihn verhaften lässt. Es war das Jahr des ersten großen politischen Schauprozesses, den Stalin veranstalten ließ. Seine Schergen folterten verdiente Genossen und zwangen sie zu Geständnissen vermeintlicher Vergehen. Vor dem sicheren Todesurteil mussten die Opfer miterleben, wie man ihre Identität und ihre Biographie auslöschte und ihre Familien zerstörte. Regisseur Michalkow und seine sechsjährige Tochter Nadja spielen anrührend die Hauptrollen. Der Film ist dafür 1995 mit einem Oscar ausgezeichnet worden.

Die Deutsche Wehrmacht greift an.

Auftrieb bekam der gefürchtete Diktator vor allem durch den 2. Weltkrieg. Obwohl sein Verfolgungswahn beinahe in die Katastrophe geführt hätte: Ohne die aus der Verbannung zurückgeholten Spitzenoffiziere und Generäle hätte er den Vormarsch deutscher Truppen kaum aufhalten können. Der für die Russen überraschende Angriff der Deutschen Wehrmacht auf die Sowjetunion 1941 schweißte jedoch Führung und Menschen im Kampf gegen die Aggressoren zusammen. Der Vernichtungsfeldzug der Deutschen war grausam. So kostete allein die dreijährige Belagerung Leningrads rund einer Million Zivilisten das Leben. Eine patriotische Welle erfasste das gesamte Land und verhalf Roter Armee und Partisanen in einem langen und brutalen Kampf letztendlich zum Sieg über die Faschisten.

20 Millionen Tote

Der Blutzoll dieser Jahre war gewaltig. Man geht heute davon aus, dass der 2. Weltkrieg rund 20 Millionen Russen das Leben gekostet hat. Nicht wenige davon wurden dabei Opfer der eigenen Führung: Das vermeintlich unerschöpfliche Reservoir an Menschenleben verführte zu Kämpfen ohne Rücksicht auf eigene Verluste. Und der Krieg selbst lieferte Stalin einen willkommenen Vorwand, mit seiner rigiden Nationalitätenpolitik fort zu fahren: Deutsche aber auch Krimtataren und viele Völker aus dem Kaukasus wie Tschetschenen und Kosaken wurden kollektiv der Kollaboration mit Nazi-Deutschland bezichtigt und deportiert.

Warschauer Pakt

Territorial sollte sich der 2. Weltkrieg jedoch als große Bereicherung erweisen. Durch geschicktes Taktieren auf den internationalen Konferenzen (Teheran 1943, Jalta und Potsdam 1945) zur Ordnung Nachkriegseuropas konnte Stalin Staatsgebiet und Einflusssphäre der Sowjetunion stark erweitern. Die während des Krieges zurückeroberten Territorien wurden wieder sowjetisches Herrschaftsgebiet, ebenso erstmals das nördliche Ostpreußen. Um die Westgrenzen des

INFO

Personenkult um Lenin und Stalin

Schon zu Lebzeiten wurden Lenin und Stalin heroisiert. Und jeder Russe, der zu Sowjetzeiten die Schule durchlaufen hat, erinnert sich noch immer daran, wie er alles über das selbstlose und aufopferungsvolle Leben des Genossen Wladimir Ilitsch lernen musste, den er sich zum Vorbild zu nehmen hatte. Auch heute noch findet sich in praktisch jeder russischen Stadt eine überlebensgroße Lenin-Statue, in der Regel in der typischen Pose des dynamischen Visionärs mit wehendem Mantel, die eine Hand weit nach vorn gestreckt, die andere lässig in den Armausschnitt der obligatorischen Weste gehakt.

Nach seinem Tod wurde ihm zu Ehren Peters Metropole in Leningrad umgetauft. Sein einbalsamierter Leichnam ruht noch immer in dem Mausoleum, das man eigens zu diesem Zweck auf dem Roten Platz in Moskau errichten ließ. Noch bis zum Ende der 1980er Jahre zogen Tag für Tag endlose Besucherströme daran vorüber. Posthume Heldenverehrung dieser Art hatte Lenin für sich eigentlich abgelehnt. Man ist seinem Wunsch aber nicht nachgekommen.

Lenin wünschte sich ein schlichtes Familiengrab

Mit Stalin, auf dessen Konto nach vorsichtigen Schätzungen 30–40 Millionen Tote gehen, sieht es freilich anders aus. Er selbst unterstützte den Kult um seine Person nach Kräften. Seine Präsenz war nahezu allgegenwärtig – sei es in Form von Bildnissen an den Wänden, sei es in Gestalt seiner Spitzel und eifrigen Zuarbeiter. Und dennoch: Stalins Tod im Jahre 1953 löste russlandweit Bestürzung und teils hysterische Trauerbekundungen aus. Auch die unter Nikita Chruschtschow einsetzende »Entstalinisierung« änderte wenig. Im Denken vieler Russen bleibt trotz aller Repressionen und Gräueltaten verankert, dass Stalin dem Land Größe und Stärke gegeben hat, wie kaum ein Herrscher vor ihm. Aufklärende Dokumentationen im russischen Fernsehen und Kinofilme sorgen jedoch seit einigen Jahren für eine etwas kritischere Sichtweise.

Wachablösung vor dem Denkmal des Unbekannten Soldaten

Staates bildete sich ein Gürtel von Satellitenstaaten, die zwar auf dem Papier eigenständige Volksdemokratien darstellten, politisch und militärisch aber von der Sowjetunion abhängig waren (Polen, Tschechoslowakei, Ungarn, Rumänien, Bulgarien, Jugoslawien, DDR). Ihren sichtbaren Ausdruck fand diese Abhängigkeit 1955 in der Gründung des »Warschauer Paktes«. Die Sowjetunion war in den Rang einer Weltmacht aufgestiegen.

Kalte Krieger und feurige Reden

Kalter Krieg

Dass das Erwachsen eines starken und ideologisch so vollkommen anders ausgerichteten Konkurrenten im Osten bei den Westmächten nicht gerade Begeisterungsstürme hervorrief, ist nicht weiter überraschend. Von nun an sollte sich die Welt in zwei einander zunehmend feindlich gesonnenen Machtblöcken gegenüberstehen, angeführt von den beiden Supermächten USA und UdSSR. Der »Kalte Krieg« (1945–87) hatte begonnen und äußerte sich in einer ganzen Reihe von durchaus heißen Krisen: 1948/49 Blockade West-Berlins, 1950–53 Korea-Krieg, 1956 Ungarn-Krise und vor allem 1962 Kuba-Krise. Einige Male stand die Welt kurz vor dem Ausbruch eines neuen Weltkrieges.

Chruschtschow (1954–1964)

Entstalinisierung

Nikita Chruschtschow setzte sich im Machtkampf nach Stalins Tod (1953) durch und brachte frischen Wind in das unter der eisernen Hand Stalins erstarrte Land. Berühmt geworden ist seine Geheimrede auf dem XX. Parteitag der KPdSU (Kom-

munistische Partei der Sowjetunion) 1956, in der er in ungewohnt schroffer Weise das Regime Stalins und den um ihn betriebenen Personenkult anprangerte, und damit die »Entstalinisierung« einleitete. Für Millionen von politischen Gefangenen bedeutete diese »Tauwetterperiode« *(óttepel)* eine Amnestie. Und auch wirtschaftlich setzte der dynamische Mann aus dem Süden Russlands neue Zeichen. So kurbelte er endlich auch die Konsumgüterindustrie an. Außerdem versuchte er der – nach wie vor – siechen Landwirtschaft auf die Sprünge zu helfen, indem er den starren Zentralismus der Wirtschaftsverwaltung lockerte und neue Nutzflächen erschließen ließ. Zum ersten Mal seit langem verbesserten sich nun die Lebensbedingungen für den durchschnittlichen Sowjetbürger.
Auch auf kulturellem Gebiet wurden die Reglementierungen der Stalin-Zeit gelockert und so drang mit Alexander Solschenizyns 1962 veröffentlichter Erzählung »Ein Tag im Leben des Iwan Denissowitsch« erstmals ein unverfälschtes Bild von den grauenhaften Bedingungen in den Arbeitslagern (Gulags) an die Öffentlichkeit.

Gagarin und Chruschtschow

Sowohl innenpolitisch wie außenpolitisch spektakulär war der erste bemannte Raumfahrtflug Jurij Gagarins im Jahr 1961, mit dem die Sowjetunion der westlichen Welt ihre Überlegenheit im Wettlauf um die Vorherrschaft im Kosmos demonstrieren konnte. Chruschtschow brüstete sich mit dieser Leistung seiner Wissenschaftler.
In den Satellitenstaaten erwies sich die von Chruschtschow anfänglich nach außen proklamierte »friedliche Koexistenz« von kommunistischem und kapitalistischem Lager als böse Falle: Die blutige Niederschlagung des Ungarn-Aufstands (1956), das Berlin-Ultimatum (1958) und schließlich der 1961 begonnene Bau der Mauer beendeten die Hoffnung auf Freiheit und Unabhängigkeit in den sozialistischen »Bruder«-Ländern.

Ungarn-Aufstand

Zu einer folgenreichen Konfrontation mit dem Westen kam es 1962 während der Kuba-Krise. Die von der Sowjetunion heimlich betriebene Aufrüstung der Zuckerrohrinsel mit strategischen Waffen wurde vom amerikanischen Geheimdienst aufgedeckt. Präsident John F. Kennedy stellte Chruschtschow ein Ultimatum und die Sowjetunion musste daraufhin ihre Raketenbasen wieder abbauen. Diese diplomatische Niederlage besiegelte Chruschtschows Absetzung zwei Jahre später.

Kuba-Krise

Chruschtschow ist intern einer der umstrittensten sowjetischen Führungsfiguren geblieben und der einzige (neben Michail Gorbatschow), der nicht durch seinen Tod die Rolle des Parteisekretärs der KPdSU einbüßte. Obwohl er dem nach

Umstrittene Figur

2. Weltkrieg und 30 Jahren Stalinismus geschundenen Land eine Atempause verschaffte, gilt er als politischer Versager und wurde von seinen Nachfolgern gar zur Unperson deklariert. Das liegt einerseits an der Wechselhaftigkeit und Unberechenbarkeit seiner Politik und seines Charakters. Symptomatisch zeigt sich das in einer spektakulären Rede des hemdsärmeligen Parteisekretärs vor der UNO-Generalversammlung im Oktober 1960, bei der sich der ungeduldige Redner die ungeteilte Aufmerksamkeit seiner Zuhörer sicherte, indem er kurzerhand einen Schuh auszog und damit auf das Rednerpult einhieb. Ein Bild, das um die Welt ging und bei vielen Fassungslosigkeit hervorrief.
Andererseits verziehen ihm viele konservativ-kommunistische Kräfte die Entstalinisierung und das – zumindest zeitweise – entspannte Verhältnis zum Westen nicht. Auch die endgültige Entfremdung zwischen der Sowjetunion und dem kommunistischen Bruderstaat China wurde Chruschtschow zum Vorwurf gemacht.

Breschnew (1964–1982)

Geronto-kratie

Es waren genau jene konservativen Kräfte, die in der Folge die Macht übernahmen. Sie machten Schluss mit der sprunghaft-spontanen Politik des Cholerikers Chruschtschow. Mit Neuerungen und Entspannung war es nun für lange Zeit vorbei. Erstarrung und Bürokratismus waren die Folge. Ja, die »Betonköpfe« schalteten sogar den Rückwärtsgang ein. Von der Entstalinisierung wurde abgerückt, die kritische Auseinandersetzung mit Stalin unterbunden. Das Führungsgremium der KPdSU verkam zu einer Altherrenriege, weshalb das System unter Leonid Breschnew bisweilen als »Gerontokratie« bezeichnet wird. Die herrschende Politiker-Kaste zementierte endgültig die Allmacht der Partei und verfolgte Abweichler und Oppositionelle rigoros: Alexander Solschenizyn wurde ausgewiesen, der Menschrechtler Andrej Sacharow in die Verbannung geschickt. Sich selbst und ihre Verwandtschaft versorgte die Nomenklatura dagegen mit allen Annehmlichkeiten und Vorteilen, die der breiten Masse verwehrt waren.

Der Stern sinkt.

Es ist kein Wunder, dass in diesem schlechten allgemeinen Klima die landwirtschaftliche Produktion erneut stagnierte, was dazu führte, dass vom kapitalistischen Gegenspieler USA in großem Stil Getreide importiert werden musste, um die Versorgung der eigenen Bevölkerung sicherzustellen. International litt das Ansehen der Sowjetunion darüber hinaus durch die militärische Intervention in Afghanistan im Jahr 1979. Die sich über neun Jahre hinziehenden Auseinandersetzungen sollten das Land finanziell und moralisch schwer belasten.
Als Leonid Breschnew im Jahr 1982 verstarb, sah es zunächst so aus, als sollte es mit der von ihm verfolgten Politik noch jahrzehntelang weitergehen.

Andropow und Tschernenko (1982–1985)

Es kam jedoch anders. Jurij Andropow (Parteisekretär von November 1982 bis Februar 1984) war bei seinem Tod fast 70, sein Nachfolger Konstantin Tschernenko (März 1984 bis März 1985) wurde 73 Jahre alt. Beiden Breschnew-Vertrauten fehlte im hohen Alter die Energie und schlicht die Zeit, um dem stagnierenden Land neue Impulse zu geben. Dabei wurden die inneren Probleme unübersehbar und es hätte dringend einiger tief greifender Reformen bedurft. Der ständig wachsende Blutzoll im Afghanistan-Konflikt ließ den Krieg auch in der Sowjetunion selbst zunehmend unpopulär werden. Die Versorgungslage verschlechterte sich weiterhin und Bürokratismus und mangelnde Initiative führten zu einem allgemeinen Klima der Stagnation und Hoffungslosigkeit. Sogar den alten Hardlinern auf der höchsten Ebene des Zentralkomitees wurde nun klar, dass ein Generationswechsel stattfinden musste. Sie vollzogen ihn, indem sie im März 1985 mit dem 54-jährigen Michail Gorbatschow das jüngste Mitglied des Politbüros zum neuen Generalsekretär bestimmten.

Verkrustete Strukturen

Glásnost und Perestróika: Der Zusammenbruch der Sowjetunion (1985–1991)

Der neue Wind, den Gorbatschow in den Kreml brachte, manifestierte sich am deutlichsten in zwei berühmt gewordenen Schlagwörtern: *Glásnost* (Offenheit, Transparenz) und *Perestróika* (Umbau).

Gorbatschow

Unter *Perestróika* verstand der dynamische und charismatische Parteiführer vor allem eine gewisse Liberalisierung der Wirtschaft, allerdings immer noch in den engen Grenzen der sozialistischen Planwirtschaft. Die Reglementierung der Wirtschaft sollte allenfalls etwas gelockert, die Planung etwas weniger zentralistisch gehandhabt werden. Mit dem Beginn von *Glásnost* konnten die Medien erstmals wieder freier berichten, die gesamte Informationspolitik wurde nun wesentlich offener. Diese Offenheit führte allerdings ziemlich bald dazu, dass die Partei selbst und ihre Alleinherrschaft ins Kreuzfeuer der Kritik gerieten, und immer häufiger an ihrer Legitimität gezweifelt wurde.

Perestróika

Glásnost

Großer Beliebtheit erfreute sich z.B. zunächst die Fernsehsendung Прожектор перестройки *(Proschéktor Perestróiki,* Projektor des Umbaus*)*. Das Magazin, das im Anschluss an die abendlichen Hauptnachrichten ausgestrahlt wurde, berichtete erstmals in schonungsloser Offenheit über jegliche Probleme des Landes. Anfangs nur auf eine Viertelstunde angelegt, nahm das Magazin aufgrund des großen Zuspruchs bald mehr und mehr Sendezeit in Anspruch. Dann jedoch schlug die anfängliche Begeisterung der Zuschauer um in Desinteresse: Die ständige Konfrontation mit Negativschlagzeilen führte schließlich zu einer Übersättigung. Die Menschen waren es müde, immerzu nur Schlechtes über das Land, in dem sie lebten, und das System, an das sie jahrzehntelang fest geglaubt hatten, zu erfahren. Letztendlich wurde die Sendung wieder abgesetzt. Das Vertrauen in Partei und System war aber endgültig dahin.

Im Visier der Kritik

Insbesondere im Umgang mit dem Westen betrat Gorbatschow Neuland, denn er setzte schnell und erfolgreich auf Kooperation. Ein 1987 gemeinsam mit den USA unterzeichnetes Abrüstungsabkommen beendete endgültig Kalten Krieg und Rüstungswettlauf. Nur ein Jahr später erfolgte das Ende des Afghanistan-Krieges, und 1989 ließ Gorbatschow die Wiedervereinigung Deutschlands zu.

Auflösung des Ostblocks

Emanzipationsbewegungen in den Sowjetrepubliken begannen die neue Freiheit auch für sich einzufordern: Estland und Georgien deklarierten als erste ihre Unabhängigkeit. Zwischen 1988 und 1991 erklärten sich auch alle anderen Republiken für souverän. Die Union der Sozialistischen Sowjetrepubliken (UdSSR) hörte damit de facto auf zu existieren. Wie Dominosteine fielen in direkter Folge auch die anderen kommunistischen Systeme in Ost- und Mitteleuropa (DDR, Ungarn, Rumänien, Tschechoslowakei, Bulgarien).

Der »Dritte Weg« – eine Sackgasse

Und auch im Kern Russlands ließ sich der allgemeine Zerfall nicht mehr aufhalten. War Gorbatschow im Westen ein hoch geachteter Staatschef, der z.B. den Grundstein für die deutsche Wiedervereinigung gelegt hatte, so schwand sein Ansehen im eigenen Land. Zu drückend waren die schlechte Versorgungslage und die offensichtlichen Strukturprobleme. Der von Gorbatschow propagierte »Dritte Weg« zwischen Kommunismus und Kapitalismus erwies sich als Sackgasse. Es rächte sich, dass es keine klare neue Ordnung gab und die Ereignisse entwickelten eine fatale Eigendynamik. Was am Anfang des Jahrhunderts als positive Umgestaltung begann und von der Hoffnung zahlloser Menschen getragen wurde, endete – wie so oft in Russland – in Enttäuschung und Desillusionierung.

Abkehr vom Kommunismus

Der kommunistischen Partei liefen die Anhänger in Scharen davon. Als erstes prominentes Parteimitglied gab Boris Jelzin 1990 sein Parteibuch zurück, rund eine Million weitere Mitglieder folgten. Jelzins Popularität tat das keinen Abbruch: Im Gegenteil, denn er wurde zum ersten Präsidenten der Russischen Föderation *(Rossíjskaja Federázija),* dem Herzstück der Sowjetunion, gewählt. Damit begann ein offener Machtkampf zwischen Gorbatschow und Jelzin, dem die Reformen des Generalsekretärs nicht schnell und nicht weit genug gingen.

Lubjanka, bis 1991 Sitz des KGB, der Nachfolgeorganisation des NKWD der Stalinzeit. Der heutige russische Geheimdienst operiert als FSB (Föderaler Sicherheitsdienst).

Symptomatisch für die explosive Lage im Lande war der Putschversuch konservativer Parteimitglieder, von Sicherheitsdienst und Teilen des Militärs im August 1991. Gorbatschow wurde samt Familie in seinem Feriendomizil auf der Krim unter Hausarrest gestellt und aufgefordert, von allen seinen Ämtern zurückzutreten. Doch die Reformkräfte im Lande erwiesen sich als zu stark, der Weg zurück zum Kommunismus war versperrt. Unter der couragierten Führung Boris Jelzins versammelten sich weite Teile der Moskauer Bevölkerung vor dem »Weißen Haus«, dem Regierungssitz, um gegen die Putschisten zu demonstrieren. Diese hatten sich dort, geschützt von sympathisierenden Armeeverbänden, verschanzt. Nach drei dramatischen Tagen gaben sie auf.

Für Gorbatschow bedeutete das aber keinen Sieg. Nachdem er sich in der Partei vollkommen isoliert sah und auch unter den Reformkräften keinen Rückhalt mehr besaß, trat er am 24. August 1991 zurück.

Ende der Sowjetunion

Im Dezember besiegelte dann ein Referendum der Ukrainer endgültig das Ende der Sowjetunion: Mit überwältigender Mehrheit stimmten sie für einen Austritt aus dem Staatenbund. An dessen Stelle trat nun die »Gemeinschaft Unabhängiger Staaten« (GUS), eine lose Assoziation von zwölf der ehemaligen Unionsrepubliken. Nur die drei baltischen Staaten Lettland, Estland und Litauen traten der GUS nicht bei. Nach gut 70 Jahren war das Experiment des Sozialismus im größten Flächenstaat der Erde kläglich gescheitert. Die Hypothek, die der sterbende Koloss seinen Erben hinterließ, war gewaltig: Eine schier unüberschaubare Anzahl sozialer, wirtschaftlicher und ethnisch-nationaler Probleme verlangten dringend nach einer Lösung.

Verblassende Geschichte: Russlands Jugend orientiert sich neu.

Demokratisierung mit Hindernissen

»Wir wollten das Beste, aber es kam wie immer ...«
Wiktor Tschernomyrdin, ehemaliger russischer Premierminister

Ein Land im Umbruch

Marktwirtschaft nicht aufzuhalten ...

Flugzeugträger zum Sonderpreis

Wer heute durch die Straßen Moskaus, Petersburgs oder einer anderen russischen Großstadt schlendert, tut sich schwer daran zu glauben, dass es hier noch vor wenigen Jahren nichts als das klägliche sozialistische Einheitsangebot gab. Verschwunden sind die wenigen unauffälligen Läden mit ihrem seltsam gemischten Warenangebot, in denen es zwar alles Mögliche gab, aber eben zumeist nicht das, was man gerade suchte. Sie haben Supermärkten, Einkaufszentren und Läden mit Spezialbedarf Platz gemacht. Überall entstehen hinter dunklen Glasfassaden modernste, vollklimatisierte Konsumtempel westlichen Zuschnitts. Kurzum, es gibt mittlerweile nichts, was man in Russland nicht kaufen kann. Und wer die Zeitungsannoncen auf der Suche nach Schnäppchen durchforstet, wird garantiert fündig: Wie wäre es zum Beispiel mit einem ausrangierten Flugzeugträger? Selbst für die ausgefallensten Objekte scheint es mittlerweile einen Markt zu geben ...

Kaufhaus GUM: Spezialbedarf

... aber eine echte Demokratie?

Der gewaltige Weg, der seit dem Zusammenbruch der Sowjetunion zurückgelegt wurde, ist so für jedermann gut sichtbar. Ökonomisch gesehen hat der Kapitalismus das Land bereits fest im Griff und die sozialistische Planwirtschaft scheint endgültig überwunden, aber politisch? Nicht ohne Grund fällt es vielen bis heute schwer, von einer echten Demokratie im größten Land der Erde zu sprechen.

Ungeregelter Prozess

Der Übergang vom sozialistischen System zur neuen Ordnung war in Russland alles andere als ein geregelter Prozess. Im Prinzip war man sich Anfang der 1990er Jahre darüber einig, dass Reformen her mussten. Aber schon bei der Frage, welche genau, schieden sich die Geister. Schwierigkeiten bereitete nicht nur das Fehlen einer klaren Vorstellung davon, wie genau diese Reformen auszusehen hatten. Als problematisch erwies sich auch, dass der Wille zur Demokratie durchaus gegeben war, es aber keine »echten« Demokraten gab. Denn schließlich waren die neuen Herren im Kreml zum ganz überwiegenden Teil identisch mit den alten. Sollten diese Apparatschiki es schaffen, ein System zu schaffen, das im Wesentlichen auf der Unabhängigkeit von Institutionen beruht? Noch dazu, wo es solche unabhängigen Institutionen schlichtweg nicht gab. Es fehlte so ziemlich an allen Voraussetzungen für die Bildung einer demokratischen Ordnung: rechtsstaatliche Prinzipien, ein pluralistisches Parteiensystem und eine klare Gewaltenteilung – alles Fehlanzeige. Wie sollte ein »neues demokratisches Haus« erbaut werden, wenn es dafür weder Fundament noch Mörtel gab? »Macht nichts«, dachte man sich und baute erst einmal eifrig drauflos, der Rest würde sich schon von alleine ergeben.

Ziellose Reformwut

Die gleiche ziellose Reformwut galt für den Umbau der Wirtschaft. Gerade im Anfang herrschte der Glaube vor, dass der Staat einfach aufhören müsse, die wirtschaftlichen Prozesse zentral zu lenken, und dass sich dadurch ganz automatisch marktwirtschaftliche Strukturen, Privateigentum und eine Zivilgesellschaft bilden würden.

Das Ergebnis dieser planlosen Reformprozesse war eine häufig wechselhafte Politik, die das Prinzip »Trial and Error« zum System erhob. Es ist nicht weiter erstaunlich, dass das nicht selten in Chaos mündete.

Die Ära Jelzin

Alte Muster

Jelzin begann seine Herrschaft ganz im Stile der alten Potentaten. Schnell sorgte er dafür, dass alle wichtigen politischen Organe einzig und allein ihm verantwortlich waren. Als Rechtsnachfolger der UdSSR übernahm die frisch gebackene Russische Föderation mit Armee, Geheimdienst und Ministerien alle wichtigen Institutionen der Sowjetunion und wurde darin auch international bestätigt. Im Inneren war Jelzins Macht damit aber noch lange nicht gefestigt: Über die genaue Zusammensetzung der Regierung entbrannte schnell ein heftiger Machtkampf zwischen Parlament und Präsident.

Alte Vertraute

Denn um zumindest die Exekutive auf seine Linie zu bringen, besetzte Jelzin die wichtigsten Regierungsämter ganz nach eigenem Ermessen. Seine Wahl fiel dabei beileibe nicht ausschließlich auf ausgewiesene Reformer. Einige Ämter schanzte er Vertrauten aus seiner Zeit im sibirischen Swerdlowsk oder engen Freunden zu. Er holte junge Technokraten wie Jegor Gajdar in sein Kabinett

INFO

Die russische Verfassung vom Dezember 1993

Die erste demokratische russische Verfassung ist an die französische Verfassung angelehnt. Sie beruht auf einem starken Präsidenten, der alle vier Jahre direkt vom Volk, jedoch maximal für zwei Amtsperioden in Folge, gewählt wird. Der Präsident genießt weit reichende Vollmachten: So kann er das Parlament entlassen, mit einfacher Mehrheit vom Parlament beschlossene Gesetze blockieren und Präsidialverordnungen (so genannte »Ukase«) erlassen. Das Parlament besteht aus zwei Kammern, der Staatsduma (dem Unterhaus, vergleichbar in etwa dem deutschen Bundestag) und dem Föderationsrat (dem Oberhaus, als Kammer der einzelnen Subjekte der Russischen Föderation vergleichbar dem Bundesrat). Der Präsident ernennt und entlässt den Premierminister (eine Befugnis, von der Boris Jelzin nur allzu oft Gebrauch machen sollte), hat das Oberkommando über die Streitkräfte und beruft den Sicherheitsrat. Er selbst kann nur bei groben Verstößen gegen die Verfassung belangt werden. Die Verfassung enthält klare demokratische und rechtsstaatliche Prinzipien, Russland ist demnach »ein demokratischer föderativer Rechtsstaat mit republikanischer Regierungsform«. Verfassungspraxis und Verfassungsnorm weichen jedoch stark voneinander ab.

und gleichzeitig machte er einen alten Kader wie Wiktor Tschernomyrdin (in der UdSSR Minister für die Gasindustrie) zum Ministerpräsidenten. Den alten Zaren nicht unähnlich, bedachte er seine »Favoriten« mit großzügigen Gunstbeweisen. So beglückte er etwa seinen Leibwächter Korschakow oder seinen Tennislehrer Tarpischtschew mit hohen politischen Ämtern. Wegen des großen Einflusses, den diese Günstlinge und Berater ausübten, wird in diesem Zusammenhang häufig von der »Kremlfamilie« gesprochen. Zur engsten Jelzin-Umgebung gehörte dann auch ein echtes Familienmitglied: Jelzins Tochter Tatjana Djatschenko, die als Image-Beraterin des Präsidenten eine entscheidende Rolle spielte. Mit dieser Art der Personalpolitik machte Jelzin sich viele Feinde. Aber auch inhaltlich stimmten längst nicht alle seiner Politik zu.

Vor allem über Zuschnitt und Ausrichtung der dringend notwendigen neuen Verfassung herrschte Uneinigkeit zwischen Jelzin und dem Parlament. Denn die alte sowjetische Verfassung war im Frühjahr 1993 nach rund 300 Änderungen nur mehr ein widersprüchliches Stückwerk.

Interne Machtkämpfe

Im gleichen Jahr kam es zum vorläufigen Höhepunkt dieses Machtkampfes, als das Parlament Jelzins Wunschkandidaten für das Amt des stellvertretenden Ministerpräsidenten, Jegor Gajdar, durchfallen ließ. Der Präsident löste daraufhin kurzerhand das rebellische Abgeordnetenhaus auf. Die vorwiegend konservativ-kommunistischen Deputierten dachten jedoch gar nicht daran, klein beizugeben und erklärten Jelzins Politik für illegal, ihn selbst für abgesetzt. Und illegal war sein Vorgehen rein rechtlich auch. Nach der alten russischen Verfassung

Roter Platz in Moskau

hätte Jelzin mit der Auflösung des Parlamentes, damals noch »Oberster Sowjet«, auch selbst sein Amt niederlegen und Neuwahlen ausrufen müssen. Der Konflikt spitzte sich zu, als sich Anfang Oktober 1993 die Jelzin-Gegner im »Weißen Haus«, dem Regierungssitz in Moskau, verschanzten und erst mit Waffengewalt zum Aufgeben gebracht werden konnten. Diese »2. Oktoberrevolution« forderte rund 200 Todesopfer und führte zu Neuwahlen sowie einem Referendum über die neue Verfassung.

Die neue Zeit der Wirren

Erste freie Wahlen

Das Referendum brachte Jelzin nicht die erwünschte Bestätigung seiner Politik. Allein die mickrige Beteiligung spricht Bände: Nur 54 Prozent der Berechtigten stimmten überhaupt ab. Davon wiederum befürworteten nur knapp 60 Prozent die neue Konstitution. Das Ergebnis der Parlamentswahlen fiel noch niederschmetternder aus. Von den rund 20 angetretenen Parteien konnte keine die absolute Mehrheit erlangen. Dabei war die neu entstandene russische Parteienlandschaft nicht mit gewachsenen Volksparteien westlichen Zuschnitts vergleichbar, sondern basierte in erster Linie auf persönlichen Seilschaften. Nicht die Inhalte waren entscheidend, sondern die jeweiligen Spitzenkandidaten. Und so sind bis heute die einzelnen Parteien in der großen Mehrzahl staatlich geschaffene Kunstprodukte ohne Basis und eigenständiges Wahlprogramm – einmal abgesehen von der Kommunistischen Partei und Schirinowskijs Liberaldemokraten. Verliert der jeweilige Spitzenkandidat der Partei Macht und Einfluss, zerfällt mit ihm in der Regel auch seine Partei.

Große Gewinner der ersten freien Dumawahlen waren die neofaschistischen Liberaldemokraten unter dem charismatischen Demagogen Wladimir Schirinowskij (knapp 23 Prozent). Gajdars »Demokratische Wahl Russlands« konnte nur knapp 16 Prozent der Wähler für sich gewinnen. Dominierende Kraft im neuen Parlament wurde ein Bündnis zwischen den Kommunisten unter Gennadij Sjuganow und den Nationalisten.

Bettler auf den Straßen

Die Regierung Jelzin wurde für die unklare Politik der ersten beiden Jahre nach Ende der UdSSR abgestraft und musste sich weiter gegen ein oppositionelles Parlament behaupten. Die Mehrheit der Bevölkerung begegnete ihrer neuen Führung mit Misstrauen und zunehmender Gleichgültigkeit. Politikverdrossenheit machte sich breit und der Glaube schwand, dass das neue System den Menschen wirklich zu einem besseren Leben verhelfen könne. Tatsächlich ging es vielen Russen schlechter als zuvor. Erstmals gab es Bettler auf russischen Straßen und viele Pensionäre gerieten an den Rand des Existenzminimums. Löhne, Gehälter, Renten und Stipendien wurden monatelang nicht ausgezahlt. Ich erinnere mich noch gut daran, dass auch meine Schwiegermutter, immerhin Dekanin an der Petersburger Herzen-Universität, oftmals lange Zeit auf ihr Gehalt warten musste.

Talfahrt der Wirtschaft

Anfang und Mitte der 1990er Jahre wurde die rasante Talfahrt der russischen Wirtschaft immer deutlicher. Schon 1992 war ein sehr schwieriges Jahr: Die maroden Staatsbetriebe arbeiteten nicht produktiv, wurden aber weiterhin vom Staat finanziert. Das gelang nur, indem man immer neues Geld in Umlauf brachte. Zur gleichen Zeit wurden die bis dato staatlich geregelten Preise

INFO

Voucher-Privatisierung

Zwischen 1991 und 1994 wurden die meisten Staatsbetriebe privatisiert. Die Regierung gab dazu an alle Angestellten so genannte »Vouchers« aus, private Anteilsscheine. Besaßen diese Scheine anfangs noch den Gegenwert von einem Auto der Marke *Wolga*, so konnten sich ihre Besitzer nicht sehr lange daran erfreuen: Die galoppierende Inflation sorgte für einen dramatischen Wertverlust. Die meisten Kleinaktionäre verkauften ihre »Vouchers«, solange sie noch irgendetwas wert waren. Nicht selten wurden sie dabei von scheinbar wohlmeinenden, gut organisierten Aufkäufern »unterstützt«, die sich so gezielt in den Besitz bestimmter Betriebe brachten.

freigegeben und die Privatisierung der Betriebe eingeleitet. Die Folge war eine verheerende Inflationsrate, die Anfang 1992 auf die Schwindel erregende Höhe von 200 Prozent schoss. Das Vertrauen der Bevölkerung in den Rubel war dahin. Jeder versuchte nur noch so schnell es ging, sein Geld in ausländische Devisen umzutauschen. Vor den vielen Wechselbüros, die allerorten wie Pilze aus dem Boden schossen, bildeten sich tagein, tagaus endlos lange Warteschlangen. In den Geschäften gingen die Inhaber dazu über, die Preise in US-Dollar anzugeben, da der Rubelpreis sich einfach zu schnell änderte. So war es einfacher, den gerade gültigen Tageskurs des Dollars in den Taschenrechner einzutippen und den Rubel-Preis auszurechnen, als jeden Tag neue Preisschilder zu schreiben. Bezahlt werden konnte aber nach wie vor ausschließlich in Rubel. Insgesamt halbierte sich während Jelzins Präsidentschaft das russische Bruttoinlandsprodukt. Fast ein Fünftel der russischen Bevölkerung lebte unter der Armutsgrenze. Höhepunkt dieser Entwicklung war 1998 die Zahlungsunfähigkeit des Staates, der *Defólt* (дефолт), der die bis dahin entstandene Mittelschicht fast vollständig vernichtet hat. Sie hat sich bis heute nicht wieder richtig erholt.

Musterschüler des Kapitalismus

Aber es gab beileibe nicht nur Verlierer und Unzufriedene. Einer kleinen Schicht cleverer Geschäftemacher gelang es, in dieser Zeit der Wirren zu geradezu phantastischem Reichtum zu gelangen. Eine ganze Palette unterschiedlicher »neuer Russen« bildete sich heraus. Zum einen waren das im weitesten Sinne Mafiosi, als *bisnesmény* (бизнесмены) bezeichnete Kriminelle, die sich mit Schutzgeld-

Auf den Nebenverdienst angewiesen

INFO

Wie wird man Milliardär?

Die Wurzeln der Oligarchen liegen noch in der Gorbatschow-Ära und – Ironie der Geschichte – fanden ihren Ursprung ausgerechnet im kommunistischen Jugendverband Komsomol: Bereits Mitte der 1980er Jahre wurde der Handel liberalisiert und der Komsomol erhielt hochoffiziell per Dekret des Zentralkomitees einen Freibrief für privatwirtschaftliche Experimente. Die »Komsomol-Ökonomie« war geboren. Pfiffige Jungunternehmer ergriffen die Gelegenheit beim Schopfe, kauften und verkauften, was ihnen gerade in die Finger kam. Von Michail Chodorkowskij, Ex-Komsomol-Kassenwart, heißt es beispielsweise, er habe zunächst mit Computern und Gorbatschow-Matrjoschkas gehandelt. Bei Boris Beresowskij waren es Autos und Roman Abramowitsch verdiente seine erste Million mit Plastikspielzeug.
Beflügelt durch den Erfolg, streckten die jungen Musterschüler des Kapitalismus schon bald ihre Finger nach lukrativeren Einnahmequellen aus: den vormals staatlichen Rohstoffkonzernen.
Eine glänzende Gelegenheit dazu bot sich ihnen, als Mitte der 1990er Jahre eine zweite Privatisierungskampagne gestartet wurde, die sich nun auch auf die lukrativen Betriebe des Energie- und Telekommunikationssektors erstreckte: Ein Konsortium finanzkräftiger Banken (darunter die *Menatep*-Bank von Michail Chodorkowskij) schlug Präsident Jelzin vor, dem bankrotten Staat einen Kredit in Höhe von rund zwei Milliarden Dollar zu gewähren. Als Sicherheit sollten die Aktienpakete der *Blue-Chips* herhalten. War die Regierung nicht in der Lage, den Kredit fristgerecht zu tilgen, sollten die Aktienpakete mittels Auktion an die höchstbietende Bank versteigert werden. Jelzin nahm das Geschäft an, und der Ausverkauf der russischen Rohstoffindustrie begann: Ein echter Wettbewerb fand bei den Versteigerungen nie statt, sondern die begehrten Anteile wurden nach vorherigen Absprachen Insidern zugeschoben, die ihr Gebot meist nur geringfügig über dem angesetzten Mindestgebot platzierten. Auf diese Weise gelangten Ölgesellschaften, Erdgaskonzerne, Rüstungsbetriebe und Bergwerke in die Hände gerissener Spekulanten, die schon damals den eigentlichen Wert der Papiere abzuschätzen wussten. Michail Chodorkowskij etwa erwarb den Branchenriesen *Jukos* 1995 für rund 410 Millionen Dollar, 2003 war das Unternehmen geschätzte 36 Milliarden Dollar wert. So ist es zu erklären, dass sich in nur kurzer Zeit fast drei Viertel der größten russischen Unternehmen im Besitz von gerade einmal acht Beteiligungsgesellschaften wiederfanden, deren kumulierte Einnahmen sogar den russischen Staatsetat überstiegen.

---

erpressung, Waffen- und Drogenhandel bereicherten. Außerdem gab es Vertreter der alten Nomenklatura, die sich bei der allmählichen Privatisierung der Wirtschaft selbst in Vorstandsposten hievten oder sich durch schlaue Manipulationen die Mehrheit an Beteiligungen sicherten.

Die Oligarchen …

Die *Crème de la crème* der neureichen Russen bildeten schließlich die so genannten »Oligarchen«. Jenes gute Dutzend Wirtschaftsmagnate, die sich die Herrschaft über die ganz wenigen lukrativen Staatsbetriebe – vor allem des Energiesektors – aneigneten. Zu den berühmtesten Vertretern dieses illustren Kreises gehören unter anderem Männer wie Boris Beresowskij, Wladimir Gusinskij, Roman Abramowitsch oder Michail Chodorkowskij. Sie leiteten nicht nur die wichtigsten Wirtschaftsbetriebe Russlands, sondern übten für eine gewisse Zeit auch einen starken Einfluss auf die Politik des Landes aus. Erleichtert wurde ihnen das durch Boris Jelzins lange Krankheit, die diesen einige Zeit unfähig machte, die Regierungsgeschäfte aktiv zu steuern, während Gerüchte über seinen Alkoholismus die Runde machten. Tatsächlich musste sich der mächtigste Mann Russlands einer Bypass-Operation unterziehen und verschwand für Monate aus dem Rampenlicht.

… Lobbyisten in eigener Sache

Mitte der 1990er Jahre gewannen die Oligarchen allmählich immer größeren Einfluss auf Jelzins intimsten Beraterkreis, die Kremlfamilie. Vor allem ihrer großzügigen finanziellen Unterstützung hatte es der schwerkranke Präsident zu verdanken, dass er 1996 wieder gewählt wurde. Als einflussreiche Lobbyisten in eigener Sache rechneten sie sich für den Fall des Wahlsieges der in Umfragen favorisierten Kommunisten nur ziemlich bescheidene Zukunftsaussichten aus und sorgten lieber für eine Wiederwahl Jelzins. Es versteht sich von selbst, dass der Präsident sich für ihre Dienste erkenntlich zeigte. Einige wichtige Posten der Präsidialadministration wurden nach und nach von Mitgliedern der Oligarchie besetzt. Wie schon zu Sowjetzeiten üblich, lenkte nicht so sehr ein einzelner Mann die Geschicke des Landes, sondern ein undurchsichtiger Beraterstab im Hintergrund. Neu war allenfalls, dass es nun unter dem Deckmäntelchen der Demokratie geschah.

Kaderkarussell

Sowohl vor als auch hinter den Kulissen herrschte während Jelzins zweiter Amtszeit ein gnadenloser Verdrängungswettbewerb. 1997/98 griff der genesene Präsident erneut verstärkt selbst in das politische Tagesgeschehen ein. Jelzin besann sich dabei auf ein scheinbar bewährtes Mittel aus alten Sowjetzeiten und brachte das Kaderkarussell in Gang: Zunächst entließ er völlig überraschend Wiktor Tschernomyrdin aus dem Amt des Ministerpräsidenten. Sein langjähriger Gefolgsmann war ihm wohl im Laufe der Jahre zu mächtig geworden, zumal der auch im Ausland großes Ansehen genoss. Doch auch Tschernomyrdins Nachfolger sollten sich nicht lange halten können: In munterem Reigen ging der Posten zunächst an Sergej Kirijenko (April 1998), anschließend an Jewgenij Primakow (September 1998)und schließlich an Sergej Stepaschin (Mai 1999), nachdem Jelzin zweimal am *Njet* der Duma mit dem Versuch gescheitert war, Wiktor Tschernomyrdin ein weiteres Mal als Ministerpräsident durchzusetzen.

Kandidat Primakow

Es ist nicht weiter erstaunlich, dass während dieser Zeit die dringend nötigen Reformprozesse gehörig ins Stocken gerieten. Am ehesten gelang es noch dem vormaligen Außenminister Jewgenij Primakow (September 1998 bis Mai 1999), dem Land neue Impulse zu geben, indem er versuchte, den ständig wachsenden

Einfluss der Wirtschaftsbosse einzudämmen. Außerdem war er der einzige Kandidat, der die mehrheitliche Unterstützung der Duma genoss. Es ist kein Wunder, dass die Kremlfamilie diesen Kandidaten auf Dauer nicht gutheißen konnte und so entließ Jelzin ihn schon bald wieder aus dem Amt.

Tschetschenienkrieg

Krieg im Kaukasus

In weiten Teilen der russischen Bevölkerung stieß das Ränkespiel im Kreml auf Gleichgültigkeit. Man hatte einfach andere Sorgen. Denn nicht nur im Inneren herrschte Chaos, auch außenpolitisch hatte sich mit dem Krieg im Kaukasus ein bedrohliches Konfliktpotenzial aufgestaut. Die Republik Tschetschenien hatte im Herbst 1991 einseitig ihre Unabhängigkeit von der zerfallenden Sowjetunion erklärt. Da im Kreml befürchtet wurde, dass auf lange Sicht damit ein allgemeines Auseinanderbrechen der Föderation eingeleitet würde (andere Republiken wie Sacha/Jakutien, Tywa und Tatarstan hatten ebenfalls separatistische Tendenzen erkennen lassen, die jedoch mittels Verträgen eingedämmt werden konnten), schaltete man auf stur. Ende 1994 besetzten russische Truppen die abtrünnige Republik, und ein langer und von beiden Seiten grausam geführter Krieg begann. Auf die Bombardierung ihrer Dörfer reagierten die tschetschenischen Separatisten mit zahlreichen Entführungen russischer Zivilisten im Grenzgebiet und einem zermürbenden Guerillakrieg. Eine kurze Atempause gelang, als 1996 unter Vermittlung des russischen Generals Alexander Lebed ein Abkommen zur Unterzeichnung kam, das den Tschetschenen die Unabhängigkeit zusicherte.

Schwelender Konflikt

Dieses Abkommen wurde aber schon 1999 wieder zunichte gemacht, als tschetschenische Einheiten unter einer islamisch-fundamentalistischen Führung in die Nachbarrepublik Dagestan eindrangen. Es kam zu schweren Gefechten mit der russischen Armee. Zwei nie vollends aufgeklärte Bombenanschläge auf Wohnhäuser in Dagestan und Moskau, die den tschetschenischen Separatisten zugeschrieben wurden, sorgten ebenfalls dafür, in Russland das Klima aufzuheizen und der Regierung die nötige Legitimation für eine Fortführung des Krieges zu verschaffen. Der blutige Konflikt ging in seine zweite Runde. Nachdem sie die tschetschenischen Einheiten aus Dagestan vertrieben hatten, marschierten am 1. Oktober 1999 russische Truppen in Tschetschenien ein.

Der Erbprinz

Vor diesem Hintergrund waren die Rufe nach einem starken Mann im Kreml immer lauter geworden, um endlich die Probleme des Landes entschieden anzugehen. Aber keinem der bisherigen Ministerpräsidenten traute Jelzin so richtig zu, seine Nachfolge als Präsident anzutreten. Gleichzeitig sollte das neue Staatsoberhaupt natürlich die Interessen der mächtigen Kremlfamilie wahren und bestehende Seilschaften nicht gefährden. Es musste also ein weitgehend unbelasteter Neuling gefunden werden, der nicht allzu unabhängig war, tief in der Gunst der Jelzin-Familie stand und gleichzeitig von der Öffentlichkeit akzeptiert wurde.

Und so nominierte Boris Jelzin im August 1999 schon wieder einen neuen Ministerpräsidenten, der nun aber auch als designierter Präsidentschaftskandidat ins Rennen gehen sollte: Wladimir Putin.

Everybody's Darling

Wladimir Putin

Mit äußerst knapper Mehrheit bestätigte die Duma den Polit-Neuling und KGB-Karrieristen (als Geheimdienstmann hatte er auch fünf Jahre in der ehemaligen DDR zugebracht) im Amt. Der Presse wie auch den Duma-Abgeordneten stieß der dreiste Versuch einer Nachfolgeregelung in bester Erbmonarchie-Manier zwar sauer auf, doch mit einer bis dahin in Russland beispiellosen Imagekampagne gelang es in allerkürzester Zeit, aus dem politischen Nobody einen allseits respektierten und anerkannten Staatschef zu machen. Putin versprach, den Tschetschenien-Konflikt mit harter Hand endgültig zu regeln, die sieche Wirtschaft wieder in Gang zu bringen, erklärte der allgegenwärtigen Korruption den Kampf und eignete sich überhaupt sehr schnell das Bild des starken und unbestechlichen Saubermanns an. Auch sein Ziel, Russland endlich wieder das Prestige einer Weltmacht zu verschaffen, kam bei der Wählerschaft gut an.

Putin-Partei

Die Rechnung ging auf: Bei den Duma-Wahlen vom Dezember 1999 landete die neu geschaffene Putin-Partei mit dem klangvollen Namen »Einheit/Der Bär« *(jedínstwo)* sofort auf dem zweiten Platz, nur um ein Prozent geschlagen von den mit 24,3 Prozent führenden Kommunisten. Außerdem schied Boris Jelzin Ende 1999 vorzeitig aus dem Amt aus. Putin wurde damit zum amtierenden Präsidenten – beste Voraussetzungen für die Wahlen im März 2000. Als Gegenleistung sicherte das frisch gebackene Staatsoberhaupt seinem Mentor Freiheit vor Strafverfolgung zu: Gegen den alten Präsidenten war zu diesem Zeitpunkt ein Verfahren wegen Korruption anhängig.

Der neue, starke Mann: Wladimir Putin

Deutliches Votum

Wirkungsvoll unterstützt von den Medien und bestärkt durch die erneute Eskalation im Tschetschenienkrieg propagierte Putin einen starken Staat und versprach den reformmüden Bürgern endlich bessere Zeiten. Damit grenzte er sich deutlich vom chaotischen Führungsstil der letzten Jelzin-Jahre ab. Das russische

INFO

Eine steile Karriere

Nicht nur für die westlichen Medien war die spontan anmutende Nominierung Putins zu Jelzins Erbprinz eine Überraschung. Auch für die meisten Russen war er zunächst ein unbeschriebenes Blatt. Wladimir Putin wurde 1952 in Leningrad geboren und studierte dort Jura. Schon früh rekrutierte man ihn für den KGB, in dessen Diensten er von 1985 bis 1990 auch in Dresden tätig war. (Aus dieser Zeit stammen seine guten Deutschkenntnisse.) Nach dem Zusammenbruch der Sowjetunion kehrte Putin in seine Heimatstadt zurück und arbeitete ab 1990 für den späteren Petersburger Bürgermeister Anatolij Sobtschak, der als ausgesprochener Befürworter der Demokratiebewegung galt. 1996 berief Tschubajs Putin in den Kreml, wo es ihm gelang, relativ schnell die Karriereleiter zu erklimmen. Er wurde Stellvertretender Leiter der Präsidialadministration. Im Juli 1998 ernannte man ihn zum Leiter des FSB *(Federálnaja Slúschba Besopásnosti* – Федеральная Служба Безопасности*)*, der Nachfolgeorganisation des KGB, im Jahr darauf zum Sekretär des Nationalen Sicherheitsrates. Bis zu diesem Zeitpunkt ein mächtiger, aber diskreter Mann hinter den Kulissen rückte Putin schließlich als Jelzins Nachfolger schlagartig ins Licht der Öffentlichkeit.

Wahlvolk dankte es ihm, indem es ihn mit einem deutlichen Votum von 53 Prozent gleich im ersten Wahlgang zum neuen Präsidenten wählte.
Der Staatsakt, mit dem der neue Mann in den Kreml einzog, spricht für das Selbstbewusstsein und die Tradition, der sich Wladimir Putin verpflichtet sieht. In einem grandiosen Festakt vor 1500 geladenen Gästen zelebrierte der Präsident seinen Amtsantritt im Kreml. Nicht wenige fühlten sich angesichts der zeremoniellen Überfrachtung der Feierlichkeiten an eine Thronbesteigung erinnert …

Alle Macht dem Kreml

Putins Netzwerk

In den ersten Jahren seiner Amtszeit machte Wladimir Putin sich daran, seine Macht auf eine gesicherte Basis zu stellen. Er besetzte dabei langsam aber sicher die wichtigsten Positionen in Regierung und Präsidialadministration mit eigenen Vertrauten – darunter Bekannte aus seiner Petersburger Zeit und insbesondere Mitarbeiter aus Militär und Geheimdienst. In Russland werden diese treuen Zuarbeiter Putins *Silowikí* (am ehesten zu übersetzen mit »die Mächtigen«, von *sil,* Macht, Stärke) genannt. Anfangs war der Einfluss der Kremlfamilie dabei sicherlich noch sehr groß. Im Laufe der Zeit mussten aber viele altgediente Weggenossen von Boris Jelzin zugunsten von Vertrauten des neuen Staatsoberhauptes ihren Hut nehmen. Mittlerweile besetzen die *Silowikí* rund ein Viertel aller höheren Staatsposten.

Verwaltungsreform

Auch anderen mächtigen Konkurrenten der Zentralmacht rückte Putin entschlossen zu Leibe: den Gouverneuren. Unter Jelzins Präsidentschaft hatten die insgesamt 89 Provinzgouverneure beständig an Macht und Einfluss gewonnen und blockierten im Föderationsrat (der Zweiten Abgeordnetenkammer) nicht selten Regierungsentscheidungen. In den Provinzen selbst schalteten die Gouverneure fernab der Moskauer Zentrale ganz nach eigenem Gutdünken und allzu häufig nur zum eigenen – finanziellen – Vorteil. Kein Wunder also, dass die mächtigen Gouverneure Putin ein Dorn im Auge waren, widersprachen sie doch allein aufgrund ihrer Existenz seinem Postulat vom starken, zentralistisch geführten Staat. Mit einer weit reichenden Verwaltungsreform sagte Putin den Provinzfürsten den Kampf an.

Gelenkte Demokratie

Per Dekret teilte er das Land in insgesamt sieben »Föderale Distrikte« ein (vgl. Seite 88), an deren Spitze er so genannte »Generalgouverneure« setzte, den verdutzten Provinzhäuptlingen direkt vor die Nase. Allein fünf der sieben neuen Generalgouverneure waren Generäle. Doch damit nicht genug: Auch im Föderationsrat selbst sollten die Provinzfürsten nicht mehr persönlich abstimmen, sondern nur mehr von – potenziell leichter zu beeinflussenden Gesandten – vertreten werden. Das Wort von Russland als einer »gelenkten Demokratie« machte nun erstmals Runde.

Kampf den Oligarchen

Gleichschaltung der Medien

Niemand kann sich in Russland allzu lange in Sicherheit wiegen, wenn er im Schatten des Präsidenten zu mächtig wird. Diese bittere Lektion mussten bald auch einige Oligarchen lernen, insbesondere solche, die als Medienmogule erheblichen Einfluss auf Presse und Öffentlichkeit hatten.

Als ersten traf es den Medientycoon Wladimir Gusinskij, Chef des Konzerns *Media-Most,* in dessen Besitz sich auch der beliebte regierungskritische Fernsehsender NTW befand. Der Oligarch wurde kurzzeitig festgenommen und der Steuerhinterziehung angeklagt. Sein Konzern wurde an das staatliche Rohstoffunternehmen *Gasprom* verkauft, die Redaktion von NTW ausgetauscht. Gusinskij selbst kehrte im Jahr 2000 Russland für immer den Rücken und lebt seither in Israel.

Der zweite prominente Wirtschaftsboss, der Putins Kampfansage an das Großkapital zum Opfer fiel, war Boris Beresowskij. Er galt als einer der einflussreichsten Vertrauten von Boris Jelzin und hatte über seine Beteiligung an Russlands größtem Fernsehsender ORT tatkräftig für Putin Wahlkampf gemacht. Nach der Verfolgung und Verhaftung Gusinskijs legte er aus Protest sein Duma-Mandat nieder und kündigte Putin die Freundschaft auf. Auch Beresowskij verließ nach Haftandrohung wegen Veruntreuung Russland und lebt nun in London.

Die Ausschaltung Chodorkowskijs …

Jüngstes Opfer von Putins Säuberungsaktionen ist Michail Chodorkowskij, mit einem Vermögen zwischen acht und neun Milliarden US-Dollar vor seiner Verhaftung der reichste Mann Russlands. Ihm gehörten zwar keine Medienunternehmen, aber mit *Jukos/Sibneft* einer der weltweit größten Erdölkonzerne. Außerdem hatte er es gewagt, öffentlich die Korruption beim staatlichen Energiekonzern *Rosneft* anzuprangern und im Vorfeld der Duma-Wahlen vom De-

AUSLAND

AUSLÖSER DER AFFÄRE Chodorkowskij – seit neun Monaten in U-Haft

UNTER KURATEL Gerichtsvollzieher beschlagnahmten bei Yukos Dokumente und Computer. Spezialpolizei bewacht das Gebäude

YUKOS-TANKSTELLE Wie lange fließt noch Benzin?

VERTRAUEN VERSPIELT

Der Fall Yukos verunsichert die Investoren – weitere Rückschläge drohen.

- **Jähes Ende des Booms**
  Nach der Verhaftung des Mehrheitseigners Michail Chodorkowskij im Oktober 2003 stürzte die Yukos-Aktie um bis zu 65 Prozent ab. Der gesamte Moskau-

RUSSLAND

Spitze des Eisbergs

Wladimir Putin will strategische Ressourcen weder Oligarchen noch Ausländern überlassen

Quelle: »Fokus« 29/2004

zember 2003 liberale Politiker wie Grigorij Jawlinskij von der Partei *Jabloko* zu unterstützen. Damit verspielte er die Gunst Putins.

Am 25. Oktober 2003 wurde er mit einem groß angelegten Polizeiaufgebot wie ein Schwerverbrecher verhaftet und ein großer Teil der *Jukos*-Anteile von der Staatsanwaltschaft beschlagnahmt. Die Anschuldigungen lauteten unter anderem auf Steuerhinterziehung, Untreue und Betrug. Im Sommer 2005 wurde schließlich das Strafmaß verkündet, mit dem zweifellos ein Exempel statuiert werden sollte: Chodorkowskij muss für neun Jahre ins Arbeitslager und mehrere Milliarden Dollar Strafe zahlen, nachdem bereits im Dezember 2004 das Herzstück von *Jukos* nach einem nicht ganz astreinen Ausschreibungsverfahren zwangsversteigert worden war – an die bis dahin vollkommen unbekannte *Baikalfinasgrup,* die anschließend vom staatlich geführten Konkurrenten *Rosneft* aufgekauft wurde.

… stößt im Westen auf Verwunderung.

Aus westlicher Sicht wird das Verfahren gegen Chodorkowskij als »nicht rechtsstaatlich« und negativ für den Wirtschaftsstandort Russland gewertet. Schließlich war *Jukos* ein global agierendes Energieunternehmen. Die Verhaftung des Firmengründers unter fadenscheinigen Gründen, der unfaire Prozessverlauf und die Zerschlagung eines der wenigen profitablen Unternehmen des Landes widersprachen jeglichen Grundsätzen der Rechtssicherheit. Außerdem galt *Jukos* als das Paradebeispiel eines fortschrittlich geführten Konzerns – und das im vermeintlich rückständigen Russland. Immer wieder wurden die blitzsaubere Buchführung, das transparente Management und die vorbildliche Mitarbeiterführung gelobt. Chodorkowskij selbst räumte durchaus ein, anfangs sein Geld mit nicht immer ganz sauberen Mitteln erworben zu haben, engagierte sich später aber umso mehr für Nachwuchsförderung und eine progressive Unternehmensführung.

Es drängt sich also der Eindruck auf, dass Putin hinsichtlich der Oligarchen eine zwiespältige Politik verfolgt. Er eliminiert sie, wenn sie seinen Interessen entgegenstehen, er arrangiert sich mit ihnen, wenn sie ihm nützen.

Aus russischer Sicht freilich stellt sich die ganze Affäre anders dar: Die Wandlung vom Saulus zum Paulus wurde Chodorkowskij nicht abgenommen. Zu tief saß und sitzt die Überzeugung, dass er und die anderen Oligarchen sich unrechtmäßig in den Besitz von Volkseigentum gebracht und sich auf Kosten der darbenden Masse in einem geradezu obszönen Ausmaß bereichert haben. Misstrauen erregten auch Chodorkowskijs Bestrebungen, Teile von *Jukos* an den amerikanischen Konzern *Exxon* zu verkaufen und die Konzernspitze mit Ausländern zu besetzen. In Russland empfindet kaum jemand Mitleid mit dem gestrauchelten Milliardär. Umfragen zufolge billigen gut 70 Prozent der Russen die Enteignung der Oligarchen. Die meisten befürworten den Versuch des Kreml, die Rohstoffkonzerne aus den Händen der Milliardäre zurück unter staatliche Hoheit zu bringen.

In Russland hat keiner Mitleid.

Eskalation im Kaukasus

Welle der Gewalt

Aber nicht nur im Inneren ist die junge Demokratie nach wie vor gefährdet. Vor allem der offiziell bereits im Juni 2000 von Putin für beendet erklärte Tschetschenienkrieg stellt die Regierung vor immer neue Zerreißproben. Denn längst findet der grausame Krieg nicht mehr nur in der Kaukasusprovinz selbst statt, sondern wird von zu allem entschlossenen Terroristen auch ins russische Kernland getragen. So geschehen im Oktober 2002, als eine Gruppe von Tschetschenen das Moskauer Musiktheater auf der Dubrowka besetzte und dabei weit über 500 Besucher des Musicals »Nord-Ost« als Geiseln nahm, um das Ende des Krieges im Kaukasus zu erzwingen. Nach mehreren Tagen fruchtloser Verhandlungen wurde das Gebäude schließlich gestürmt, wobei durch den Einsatz von Kampfgas durch russische Elitetruppen neben den Terroristen auch über 100 Geiseln starben.

Schwarze Witwen

Seinen grausamen Höhepunkt fand der ungelöste Konflikt jedoch im Spätsommer 2004, als eine bis dahin unbekannte Welle der Gewalt Russland überschwemmte. Zunächst rissen tschetschenische Selbstmordattentäterinnen, so genannte »Schwarze Witwen«, bei Anschlägen auf die Moskauer U-Bahn und zwei zivile Flugzeuge insgesamt rund 100 Menschen mit sich in den Tod.

Beslan – Geiselnahme von Kindern

Und insbesondere die unmenschliche Geiselnahme von Beslan rückte im September 2004 den Konflikt im Kaukasus wieder schlagartig ins Licht einer entsetzten Weltöffentlichkeit: Am ersten Schultag, russlandweit ist das traditionell der 1. September, der »Tag des Wissens«, besetzten und verminten rund 30 Terroristen eine Schule im nordossetischen Beslan und nahmen dabei insgesamt 1251 Geiseln – Eltern, Lehrer und natürlich viele Kinder.

Bis heute ist nicht genau geklärt, was die Geiselnehmer genau gefordert haben und wie es letzten Endes nach drei Tagen zu dem grausamen Blutbad unter den Geiseln kam, denen während der ganzen Zeit Essen, Trinken und sogar der Gang auf die Toilette verweigert wurde. Fest steht nur, dass nach einer oder mehreren Explosionen die Terroristen begannen, ihre Gefangenen zu exekutieren und,

Und immer wieder neue Schlagzeilen

dass die Schule von russischen Spezialeinheiten in einer nur wenig geplanten Aktion gestürmt wurde. Dabei kamen über 330 Menschen ums Leben, gut die Hälfte davon Kinder, weitere 600 wurden verletzt. Von den Terroristen überlebte nach offiziellen Angaben nur einer.

Vieles bleibt bis heute im Dunkeln: Was genau die Ziele der Geiselnehmer waren, wie sie ihren offensichtlich lange vorbereiteten Coup ungehindert durchführen konnten, warum die offiziellen Stellen über zwei Tage hinweg immer nur von rund 350 Geiseln sprachen, obwohl klar war, dass sich weit mehr Menschen in der besetzten Schule befanden und warum es kein planvolles Vorgehen beim Sturm gab. Zwar hat Putin eine Untersuchungskommission eingesetzt, die all diese Fragen beantworten sollte. Eine lückenlose Aufklärung oder gar ein abschließendes Ergebnis hat sie – wie erwartet – nicht geliefert.

»Gelenkte Demokratie« statt zu viel Freiheit

Politik der harten Hand

Präsident Putin wurde durch den grausamen Terrorakt in Beslan im Wesentlichen in seiner Politik der harten Hand und der rigiden staatlichen Kontrolle bestätigt. Noch unter dem Eindruck der Ereignisse billigte ihm die Duma zusätzliche Finanzmittel für Militär und Geheimdienste und strengere Anti-Terror-Gesetze zu. Auch seinen Feldzug gegen die Unabhängigkeit der Provinzpotentaten konnte Putin mittels einer Gesetzesinitiative vom Dezember 2004 erfolgreich vorantreiben: Die Gouverneure und Präsidenten der russischen Verwaltungseinheiten werden künftig nicht mehr direkt vom Volk gewählt, sondern vom Präsidenten ernannt. Eine Maßnahme, die selbst Anhänger des Präsidenten als einen Verstoß gegen die Verfassung einordnen. Auch unabhängige oder parteilose Duma-Abgeordnete (2004 waren das immerhin rund die Hälfte der Deputierten) wird es künftig nicht mehr geben. Durch eine Verschärfung des Parteiengesetzes, das den Wechsel zum reinen Verhältniswahlrecht festschreibt, entscheiden die Parteien nun allein über die Vergabe von Listenplätzen.

Wohin steuert das Land?

Wohin steuert also das größte Land der Erde nach dem Zusammenbruch der Sowjetunion? Hat ein echter Systemwechsel stattgefunden? Und wurde aus dem Umbruch ein Aufbruch zu neuen Ufern? Die Antworten auf diese Fragen müssen zwiespältig ausfallen.

Die Allmacht des Kreml wird mit jedem neuen Gesetz untermauert, eine offene Opposition gegen den Präsidenten gibt es praktisch nicht mehr. Die Medien sind fest in staatlicher Hand und das Parlament weitgehend gleichgeschaltet. Und so ist es nicht weiter verwunderlich, dass Putin bei den Präsidentschaftswahlen vom März 2004 gleich im ersten Durchgang wieder gewählt wurde. Die Wahlen wurden nach Einschätzung von OSZE-Beobachtern zwar als »frei, aber nicht fair« beurteilt. Das lag vor allem an der übermächtigen Medienpräsenz des amtierenden Präsidenten während des Wahlkampfes. Die anderen Kandidaten hatten kaum eine Möglichkeit, in den kremltreuen Medien für sich zu werben.

Bürokratismus und Korruption

Bürokratismus und Korruption wachsen und gedeihen. Mittlerweile haben Geschäftsleute mehr Angst vor den staatlichen Inspektoren als vor der Mafia. Ein Wust von Lizenzen und Verordnungen macht freien Unternehmern das Leben schwer und füllt die Schwarzkassen der unterbezahlten Beamten. Gegen diese Willkür gibt es kein Mittel, seit auch die Justiz zunehmend vom Kreml gegängelt wird.

Von einer echten Demokratisierung der russischen Gesellschaft kann also nicht die Rede sein. Die Konzentration der Macht in den Händen des Präsidenten und der *Silowikí* wird mit Besorgnis zur Kenntnis genommen. Der straffe Staat à la Putin erinnert viele an sozialistische Strukturen. Langsam bröckelt selbst sein bis dahin praktisch unangefochtener Rückhalt in der Bevölkerung. Aber eine wirkliche Alternative ist bisher nicht in Sicht, und deshalb sehen viele seiner Kritiker den Kurs des amtierenden Präsidenten als einzige Möglichkeit an, dem russischen Riesenreich so etwas wie Stabilität und Kontinuität zu verleihen.

Rasantes Wirtschaftswachstum

Außerdem geht es den meisten Russen seit seinem Amtsantritt besser als zuvor. Vorbei sind die chaotischen Tage unter Jelzin, die Inflation konnte eingedämmt werden, Löhne, Gehälter und Pensionen werden nun wieder pünktlich ausgezahlt. Die Einführung eines einheitlichen Steuersatzes von 13 Prozent hat dazu geführt, dass auch die Unternehmen mittlerweile in die Staatskasse einzahlen. Insbesondere dank der hohen Rohstoffpreise konnte Russland zwischen 2000 und 2004 ein geradezu traumhaftes Wirtschaftswachstum verzeichnen: Um über sechs Prozent pro Jahr steigerte sich die inländische Ökonomie. Vor diesem Hintergrund hat sich die Regierung das ehrgeizige Ziel gesetzt, bis zum Jahr 2010 das Bruttosozialprodukt zu verdoppeln. Und zumindest in den Großstädten bildet sich langsam wieder eine Art Mittelschicht heraus. Die meisten der Probleme, die mit dem Zusammenbruch der Sowjetunion zutage traten, sind aber nach wie vor ungelöst.

Auf der Suche nach sich selbst – Russland heute

»In der heutigen Welt will uns niemand mehr befehden. Aber auf uns wartet auch niemand. Um einen Platz an der Sonne müssen wir selber kämpfen.«
Wladimir Putin, Präsident der Russischen Föderation

Ein Transformationsland?

Russland heute, das ist zunächst einmal der Staat, der die Rechtsnachfolge der Sowjetunion angetreten hat, mit allen Problemen und Ungereimtheiten, aber auch mit allen Ressourcen und Möglichkeiten für die Zukunft. Politisch ist das Land noch nicht endgültig gefestigt. Volkswirtschaftlich betrachtet zählt es zu den

»Transformationsländern«, also jenen Staaten, die sich im Übergang von zentral gelenkter Planwirtschaft zur Marktwirtschaft befinden. Geographisch breitet es sich immer noch über zwei Kontinente aus: Europa und Asien. Es hat Gebietsansprüche an einige seiner nunmehr unabhängigen Nachbarstaaten verloren, ist in seinen Grenzen kleiner geworden und wird sich künftig in dieser neuen Länder-Konstellation positionieren und etablieren müssen.

Wohin geht die Reise?

Wer Russland besucht, dem fällt die Aufbruchsstimmung auf, manchmal auch ein wenig ziellos wirkender Aktionismus. Eines ist sicher: Das Land ist auf dem Weg. Aber wohin genau dabei die Reise geht, fragen sich wohl nicht nur ausländische Beobachter und Besucher, sondern auch viele seiner Einwohner.

In diesen Zeiten der Verunsicherung muss sich auch

Manegeplatz, Moskau

Heutiges Russland (rot) und die ehemaligen Staaten der Sowjetunion (dunkelgrau)

das Selbstverständnis der heutigen Russen erst noch herausbilden. Es erstaunt eigentlich nicht, dass sich der »junge« Staat in den Augen der Weltöffentlichkeit häufig befremdlich, manchmal auch provokativ darstellt.

Angriffsflächen bietet er auch nach innen. Vorkommnisse wie die Misshandlung eines 19-jährigen Soldaten durch Vorgesetzte an der Panzerschule Tscheljabinsk, so geschehen in der Silvesternacht 2005/06, machen selbstverständlich auch im Land selbst die Runde. Sie schockten so nachhaltig, dass das Verteidigungsministerium reagieren musste und nun auch die russische Menschenrechtsorganisation *Komitee der Soldatenmütter* nicht mehr ignorieren kann, die schon länger auf die Schikanen an jungen Rekruten *(djedowschtschína* – дедовщина) hinweist.

In der viel beschworenen neu geordneten Welt hat Russland seinen endgültigen Platz noch nicht gefunden. Es ist noch dabei, das Verhältnis zu den neuen Nachbarstaaten und der restlichen Völkergemeinschaft für sich zu definieren. Auch im Inneren hat es mit Identitätsproblemen zu kämpfen. Schon die Frage nach »der russischen Nationalität« ist gar nicht so einfach zu beantworten.

Eine Nation – viele Nationalitäten

Vielvölkerstaat

Wenn wir heute ganz allgemein von »den Russen« sprechen, meinen wir in der Regel Menschen, die in Russland geboren wurden und nicht ausschließlich die ethnischen Russen. Die nahe liegende Gleichsetzung von Nationalität und Staatsgebiet verstellt leicht den Blick auf die tatsächlich bunt gemischte Bevölkerungsstruktur des größten Landes der Erde, das auch in dieser Hinsicht für einen Superlativ gut ist: Tatsächlich tummeln sich in keinem anderen Staat der Erde mehr unterschiedliche Nationalitäten. Ein »Russe« im westeuropäischen

Verständnis kann sich heute durchaus wesentlich stärker als Tatar, Burjate oder Tschuwasche fühlen, russische Staatbürgerschaft hin oder her.
Die Rückbesinnung auf die eigenen Wurzeln ist für die diversen Minderheiten des Landes allerdings erst seit *Glásnost* und *Perestróika* wieder problemlos möglich. Vorher wurden entsprechende Tendenzen zumeist rigoros unterdrückt, sodass die Nationalitätenproblematik nach wie vor eine der größten Hypotheken aus dem Erbe von Sowjetunion und Zarenzeit bleibt. Neben der desaströsen wirtschaftlichen Lage waren es insbesondere die ungeklärten nationalen Fragen, die zum Zusammenbruch der Sowjetunion geführt haben.

Konfliktpotenzial

Der bis heute ungelöste Tschetschenien-Konflikt und die insgesamt instabile Lage im Nordkaukasus mit seiner extrem heterogenen ethnischen Zusammensetzung bezeugen, dass hier nach wie vor ein erhebliches Konfliktpotenzial besteht, das den Staat immer wieder herausfordert. Viele der in dieser Region lebenden Menschen sind Muslime. Moslemische Extremisten können hier auf Rückhalt in der Bevölkerung rechnen. Bisweilen wird die Region deshalb auch mit den Krisengebieten im Balkan oder dem Nahen Osten verglichen.

80 % Russen

Auch die heutige Russische Föderation ist ein Vielvölkerstaat, selbst wenn sich im Gegensatz zur UdSSR die Bevölkerungsstruktur erheblich vereinheitlicht hat. Heute stellen die Russen mit etwa 80 Prozent die größte Volksgruppe. Noch zu Sowjetzeiten, im Jahr 1989, betrug der Anteil der Russen an den Sowjetbürgern gerade einmal die Hälfte. Außer den Russen bevölkern noch gut einhundert weitere Volksgruppen das Land. Manche millionenstark (z.B. die Tataren), andere nur wenige tausend Menschen zählend (etwa die Samen auf der Halbinsel Kola). Die zahlenmäßig stärksten Minderheiten sind die Tataren (hauptsächlich Muslime) mit etwa 5,5 Millionen und die Ukrainer mit rund 3 Millionen Menschen. Die nächst größeren Gruppen bilden die je etwa 1,6 Millionen Tschuwaschen und Baschkiren sowie 1,3 Millionen Tschetschenen und eine Million Armenier.

INFO

Russisch ist nicht gleich russisch

Die deutsche Übersetzung »Russische Föderation« für die offizielle Staatsbezeichnung *Rossíjskaja Federázija* (Российская Федерация) ist eigentlich nicht ganz korrekt. Denn im Russischen gibt es einen kleinen, aber feinen Unterschied zwischen allem, was den russischen Staat und seine Bürger betrifft *(rossíjskij* – российский*)* und der ethnischen Kategorie *rússkij* (русский), von der auch das Substantiv *Rússkie* (Русские) als Bezeichnung für »die Russen« abgeleitet wird. Für den Staatsnamen wurde ganz bewusst das Adjektiv *rossíjskaja* gewählt, um eben auch die anderen im Land vertretenen Ethnien mit einzubeziehen. In wissenschaftlichen Texten wird *Rossíjskaja Federázija* deshalb häufig als »Russländische Föderation« übersetzt, um klarzustellen, dass es sich um den russischen Staat und nicht um die russische Nationalität handelt.

INFO

Was sind eigentlich Russen?

Als (ethnische) Russen bezeichnet man die Volksgruppe, die aus der Verschmelzung von ostslawischen und finnischsprachigen Stämmen im Laufe des Mittelalters entstand. Ihre ursprünglichen Siedlungsgebiete befanden sich zunächst am mittleren Dnjepr, dehnten sich dann allmählich nach Norden und Osten aus. Diese Gruppe der Ostslawen wird auch als Großrussen bezeichnet, im Unterschied zu den Weißrussen und den Kleinrussen (Ukrainern). Heute bilden sie mit Abstand die größte Bevölkerungsgruppe und sind in allen Gebieten der Föderation von Kaliningrad bis Kamtschatka zu Hause.

Amtssprache Russisch

All das ist Russland heute: die große Mehrheit der Ostslawen, aber auch Rentiere züchtende Nenzen im hohen Norden des Landes, burjatische Schamanen in Südsibirien, karelische Holzfäller oder nomadisierende Kameltreiber in der südlichen Wolgaregion – nur einige wenige Beispiele für die große Vielfalt der russischen Staatsbürger. Die überwiegende Mehrheit von ihnen spricht Russisch, die einzige, überall geltende Amtssprache.

Muslimin im Grenzgebiet zu Kasachstan

INFO

Wolgadeutsche

»Wolgadeutsche« nennen sich die Nachkommen der ältesten deutschen Einwanderer-Gruppe, die Katharina II. während des 18. Jahrhunderts in ihr Reich holte, damit sie die Steppengebiete an der unteren Wolga besiedelten und kultivierten. Zusammen mit den Familien anderer deutschstämmiger Siedler zählen sie zu den so genannten Russlanddeutschen. Die Wolgadeutschen fanden für sie günstige Lebensbedingungen vor und erhielten einen politischen Sonderstatus, der das Recht auf Beibehaltung des Deutschen als Amtssprache und eine Selbstverwaltung umfasste. Das Zentrum der Wolgadeutschen war die Stadt Engels. Zu Zeiten der Sowjetunion wurden ihre Selbstbestimmungsrechte eingeschränkt. Ab 1924 benannte man ihr Siedlungsgebiet offiziell »Autonome Sozialistische Sowjetrepublik der Wolgadeutschen«.
Im 2. Weltkrieg, zur Zeit des deutschen Angriffs auf die UdSSR 1941, lebten hier 600000 Menschen, davon rund 400000 Deutschstämmige. Diese wurden nunmehr kollektiv der Kollaboration mit dem Kriegsgegner beschuldigt und ebenso kollektiv nach Sibirien und Zentralasien zwangsumgesiedelt. Viele von ihnen kamen dabei um. Seit den 1970er Jahren ermöglichte die Bundesrepublik Deutschland den Nachkommen der Wolgadeutschen und anderen deutschstämmigen Familien die Aussiedlung in das Herkunftsland ihrer Vorfahren.

Viele der Minerheiten haben eine ganz eigene Kultur, eigene Traditionen und Religionen, eigene Sitten und Gebräuche, die sich zum Teil erheblich von denen der Mehrheit unterscheiden. Schon zu Sowjetzeiten wurden deshalb Republiken und autonome Gebiete für einige der nichtrussischen Völker eingerichtet. Die meiste Zeit existierte diese Autonomie jedoch nur auf dem Papier. Denn schon unter Stalin wurde zwangsweise russifiziert, umgesiedelt und deportiert.

Volkssprachen

Erst seit dem Fall der Sowjetunion darf die jeweilige Volkssprache wieder als zweite Amtssprache verwendet werden. Der Sonderstatus der Republiken ruft nun aber den Unmut der Gouverneure mancher reiner Verwaltungsregionen auf den Plan, denn schließlich sind die von ihnen regierten Territorien teilweise sehr viel wohlhabender und bevölkerungsreicher als die Republiken. Hinzu kommt, dass wegen der zaristischen und später auch sowjetischen Umsiedelungspraxis selbst in vielen der Republiken die Russen de facto eine starke, manchmal sogar die stärkste Bevölkerungsgruppe bilden.

Regionalismus und Nationalismus

Autonomiebestrebungen

Immer wieder gab es im Laufe der langen und wechselhaften Geschichte Russlands Beispiele für mehr oder weniger starke lokale Unabhängigkeitsbestrebungen gegenüber der Machtzentrale: »Russland ist groß und der Zar ist weit«, sagt schon ein altes russisches Sprichwort. Längst nicht alle der modernen »Lan-

INFO

Verwaltungsstruktur der Russischen Föderation

Seit Mai 2000 gliedert sich die Russische Föderation in sieben Föderale Bezirke (Zentralrussland, Nordwesten, Ural, Südrussland, Wolga, Sibirien, Fernost), denen 88 (Stand 2006) so genannte »Föderationssubjekte« untergeordnet sind, entfernt vergleichbar mit den deutschen Bundesländern. Die Anzahl der »Subjekte« soll in Zukunft reduziert werden, ihre Größe und ihr Status sind recht unterschiedlich. Es handelt sich teils um reine administrative, teils um ethnischen Gruppen zugeordnete Einheiten. Sie werden deshalb in die folgenden sechs Typen eingeteilt:

- **21 Republiken** (республики – *respúbliki*), die im Prinzip auf der Basis von ansässigen nichtrussischen Volksgruppen gebildet wurden. Die Republiken genießen besondere Rechte und haben meistens einen eigenen Präsidenten, der das Land nach außen vertreten darf. Die meisten befinden sich im Südlichen und Wolga-Bezirk wie die Republiken Dagestan, Nord-Ossetien, Tschetschenien, Tatarstan, oder Baschkortostan.
- **48 Gebiete** (области – *óblasti*), etwa Murmansk, Woronesch, Nowosibirsk oder Amur;
- **7 Bezirke** (края – *krajá*), z.B. Stawropol, Perm, Altai oder Chabarowsk;
- **2 Städte von föderaler Bedeutung** (Moskau und Petersburg);
- **1 Autonomes Gebiet** (автономная область – *awtonómnaja óblast*): Das Jüdische Autonome Gebiet im Fernen Osten (Birobidschan), vgl. Seite 112;
- **9 Autonome Bezirke** (автономные округа – *awtonómnie okrugá*), u.a. Taimyr, der Autonome Bezirk der Nenzen oder der Autonome Bezirk der Tschuktschen.

desherren« kämpften oder kämpfen dabei um die vollständige Souveränität. Vielen genügt eine gewisse Autonomie, vor allem was die reiche Ausbeute an Rohstoffen angeht, deren Profite teilweise vollständig nach Moskau abfließen und von denen sie gerne etwas mehr behalten würden. Die Republik Tatarstan im Wolga-Bezirk etwa forderte ebenfalls mehr Souveränität, konnte sich bisher aber immer mit der Regierung einigen – und zwar friedlich. Den Tataren ging und geht es zwar auch um politische Emanzipation, wichtiger aber ist ihnen, die natürlichen regionalen Ressourcen zum eigenen Vorteil auszunutzen.

Fremdenfeindlichkeit

Der erstarkte Nationalismus in Russland offenbart noch ein anderes, hässliches Gesicht. In krassem Widerspruch zur nun schon öfter zitierten russischen Gastfreundschaft stehen – nicht nur subtil vorhanden, sondern auch offen ausgetragen – Fremdenfeindlichkeit, Antisemitismus und Rassismus.

Besonders die Städte St. Petersburg und Woronesch geraten immer wieder als neofaschistische Hochburgen in die Schlagzeilen: Bereits mehrere ausländische Studenten fanden hier nur wegen ihres anderen Aussehens auf offener Straße einen gewaltsamen Tod. Zu den Opfern der extrem gewalttätigen Skinheads, die nach offiziellen Schätzungen landesweit über 50000 Anhänger haben, gehörten

Schwarzafrikaner, Kaukasier und Asiaten. Die rechten Schlägertrupps fühlen sich offenbar weitgehend sicher vor staatlicher Verfolgung und Ahndung ihrer Straftaten. Niemand greift ein, alle schauen weg. Polizei und Justiz wird von Menschenrechtsorganisationen vorgeworfen, auf dem rechten Auge blind zu sein.

Alltagsrassismus

Trotz einer insgesamt starken antifaschistischen Tradition im Denken vieler Russen begegnet einem des Öfteren eine Art von »Alltagsrassismus«: So wird man als Tourist vor bettelnden Zigeunerkindern gewarnt, die allesamt Diebe seien. Die Völker des Kaukasus werden abschätzig als »Schwarze« *(tschórnye – чёрные)* bezeichnet, Tschetschenen insgesamt als »Banditen« und »Terroristen« abgestempelt. Über 40 Prozent der Russen sind einer Umfrage zufolge außerdem noch der Meinung, dass der Einfluss der Juden auf öffentliches Leben, Kultur und Wirtschaft eingeschränkt werden müsse. Knapp ein Drittel sprach sich gar für begrenzte Siedlungsräume für Juden aus.

Militanter Nationalismus

Dass sich ausgerechnet in dem Land, das die größten Opfer im Kampf gegen den Nazi-Faschismus zu verzeichnen hatte und das bis heute überaus stolz alljährlich seinen Sieg über Hitler-Deutschland feiert, ein derart militanter Nationalismus verbreiten konnte, hat viele Gründe. Vor allem das extreme Vakuum, welches das Ende des kommunistischen Systems und der Zusammenbruch der Sowjetunion hinterlassen haben, wird dafür verantwortlich gemacht. Die damit einhergehende Orientierungslosigkeit und die schlichte wirtschaftliche Not vieler Menschen haben es ultra-rechten Verführern zusätzlich erleichtert, sich Gehör für ihre verqueren Verschwörungstheorien zu verschaffen. Hieraus nun aber schließen zu wollen, dass alle Russen Nationalisten und verkappte Imperialisten seien, ist genauso gnadenlos verallgemeinernd wie unzutreffend.

Russischer Soldat in Friedenszeiten

Patriotismus und Selbstverständnis

Tiefe Verunsicherung

Fast alle unsere russischen Bekannten lieben ihre Heimat und sind im Allgemeinen stolz auf die Größe des Landes, seine wechselhafte, oft tragische Geschichte, seine Ressourcen, seine Kultur und die technischen Errungenschaften. Die Erfolge der russischen Raumfahrt etwa im früheren Wettlauf und in späterer Kooperation mit den Amerikanern haben alle nahezu verinnerlicht. Allerdings bot die jüngste Vergangenheit den meisten Russen eher wenig Gelegenheit, ihr Nationalgefühl auszuleben. Im Gegenteil: Der Zusammenbruch der Sowjetunion und der damit einhergehende Verfall von fest gefügten Wertvorstellungen und Lebensweisen, die chaotischen Jahre unter Jelzin und noch eine Reihe weiterer nationaler Katastrophen verunsicherten die Menschen zutiefst.

Nationale Katastrophen

Symptomatisch für diese als absoluten Tiefpunkt empfundene Zeit waren: Der Untergang des atomgetriebenen U-Bootes *Kursk* mitsamt seiner 118-Mann-starken Besatzung im August 2000, dem »Stolz der Russischen Nordmeerflotte« bei Murmansk. Der Brand des Moskauer Fernsehturms *Ostankino,* einem der Wahrzeichen der Hauptstadt, der erst nach mehreren Tagen gelöscht werden konnte. Und schließlich das Ende der Raumstation *Mir,* die im März 2001 im Pazifik versenkt wurde – und mit ihr der Traum von der russischen Vorreiterrolle im Weltall.

Sportlerpech

Nicht einmal die Sportsfreunde unter den Russen hatten noch Grund zum Jubel. Wenn auch nicht gerade weltbewegend, so doch tief empfunden, schlug dem Volk das kontinuierlich schlechte Abschneiden seiner Eishockey-Nationalmannschaft bei internationalen Turnieren aufs Gemüt: Die Mehrheit der Stars hatte sich nach Kanada oder in die USA abgesetzt. Und das, wo doch Eishockey der Nationalsport Russlands ist!

In allen Bereichen, so schien es, war man aus der *Champions League* in die Regionalliga abgerutscht. Ein Zustand, den viele Russen als überaus demütigend empfanden. *Glásnost* und *Perestróika* – so meinte manch einer – hatten die Nation direkt vom Rang einer Supermacht auf Schwellenland-Niveau katapultiert.

Trotziger Patriotismus

Als Reaktion auf diese besondere Befindlichkeit macht sich jetzt, wo das Land spürbar im Aufwind ist, ein fast schon trotziger Patriotismus breit. Das autoritäre Auftreten des russischen Präsidenten gekoppelt mit der aufstrebenden wirtschaftlichen Entwicklung tragen das ihre dazu bei, dass sich unter den Russen ein Gefühl von »Wir sind wieder wer« breit macht. Orientierten sich die meisten Russen unmittelbar nach der Auflösung der Sowjetunion noch ausschließlich an westlichen Werten, Lebensstil und Luxusartikeln, so wird jetzt zunehmend ein eigener, russischer Weg gesucht. Selbst russische Produkte werden wieder verstärkt nachgefragt. Mit Genugtuung registriert auch so mancher, dass die russische *Eishockey Premier League* international wieder mitmischt und das eine oder andere emigrierte Sportass in die Heimat zurücklocken konnte.

Das Selbstverständnis Russlands als ernst zu nehmende Großmacht spiegelt sich insbesondere in der Außenpolitik wider. Es baut dabei allerdings nicht mehr auf die Größe seiner Armee und sein Arsenal an Atomwaffen, sondern jongliert im

Sibirischer Eismarathon – Go East!

Druckmittel Erdgas

Kampf um Ansehen und Einflussnahme mit seinen Erdöl- und Erdgasvorräten. Die Länder der EU und Russlands Nachbarstaaten sind auf russiches Erdöl und Erdgas angewiesen. Genauso, wie Russland im Gegenzug die Devisen aus dem Verkauf seiner Rohstoffe benötigt. So gesehen, geht es Russland derzeit wohl nicht so sehr um politische Dominanz in seinen Nachbarländern, wie gerne unterstellt wird (so zum Beispiel während des Gaskonflikts mit der Ukraine im Dezember 2005), sondern eher um die eigene Gewinnmaximierung und die Kontrolle über das Erdgasnetz. Die Grenzen zwischen politischem und wirtschaftlichem Kalkül sind allerdings fließend.

Russlandbilder

Ein Imageproblem?

Immer wieder berichten mir russische Freunde, dass man sich in Russland ziemlich häufig von der ausländischen Presse unverstanden, nach überholten Feindbildern abgeurteilt und insgesamt unfair behandelt fühlt. Das Land leidet unter einem echten Imageproblem. Im Unterschied zu anderen großen Nationen registrieren Russen überaus sensibel, wie über das eigene Land berichtet wird. Die meisten reagieren inzwischen allergisch auf die anhaltende Kritik des Westens am Umgang mit den Nachbarstaaten, an der *Jukos*-Affäre, an Korruption, fehlender Zivilgesellschaft, fehlgeschlagenen Reformen, dem Tschetschenienkrieg und so weiter, und so weiter: Mit fast schon schlafwandlerischer Sicherheit gelingt es den westlichen Kommentatoren ja auch immer wieder, Salz in die zahlreichen offenen Wunden des Landes zu streuen. Zu Recht fragt sich also manch einer, weshalb stets nur das Negative berichtet wird und wieso über die bereits erzielten Fortschritte so wenig zu hören ist.

Russland hebt ab! Paraglider im Kaukasus

Seltsam fremd – die westdeutsche Sicht

Im Westen Deutschlands wird Russland traditionell mit eher gemischten Gefühlen begegnet. Vieles von dem, was schon seit Jahrhunderten über Land und Leute kolportiert wurde, hält sich auch heute noch hartnäckig. Unterschwellig ist einerseits immer noch eine latente Angst vor den »unzivilisierten Barbaren aus dem Osten« vorhanden, die sich wie ein roter Faden durch die Russlandrezeption vom Mittelalter bis zum Ende der Sowjetunion zieht. So sind die Gräueltaten sowjetischer Soldaten an der deutschen Zivilbevölkerung hierzulande immer noch lebendig und wurden während des Kalten Krieges wohl auch bewusst geschürt. (Wie auf russischer Seite übrigens auch die Verbrechen der Deutschen Wehrmacht.) Zum anderen fasziniert die eigenartige Exotik dieses Staatskolosses und das wechselvolle Geschick seiner Bewohner. Insgesamt aber bleibt Russland seltsam fremd.

»Brudervolk« – die ostdeutsche Sicht

Die Deutschen, die noch in der ehemaligen DDR aufgewachsen sind, haben ein ganz eigenes Russlandbild. Hier wurde das russische Volk jahrzehntelang als »großer Bruder« propagiert. Die russische Sprache und Kultur war durch den obligatorischen (oft verhassten) Russischunterricht an den Schulen nicht gar so fremd. Über die »Gesellschaft für Deutsch-Sowjetische Freundschaft«, deren Mitgliedszugehörigkeit eine weit verbreitete Pflichtübung war, waren die Menschen mehr oder weniger freiwillig an der Kontakt-Pflege zum »Brudervolk« beteiligt.

Auffallend an diesen unterschiedlichen Russlandbildern ist, dass sie extrem emotional geprägt sind. Mal begegnen Deutsche Russland mit Euphorie (z.B. während Michail Gorbatschows Amtszeit), mal mit Antipathie (während der Eskalation im Kaukasus oder beim Gaskonflikt mit der Ukraine) – aber nie gleichgültig und nur selten vorurteilsfrei. Seit einigen Jahren überwiegt – trotz der fast schon freundschaftlichen Beziehungen, die sich seinerzeit zwischen Kanzler Schröder und Präsident Putin entwickelt hatten – eine eher pessimistische Grundhaltung.

Ein eigener Weg

Viele Beobachter (und viele Russen) hatten gehofft, dass sich Russland zu einer echten pluralistischen Demokratie entwickeln würde. Sie sehen sich jetzt aufgrund der zunehmenden zentralistischen und autokratischen Tendenzen darin enttäuscht. So etwas wird vor allem nicht über Nacht passieren, wie die Dinge so liegen. Die russische Regierung beansprucht für sich und das Land einen Weg in die Zukunft, der bisweilen ein wenig anders aussieht, als der Westen es vielleicht gerne hätte. Und sie ist es, die das Tempo vorlegt.

Bürgerrechtsbewegung

Sie ist es auch, die derzeit ein schärferes Auge auf die auch in Russland existierende Bürgerrechtsbewegung wirft. Obwohl die Mehrheit der Russen damit beschäftigt ist, das eigene Überleben zu sichern, gibt es doch Einzelne, die sich für die Einhaltung der Menschenrechte und für den Aufbau einer demokratischen Gesellschaft engagieren. Zu den bekanntesten russischen Menschenrechtsorganisationen zählen die Moskauer *Helsinki-Gruppe,* die *Stiftung Memorial* und das bereits erwähnte *Komitee der Soldatenmütter*. Ein Großteil der verschiedenen Gruppen wird aus dem Ausland mit Spenden unterstützt, was den Unmut der Regierung auf sich gezogen hat. Sie befürchtet, dass der unkontrollierte Einfluss ausländischer Mitstreiter auf die russischen Menschenrechtsgruppen das Land destabilisieren könnte. Seit der »Orangenen Revolution« in der Ukraine und dem Regierungsumsturz in Kirgisien geht im Kreml die Sorge um, Ähnliches könne in Russland bevorstehen. Vor diesem Hintergrund ist auch das Ende 2005 von der Duma verabschiedete Gesetz zu sehen, das eine staatliche Kontrolle der Informations- und Geldzuflüsse sämtlicher Nicht-Regierungs-Organisationen (NGOs) vorsieht.

INFO

Transparenz nur in kleinen Auflagen

Über die Pressefreiheit oder genauer über deren Nichtvorhandensein im neuen Russland wird allenthalben berichtet. Erst im Jahr 2005 hat die Organisation *Reporter ohne Grenzen* in ihrem Jahresbericht Russland einen miserablen 140. Platz von insgesamt 167 Ländern bescheinigt. Die unabhängigen Medienbeobachter kritisieren vor allem die praktisch totale staatliche Kontrolle über das Fernsehen. Über Tschetschenien sei außerdem gar keine freie Berichterstattung mehr möglich. Insgesamt gehöre Russland zu den wenigen Ländern in Europa, in denen kritische Journalisten um ihre Freiheit, ihre Gesundheit oder im Extremfall um ihr Leben fürchten müssten. Die Vorwürfe mögen zutreffen und sollen auch keineswegs verharmlost werden. Wer die Massenmedien kontrolliert, kann sicherstellen, dass der großen Mehrheit der Russen eine in seinem Sinne gefilterte Berichterstattung vorgesetzt wird. Erstaunlicherweise gibt es aber dennoch ein paar unabhängige Stimmen in kleineren Medien, die leider nur von wenigen wahrgenommen werden: In Zeitungen wie dem *Kommersant,* der *Nesawissimaja Geseta,* dem Radiosender *Echo Moskwy* oder der Internet-Zeitung *gazeta.ru* wird ein mutiger und kritischer Journalismus gepflegt.

Gegensätze und Extreme

Disharmonien

Die Gegensätze in Russland liegen auf der Hand, ja springen jedem Besucher sofort ins Auge: Hochhäuser im Plattenbaustil neben Kuppelkirchen in Goldprunk, elegante Luxuskarossen neben klapprigen Ladas, moderne Internetcafés neben winzigen Kiosken, alte Frauen, die Plastiktüten verkaufen müssen, neben Damen mit Goldschmuck. Aber nicht nur im Alltag dominieren große Widersprüche, auch in ihrem Verhalten neigen Russen zu Extremen: Euphorie und Überschwang neben Melancholie oder sogar Aggression.
Bei diesem wenig harmonischen Ganzen liegt es durchaus nahe, in Schwarz-Weiß-Malerei zu verfallen: Sehr gut oder sehr schlecht – als gäbe es in Russland dazwischen nichts. Doch natürlich finden sich auch hier viele Abstufungen an Grau- und Zwischentönen. Sie erschließen sich nur erst auf den zweiten Blick.

Arm & Reich

Unbestreitbar – und da gehen ausländische Betrachter und Insider miteinander konform – ist der größte Gegensatz im heutigen Russland zweifellos derjenige zwischen Arm und Reich. Von den großen marktwirtschaftlichen Umbrüchen profitiert haben nur sehr wenige, diese aber dafür umso mehr: Ein Fünftel der Russen verfügt insgesamt über ein Einkommen, das – so die Weltbank – knapp 40 Prozent der Staatseinnahmen entspricht. Der große Rest der Bevölkerung lebt hingegen mit einer ungesicherten Zukunft.

Verlust sozialer Sicherheit

Vor allem die zu Sowjetzeiten noch einigermaßen gut gestellte Schicht der Funktionäre und Staatsbeamten, Lehrer, aber auch Wissenschaftler, Ingenieure und Ärzte hat mit der Umstellung auf die Marktwirtschaft ihre soziale Absicherung und ihren relativen Wohlstand verloren. Die Auswirkungen auf elementare gesellschaftliche Bereiche wie das Bildungs- und Gesundheitssystem sind entsprechend verheerend. Denn viele der fähigsten Köpfe auf diesen Gebieten sind ausgewandert. Andere halten sich – wie ein Großteil der Russen überhaupt – durch Zweit- oder Drittjobs, finanzielle Unterstützung durch Angehörige oder durch die Annahme von nicht ganz offiziellen »Geschenken« mehr schlecht als recht über Wasser.
Anders als im Westen bedroht die Armut nicht in erster Linie arbeitslos gewordene Menschen, sondern die arbeitende Bevölkerung selbst, darunter sogar viele mit höherer Bildung. Durch Umstrukturierungen in der Wirtschaft haben aber vor allem russische Industriearbeiter ihre Arbeit bereits verloren oder müssen täglich damit rechnen. Diejenigen, die ihren Job behalten konnten, sind teilweise über Monate hinweg nur in Naturalien oder extrem verspätet bezahlt worden. Gezwungenermaßen mussten sie so Not-Rücklagen und Reserven aufbrauchen.

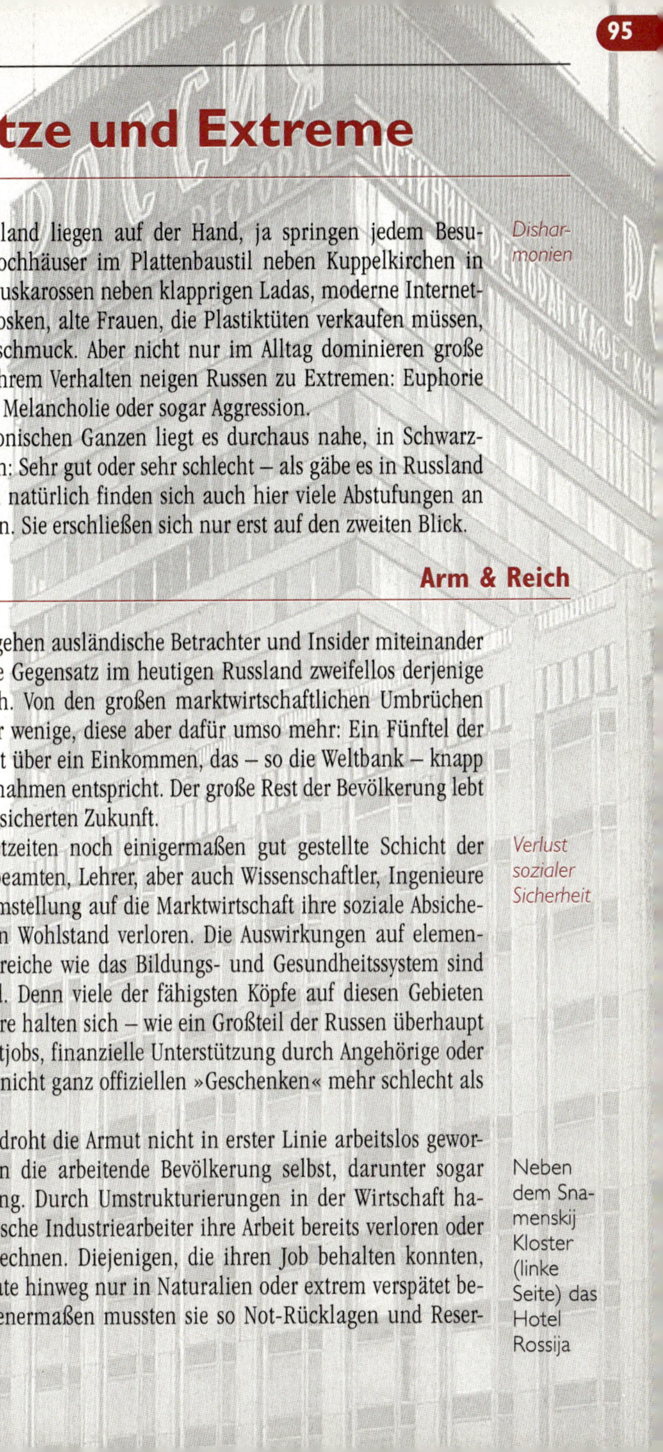

Neben dem Snamenskij Kloster (linke Seite) das Hotel Rossija

Die Orden sowjetischer Helden sichern keine Privilegien mehr.

Ganz besonders betroffen sind die Rentnerinnen und Rentner. Zwar wurden Renten und Pensionen zunächst noch pünktlich und in voller Höhe ausbezahlt, jedoch erst in den letzten Jahren auch der Inflation angepasst, das heißt gekürzt. Aus diesem Grund besteht für Rentner ein erhöhtes Armutsrisiko.

Verlust von Privilegien

Tatsächlich geht es vielen Russen heute schlechter als zu Sowjetzeiten. Zwar gab es damals keine unserem Sozialsystem vergleichbare Versorgung. Stattdessen stellte der Staat kostengünstigen Wohnraum zur Verfügung und subventionierte Lebensmittel. Soziale Leistungen wurden in Form von Privilegien *(lgóty – льготы)* nach dem Gießkannenprinzip verteilt. Veteranen und Rentner beispielsweise konnten gratis öffentliche Verkehrsmittel benutzen, erhielten kostenlose Kuraufenthalte und verbilligte Medikamente. Es gab rund 150 unterschiedliche Privilegien für nicht weniger als 236 Personenkreise. Die Krux an der Sache aber war, dass diese Vergünstigungen nicht unbedingt an der wirklichen Bedürftigkeit der Empfänger orientiert waren, sondern »an ihren Verdiensten für die Sowjetunion«. Man mache sich selbst einen Reim darauf.

Reformversuche versanden

Die geplante Ersetzung der *lgóty* durch Geldzuwendungen führte Anfang 2005 zu einem landesweiten Sturm der Entrüstung, und zwang die Regierung, diesen Schritt teilweise wieder rückgängig zu machen. Wie so oft wurde ein Reformversuch angefangen, dann aber aufgrund der unvorhergesehenen Folgen wieder halbwegs zurückgenommen.

Das eigentliche Problem bleibt nach wie vor ungelöst: Die bestehenden staatlichen Leistungen sind bei weitem nicht ausreichend, um die Existenz der betroffenen Menschen abzusichern.

Trotz alledem gibt es auch ein paar positive Entwicklungen, scheint sich ein leichter Aufwärtstrend abzuzeichnen: Die monatlichen Gehälter sind in den vergangenen Jahren kontinuierlich gestiegen. Sie haben sich nach Angaben der staatlichen russischen Statistik von durchschnittlich gut 60 US-Dollar im Jahr 1999 auf über 300 US-Dollar im Jahr 2005 immerhin verfünffacht. Auch die monatlichen Pensionszahlungen sind im gleichen Zeitraum stark gestiegen: von nicht einmal 20 US-Dollar auf derzeit knapp 90 US-Dollar (Umrechnung nach Angaben des *Bank of Finland Institute for Economics in Transition*).

Fragile Ansätze …

Viele bleiben aber erst einmal skeptisch. Die relative Verbesserung der Lage ist vor allem den hohen Rohstoffpreisen zuzuschreiben. Niemand wagt sich auszumalen, was passiert, wenn diese irgendwann wieder sinken sollten. Der Unterschied zwischen Arm und Reich wird deshalb besonders stark empfunden, weil er dem lange postulierten Prinzip der Gleichheit aller fundamental zuwiderläuft. Zwar gab es auch zu Sowjetzeiten Privilegierte und Unterprivilegierte, der Unterschied war aber nicht so gewaltig und vor allem viel weniger sichtbar. Der heutige exorbitante Reichtum einiger weniger wird in weiten Kreisen der Bevölkerung nicht verstanden.

… zu einer Verbesserung

INFO

Die Ärmsten der Armen

▶ **Sozialwaisen:** Durch Alkoholismus und Gewalt in den Familien kommt es seit dem Zusammenbruch der Sowjetunion zu einer besonders dramatischen Entwicklung: Viele Kinder werden von ihren Eltern verstoßen, weil diese sie nicht mehr versorgen können oder wollen. Andere wiederum laufen von sich aus von zu Hause weg. Nach Schätzungen des Kinderhilfswerks der Vereinten Nationen landen so Jahr für Jahr rund 50000 Kinder auf der Straße. Insgesamt geht man von über 150000 Kindern aus, die auf sich allein gestellt sind und von denen ein beträchtlicher Teil durch Drogendelikte, Prostitution oder Diebstahl in die Kriminalität abgleitet.

▶ **Obdachlose:** Auch unter den Erwachsenen ist Obdachlosigkeit ein weit verbreitetes Phänomen. Zwar gibt es in Russland keine verlässlichen Statistiken, was die genauen Zahlen angeht, doch vermuten die russischen Behörden, dass landesweit etwa vier Millionen Menschen auf der Straße leben, darunter eben auch viele Kinder.

▶ **Behinderte:** Zu Sowjetzeiten wurden Menschen mit Behinderungen konsequent von der Gesellschaft ferngehalten, Schwerbehinderte häufig sogar von ihren Familien getrennt. Bis heute sind die rund 11,5 Millionen Betroffenen in Russland in Krankenhäusern, Heimen, Internaten oder Waisenhäusern untergebracht, nicht selten unter unwürdigen Bedingungen. Vor allem dank internationaler Hilfe hat sich die Situation in vielen Einrichtungen inzwischen etwas verbessert. Ende 2005 hat der Staat erstmals eine größere Geldsumme für die gesellschaftliche Integration von Behinderten bereitgestellt.

INFO

Alkohol und andere Drogen

Dass es in Russland ein Problem mit dem Alkoholismus gibt, dürfte allseits bekannt sein. Mit den sozialen Problemen wächst auch die Zahl der Alkoholiker seit Jahren beständig. Tatsächlich sterben jedes Jahr im Land ungefähr 40000 Menschen an Alkoholvergiftung, die meisten von ihnen, weil sie verschnittenen Alkohol getrunken haben. Trotz diverser Versuche seitens der Regierung, den Handel mit schwarz gebranntem Fusel schon aus steuerlichen Gründen zu unterbinden, hält dessen Verbreitung an – allein schon, weil er billiger zu haben ist als der relativ teure, lizensierte Alkohol. Durchschnittlich werden in Russland jährlich annähernd 14 Liter Alkohol pro Kopf konsumiert (in Deutschland etwa 10 Liter). Alkoholismus ist auf dem Land stärker verbreitet als in der Stadt. Extrem betroffen sind auch Angehörige bestimmter ethnischer Minderheiten.

Auch die Zahl der Drogenabhängigen steigt seit Jahren kontinuierlich. Seit dem Wegfall der strengen Kontrollen bereits zu Sowjetzeiten strömt der »Stoff« relativ ungehindert ins Land. Die UNO geht davon aus, dass es in Russland derzeit schon über drei Millionen Drogenkonsumenten gibt. Unter den Drogenabhängigen grassieren aus Unkenntnis und mangelnder Hygiene zudem Infektionskrankheiten wie Hepatitis und AIDS.

INFO

Nichts für Zartbesaitete – das russische Gesundheitswesen

▶ **Mangelhafte medizinische Versorgung:** Der Zusammenbruch der Sowjetunion hatte für das Gesundheitssystem fatale Folgen. Zu Sowjetzeiten lag die medizinische Versorgung ausschließlich in staatlicher Hand, jeder Arztbesuch und Krankenhausaufenthalt war kostenlos. Gesundheit und Bildung fürs Volk wurden mit immenser Energie verbessert, in der Stadt wie auf dem Land. Und so zählt es zu einem der unbestrittenen Verdienste des sozialistischen Systems, zwischen Witebsk und Wladiwostok, zwischen Archangelsk und Astrachan, dass eine medizinische Grundversorgung sichergestellt war. Zwar ist die Behandlung in den Polikliniken theoretisch immer noch kostenlos, praktisch muss der Kranke aber für alles zahlen, weil die staatlichen Zuschüsse im Gesundheitssystem hinten und vorne nicht ausreichen. Die chronische Unterbezahlung des – häufig sehr gut ausgebildeten und trotz allem engagierten – medizinischen Personals führt fast zwangsläufig dazu, dass sogar die einfachsten ärztlichen Hilfen mittlerweile bezahlt werden müssen.

Kranksein ist buchstäblich ein »Luxus« geworden. Selbst bei einer ambulanten Behandlung wird in der Regel eine Vorauszahlung erwartet. Wer es sich leisten kann – und das sind in der Regel nur die Besserverdienenden –, geht deshalb lieber gleich in eine der neuen, teuren Privatkliniken, die es zumindest in den Metropolen inzwischen gibt und in denen sowohl Behandlung als auch Ausstattung, aber eben auch die Preise, auf westlichem Niveau sind.

▶ **Mangelhafte Bausubstanz und Hygiene:** Auch die hoffnungslos veraltete Ausstattung macht den Aufenthalt in einem staatlichen Krankenhaus zu einem der Dinge, die es tunlichst zu vermeiden gilt, insbesondere in der Provinz. Die Bausubstanz ist meist arg heruntergekommen, die Hygiene in den Kliniken miserabel. Tatsächlich werden Krankheiten häufig durch nicht oder nur unzureichend desinfizierte Instrumente übertragen, Einwegspritzen oder Plastikhandschuhe sind Mangelware. Die meisten Medikamente müssen außerdem von den Patienten selbst gekauft werden – Arzneien auf Rezept gibt es in Russland nicht – und das Essen ist nicht selten ungenießbar. Wo es möglich ist, bringen die Angehörigen den Patienten deshalb selbst gekochte Speisen ans Krankenbett. Angesichts dieser Zustände hilft eigentlich nur noch eines: »Nur nicht krank werden!« *(nelsjá bolét* – Нельзя болеть*)*, wie man in Russland sagt.

▶ **Infektionskrankheiten:** Die Auswirkungen des Zerfalls des staatlichen Gesundheitssystems sind dramatisch. Infolge der schlechten hygienischen Zustände sind zuvor bereits eingedämmte Infektionskrankheiten wie Tuberkulose, Diphterie und Hepatitis wieder auf dem Vormarsch. Die allgemein schwierigen Lebensbedingungen, schlechte Ernährung, übermäßiger Zigaretten- und Alkoholkonsum sowie eine unzureichende medizinische Versorgung führen dazu, dass die Lebenserwartung der Menschen seit dem Ende des kommunistischen Systems kontinuierlich gesunken ist. Russische Männer werden im Schnitt noch nicht einmal 60 Jahre alt, Frauen immerhin 74. Auch die Säuglingssterblichkeit ist mit 17 auf 1000 Neugeborene wesentlich höher als in anderen Ländern. (Zum Vergleich: In Europa liegt die Zahl im Schnitt bei vier bis fünf.)

▶ **AIDS:** Besonders besorgniserregend ist das Auftreten von AIDS. Fast nirgendwo auf der Welt verbreitet sich das HI-Virus derzeit so schnell wie in Russland und der Ukraine. Nach Schätzungen der Vereinten Nationen hat sich bereits über eine Million Russen mit dem Virus infiziert. Das entspricht rund einem Prozent der Bevölkerung und ist an dem kritischen Punkt angelangt, ab dem die Epidemie als kaum noch zu kontrollieren gilt. Waren es zunächst hauptsächlich Drogenabhängige, Homosexuelle und Prostituierte, die sich angesteckt haben, so hat die Krankheit inzwischen längst auch die Mitte der Gesellschaft erreicht.

Von Regierungsseite wurde das Problem lange Zeit schlichtweg ignoriert. Eine staatliche Aufklärungskampagne gab es nicht, ebenso wenig wie angemessene finanzielle Hilfen für Medikamente und Forschung. Es ist daher fast schon eine kleine Sensation, dass Präsident Putin im Herbst 2005 in einer Fernsehdebatte versprach, das Budget für den Kampf gegen die Epidemie drastisch aufzustocken (insgesamt 300 Millionen Dollar für die Jahre 2006/2007).

Individuum & Kollektiv

Verrat an der Gemeinschaft …

In Russland hat die Gemeinschaft traditionell einen höheren Stellenwert als der Einzelne. Eine Werte-Gewichtung, die nicht erst mit dem sozialistischen System entstand, sondern auf ältere Wurzeln zurückgeht. Tatsächlich war die Idee von der Vorherrschaft des Kollektivs vor allem deshalb in Russland so erfolgreich, weil sie sich nahtlos in die Lebensweise der bäuerlichen Dorfgemeinschaft *(mir)* einfügte. In der hauptsächlich agrarisch geprägten Gesellschaft des 19. und frühen 20. Jahrhunderts war der Grund und Boden in Gemeinschaftsbesitz. Insofern haben Russen verinnerlicht, dass die Interessen des Einzelnen vor dem Interesse der Gemeinschaft zurückzustehen haben.

… stößt auf Unverständnis.

Vor diesem Hintergrund erklärt sich zum Beispiel auch, warum der Prozess gegen Michail Chodorkowskij in Russland erheblich weniger Aufsehen erregt hat, als bei uns: Er ist in der Vorstellung vieler Russen eben nur ein Einzelner, der sich noch dazu am Volkseigentum, also auf Kosten der Gemeinschaft, bereichert hat.

Diese Sichtweise des Werts eines Individuums in der Gesellschaft, ist eines der Dinge, an die ich mich am schwersten in Russland gewöhnen konnte. Im harmloseren Fall spiegelt sie sich in der Machtlosigkeit des Einzelnen gegenüber dem Staatsapparat und der Justiz wieder. Wie eben beim Urteil gegen Chodorkowskij. Dabei konnte sich der zu Fall gebrachte Oligarch im Gegensatz zum Durchschnittsrussen immerhin noch perfekt ausgebildete Anwälte leisten. Im schlimmsten Fall zählt das einzelne Menschenleben wenig oder nichts. Tatsächlich ist die Zahl von Politikern, Journalisten und mehr oder weniger seriösen Geschäftsleuten, die alljährlich Auftragsmorden zum Opfer fallen, erschreckend hoch.

INFO

Die russische Mafia – Mythos und Wirklichkeit

Über die Untaten der russischen Mafia wird hierzulande immer wieder ausführlich und bis in die gruseligsten Details informiert. So ist der Eindruck entstanden, als gäbe es im postsowjetischen Russland mehr Leute, die sich mit Schutzgelderpressung, Prostitution, Menschenhandel, Auftragsmorden, Rauschgiftschmuggel oder Schwarzgeldwäsche ihr Geld verdienen als mit normaler Arbeit. Das ist sicherlich eine heftige Übertreibung. Man kann allerdings nicht wegdiskutieren, dass Kriminalität und organisiertes Verbrechen in letzter Zeit deutlich angestiegen sind. Besonders unheimlich und undurchsichtig erscheint die Verstrickung zwischen der Politik und der »ehrenwerten Gesellschaft«. Sieht man einmal von der Alltagskorruption ab (vgl. Seite 119) , dann kommen Sie als westlicher Reisegast wohl kaum mit den Machenschaften der berühmt-berüchtigten russischen Mafia in Berührung. Die Straßenkriminalität braucht Sie ebenfalls nicht in Panik zu versetzen. Sie ist in Russland nicht höher als in westeuropäischen Ländern.

Straßenleben in St. Petersburg

Stadt & Land

Dritte-Welt-Zustände

Zwischen dem Leben in der Stadt und auf dem Land herrschen enorme Unterschiede. Fast alle Probleme im heutigen Russland treten auf dem Land verschärft zutage: Armut, Alkoholismus, Hoffnungslosigkeit, Arbeitslosigkeit. Ungefähr ein Drittel der ländlichen Bevölkerung fällt unter die Armutsgrenze, in den Städten sind es dagegen nur 15 Prozent. Wer nach malerischem Landleben sucht, wird schnell eines Besseren belehrt. Häufig sind die einfachen Holzhütten nicht an die Kanalisation angeschlossen, auch ist fließend warmes Wasser längst nicht überall selbstverständlich. Wenn der Dorfgemeinschaft die Mittel fehlen, den Generator zu betreiben, dann gibt es eben noch nicht einmal Strom. Viele der weit entfernten Dörfer und Städte im Norden und Osten sind außerdem nicht über asphaltierte Straßen zu erreichen. Die geplante Autoverbindung zur immerhin 20000 Einwohner zählenden Stadt Narjan-Mar im äußersten Nordosten des europäischen Russland zum Beispiel wird wohl erst im Jahr 2010 fertig sein. Bis dahin kommt man nur per Schiff oder Flugzeug dorthin.

Landflucht

Die früher übliche Versorgung mit Lebensmitteln, Konsumgütern und Medizin aus der Luft wurde in vielen Fällen aus Geldmangel eingestellt. Kein Wunder, dass sich die Bevölkerung der betroffenen Orte von der Regierung im fernen

Moskau vergessen fühlt. Aber auch den zentraler gelegenen Siedlungen geht es häufig nicht besonders gut. Die Privatisierung im Bereich der Landwirtschaft hat noch fatalere Auswirkungen gehabt, als die in der Industrie der Städte. Die Kolchosen und Sowchosen waren auf dem Land oft die einzigen Arbeitgeber. Mit ihrer Auflösung verloren viele Bauern und Landarbeiter die einzige Einnahmequelle vor Ort. In der Folge begann eine fast unkontrollierte Landflucht. Wer kann, versucht mittlerweile, sein Heil in der Stadt zu suchen, wo es zumindest Krankenhäuser, weiterführende Schulen und Arbeitsmöglichkeiten gibt.

Aufschwung

Auch unter den größeren Städten gibt es erhebliche Unterschiede. Die aufstrebenden Metropolen Moskau und St. Petersburg ziehen den absoluten Löwenanteil aller Investitionen an sich. Das Angebot an Waren, Bildungseinrichtungen und Karrieremöglichkeiten ist hier konkurrenzlos, was den Neid vieler Provinzstäd-

INFO

Cyberia – Softwareschmiede in der Taiga

Wissenschaftler genossen zu Sowjetzeiten ein sehr hohes Ansehen. Speziell für die akademische Elite wurden abgeschirmte und bestens ausgestattete Zonen geschaffen. Das berühmteste dieser Zentren, Akademgorodok (zu Deutsch »Akademikerstädtchen«), befindet sich etwa 30 Kilometer südlich von Nowosibirsk, der größten Stadt Sibiriens. Hauptsächlich wurde hier in Sachen Physik, Mathematik, Mikrobiologie und Militär- und Raumfahrttechnik geforscht. Daher ähnelte Akademgorodok lange einer geschlossenen Stadt und selbst alle gewöhnlichen Sowjetbürger mussten »draußen« bleiben. Mit den neuen Zeiten setzte auch hier der *Brain-Drain* (vgl. Seite 159) ein und viele Wissenschaftler folgten dem Lockruf des Dollars ins westliche Ausland. Der kurze Höhenflug der *New Economy* verschaffte den klugen Köpfen im fernen Sibirien dann jedoch wieder Aufwind und es siedelten sich mehrere heute noch erfolgreiche Softwarefirmen in der Taiga an. Dem Ort trugen diese so glamouröse Spitznamen wie »Sibirisches Silicon Valley« oder auch »Cyberia« ein.

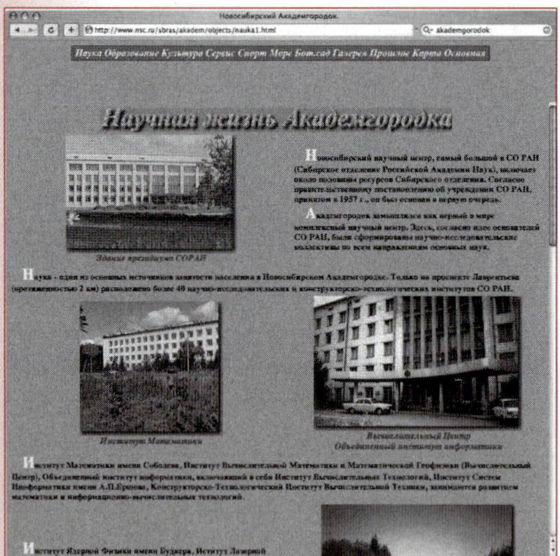

te und deren Einwohner heraufbeschwört. Nebenbei bemerkt gibt es allerdings selbst zwischen den beiden Metropolen ein deutliches Gefälle zu Lasten von St. Petersburg. Dennoch: Auch in die wichtigsten »Provinzstädte«, von denen ein Dutzend in die Kategorie der Millionenstädte fällt, kommt Bewegung. So haben sich vor allem dank des individuellen, ökonomischen Geschicks einzelner Gouverneure in einigen dieser Städte (etwa Kasan, Nischnij Nowgorod oder Samara) gesunde Betriebe ansiedeln können. Viele baufällige Gebäude wurden und werden hier noch saniert, und es gibt alles zu kaufen, was es auch im westlichen Ausland gibt. Zum Positiven verändert haben sich selbst einige Städte in Sibirien und im Fernen Osten wie Jakutsk, Chabarowsk und Nowosibirsk. Wie für alles in Russland gilt eben auch hier: Man hüte sich vor Verallgemeinerungen.

Improvisation & Perfektion

Wenn die Heizungen kalt bleiben ...

Ein besonders auffälliges Phänomen unter all den russischen Gegensätzen ist der himmelweite Unterschied zwischen technisch-wissenschaftlichen Höchstleistungen und teilweise archaischer Rückständigkeit. Auch viele Russen fragen sich bisweilen, wie es ihre Nation geschafft hat, über Jahre hinweg äußerst erfolgreich Menschen in den Kosmos und wieder zurück zur Erde zu transportieren, es hingegen aber nicht möglich scheint, Heizsysteme zu bauen, die dem strengen russischen Winter auch in Extremjahren zu trotzen vermögen.
Die Antwort darauf ist mehrschichtig: Zum einen war es zu Sowjetzeiten schon aus außenpolitischen Gründen wichtiger, Weltraum- und Rüstungstechnik voranzutreiben als die allgemeine Infrastruktur oder gar die Konsumgüterindustrie.

Auf dem Land fehlt zumeist eine zeitgemässe Infrastruktur.

Eine andere Erklärung fällt mehr in den Bereich der Psychologie und wird von den Russen mit der Redewendung *awós* (авось) umschrieben, was so viel bedeutet wie »vielleicht«, »aufs Geratewohl, aufs Ungewisse«. Gemeint ist damit die weit verbreitete Denkweise, dass es der Zufall schon richten wird – irgendwie.
Sehr häufig – und das ist das eigentlich Erstaunliche am Leben in Russland – klappt das auch. Manchmal jedoch nicht. Dann kann es ganz schön ungemütlich werden, unter Umständen im wahrsten Sinne des Wortes brenzlig. Etwa dann, wenn aufgrund von schlecht gelegten oder unprofessionell geflickten Stromleitungen mal wieder irgendwo eine Datscha abbrennt. Oder – wenn die Leitungen für die Fernheizung nur oberflächlich gewartet wurden und im Winter dann in ganzen Wohnvierteln die Heizung kalt bleibt …

… laufen Russen zu Hochformen auf.

Viele Jahre der Mangelwirtschaft und der unvorhersehbaren Engpässe haben allerdings aus den Russen wahre Meister der Improvisation gemacht. Selbst wenn sie mitunter dazu neigen, sich so lange im Provisorium einzurichten, bis es ihnen buchstäblich um die Ohren fliegt. Auf alle Fälle beherrschen die meisten äußerst kreative Strategien für Problemlösungen aller Art. Abenteuerliche Metamorphosen förderte der frühere Mangel zu Tage. Da wurde schon einmal ein Fußball zum Einkaufskorb oder ein Stahlhelm zum Nachttopf umfunktioniert. Dass man auch mit einem einfachen Draht so richtig Gas geben kann, konnten wir in St. Petersburg beobachten: Was nämlich tun, wenn das Gaspedal des Autos kaputt ist, man sich keinen Abschleppdienst leisten kann und den Wagen irgendwie in die Werkstatt schaffen muss? Kein Problem für einen pfiffigen Bastler.

INFO

Alles ganz normal!

Den vielen Pleiten, Pech und Pannen, Unglücken und Widrigkeiten, die der russische Alltag oft bereithält, begegnen die meisten Russen übrigens mit einer erstaunlichen Gelassenheit. Und so stehen die klassischen russischen Begrüßungsfloskeln:

- Как дела? *(Kak djelá?* – Wie geht's?*)*
- Нормально! *(Normálno* – Normal!*)*

in krassem Widerspruch zu der von Gegensätzen und Extremen beherrschten Alltagsrealität der Russen. Kaum jemand käme auf die Idee, etwas anderes als »Normal« zu antworten: Heizungsausfall im Winter? Normal! Schlaglöcher in der Straße? Normal! Die Bandbreite dessen, was da so alles als »normal« gilt, ist schier grenzenlos. Selbst ein wachhabender Milizionär auf dem Roten Platz soll im Jahr 1987 auf die Frage eines amerikanischen Journalisten, was »das« denn sei, was da eben gelandet wäre, nur lakonisch geantwortet haben: »Нормально!« *(normálno).* »Das« war damals ein kleines Flugzeug, gesteuert vom deutschen Teenager Mathias Rust, der es geschafft hatte unbehelligt von der sowjetischen Luftabwehr direkt im Herzen der Hauptstadt zu landen …

Glaube und Aberglaube

Landauf, landab erstrahlen sie wieder in neuem Glanz: die russisch-orthodoxen Kirchen mit ihren imposanten, häufig vergoldeten Kuppeln. Ein Bild, das man fast schon zwangsläufig mit Russland assoziiert. Dabei ist es noch gar nicht so lange her, dass die gleichen Kirchen mit ihren weithin sichtbaren Zwiebeltürmen, die sich stolz und prachtvoll in den weiten russischen Himmel recken, alles Mögliche waren, nur keine Gotteshäuser. Denn viele der Abertausenden von Kirchen, Klöstern und Kapellen wurden nach der Revolution 1917 in Museen für Atheismus, Archive, Sporthallen oder gar Viehställe umgewandelt, zerstört oder dem Verfall preisgegeben.

Die Macht des Mystizismus: Die orthodoxe Kirche Russlands

Neuer Glanz

Seither hat sich viel verändert. Fast wie der sagenumwobene Phoenix aus der Asche ist die russisch-orthodoxe Kirche wieder auferstanden und unternimmt die größten Anstrengungen, um allerorten die offensichtlichen Wunden der Vergangenheit zu heilen. Tatsächlich waren viele der sakralen Gebäude mit unter den ersten, die restauriert wurden. Nach eigenen Angaben hat die russisch-orthodoxe Kirche seit dem Ende der Sowjetunion landesweit rund 16000 Gotteshäuser wieder eröffnet. Allein in Moskau stieg ihre Anzahl in dieser Zeit von 46 auf 460.

Reger Zulauf

Die Kirche hat Konjunktur im postsowjetischen Russland. Seit Jahren erfreut sie sich eines regen Zulaufs. Die Menschen erhoffen von ihr Kraft, Beistand und Orientierung in einer überaus schwierigen Zeit. Der neu erwachte orthodoxe Glaube ist auf alle Fälle groß in Mode (wahrscheinlich auch weil er so lange verboten war) und im öffentlichen Leben Russlands mittlerweile auch wieder fest verankert. Mitunter zeigt sich die Kirche nach außen überraschend modern. Neuen Bankfilialen erteilt sie ihren Segen, was immer das bewirken soll. Im Fernsehen ist sie präsent und besitzt sogar einen eigenen Fernsehkanal. Im Internet ist sie ebenfalls vertreten; das Moskauer Patriarchat leistet sich eine eigene Website. Verlässliche Statistiken zur Anzahl der Gläubigen in Russland gibt es hingegen nicht. Nach Umfragen bekennen sich aber wohl rund zwei Drittel der Bevölkerung zum russisch-orthodoxen Glauben. Politiker und Prominente lassen sich gerne beim Kirchenbesuch ablichten. Es ist ihrem persönlichen Image dienlich.

Tief religiös sind jedoch wohl nur die wenigsten Russen. Eher empfinden viele den orthodoxen Glauben wieder als einen Teil ihrer Kultur oder nationalen Identität. Sie gehen ab und zu in den Gottesdienst, haben eine (oder mehrere) Ikonen zu Hause, machen die eine oder andere der diversen Fastenzeiten mit (vgl. Seite 172) und begehen die kirchlichen Feiertage, einfach weil »man« das jetzt so macht im heutigen Russland.

Wenig Wissen

Die eigentliche Bedeutung der Zeremonien bleibt den meisten dabei wohl verborgen. Mit dem religiösen Wissen ist es nach gut sieben Jahrzehnten atheistischer Erziehung nicht eben zum Besten gestellt. Zu meiner großen Verwunderung verfolgten etwa meine Schwiegereltern vor einigen Jahren eine Hollywood-Verfilmung über Moses Leben atemlos gespannt. Nicht etwa, weil der Film so überzeugend gewesen wäre, sondern einfach, weil ihnen die Erzählungen der Biblischen Geschichte bis dahin weitgehend unbekannt waren. Dass trotz der mangelnden religiösen Basis so viele »Gläubige« relativ unproblematisch den Anschluss an die orthodoxe Kirche wieder gefunden haben, liegt unter anderem sicherlich auch an der einzigartigen Atmosphäre in den russischen Gotteshäusern, die einen auffälligen Kontrapunkt zur häufig grauen Alltagswelt bietet.

Weihrauch und Gesänge

Der Besuch einer russisch-orthodoxen Kirche – insbesondere während einer Messe – ist ein beeindruckendes, sinnliches Erlebnis: Die Luft ist weihrauchgeschwängert, die getragenen liturgischen Gesänge und die spärliche Kerzenbeleuchtung verbreiten eine feierliche Stimmung. Geheimnisvoll blicken die goldumrahmten Heiligen von ihren Ikonen herab. Häufig sind die Wände über und über mit bunten Fresken bedeckt, die Szenen aus dem Leben der Heiligen abbilden. Die Kirchengänger stehen oder gehen umher, denn es gibt so gut wie keine Sitzgele-

Gläubige vor der Christi-Erlöser-Kathedrale in Moskau

INFO

Ikonen – Fenster ins Himmelreich

Mit dem griechisch-orthodoxen Glauben übernahmen die Russen im 10. Jahrhundert auch die Tradition der Ikonenverehrung. Ikonen sind Abbilder von Heiligen oder zentraler Geschehnisse des religiösen Lebens. Als Zeichen der Verehrung ist es üblich, dass die Gläubigen sich vor ihnen bekreuzigen, sie küssen oder Kerzen vor ihnen anzünden. Nach orthodoxem Glauben wird dabei nicht die Ikone selbst verehrt, die übrigens als Werk Gottes gilt, sondern der dargestellte Heilige. Das hindert jedoch nicht daran, so mancher Ikone wundersame Kräfte zuzuschreiben. Ikonen gelten als »Fenster in die himmlische Welt«; davon sollen der zumeist goldene Hintergrund (Symbol des Himmelreichs) und die zweidimensionale, bewusst nicht naturgetreue Darstellung der Motive zeugen.
Als Blütezeit der altrussischen Ikonenmalerei gilt das 15. Jahrhundert mit dem wohl herausragendsten Vertreter dieser Kunst, Andrej Rubljow (vermutlich 1360–1430). Rubljow wurde vor allem durch den gleichnamigen Film (1966) des Regisseurs Andrej Tarkowskij in Russland berühmt.
In den russisch-orthodoxen Kirchen befinden sich die meisten Ikonen an der Ikonostase. Das ist eine dreitürige, zumeist fünf Reihen hohe Bilderwand, die das Allerheiligste vom Gemeinderaum abtrennt. Dieser separate Bereich ist allein den Geistlichen vorbehalten. Hinter dem mittleren und größten Durchgang, auch »heilige Pforte« oder »Zarentür« genannt – sie wird während der Gottesdienste geöffnet –, befindet sich der Altar. Die Anordnung der Ikonen auf der Ikonostase entspricht einem strengen, festgelegten Muster.

---

genheiten in orthodoxen Kirchen – sieht man einmal von einfachen Holzbänken an den Kirchenwänden ab, die alten und gebrechlichen Gemeindemitgliedern vorbehalten sind. Es ist für die Kirchengänger nicht obligatorisch, dem gesamten oft mehr als zweistündigen Gottesdienst von Anfang bis Ende beizuwohnen.

Kirchenslawisch

Im Zentrum des Gottesdienstes steht die Liturgie, die nach strengen, unveränderlichen Regeln abgehalten wird. Sie haben sich im Laufe der Jahrhunderte kaum verändert und so ist auch die Sprache, in der die Liturgie abgehalten wird, nicht das zeitgenössische Russisch, sondern das so genannte Kirchenslawisch (vgl. Seite 196). Die russisch-orthodoxe Kirche sieht sich denn auch als einzig legitime Bewahrerin der ursprünglichen Kirchentradition und trägt diesen Anspruch – wie die griechische Kirche ja auch – in ihrem Namen: »Russische Rechtgläubige Kirche« *(Rússkaja Prawosláwnaja Zérkow* – Русская Православная Церковь*)*.

Kein irdischer Anspruch

Der glanzvolle Prunk der orthodoxen Gotteshäuser kündet von der Herrlichkeit des Himmelreichs, das irdische Leben gilt allenfalls als Zwischenstation dorthin. Kritik an der Staatsmacht oder eigene Konzepte zur Entwicklung einer Zivilgesellschaft betrachtet die orthodoxe Kirche daher nicht als ihre Aufgabe. Mit den weltlichen Herren im Kreml verbindet sie heute eine Art Symbiose, nach der eine Hand die andere wäscht. Interesse daran, wieder zur Staatskirche erhoben zu werden, hat

INFO

Slawophile und Westler: Wohin gehört Russland?

An der Frage, wohin Russland eigentlich gehört – nach Osten oder nach Westen, also Europa – und wohin es steuert, scheiden sich schon seit Jahrhunderten die Geister. Besonders hitzig wurde sie jedoch Mitte des 19. Jahrhunderts diskutiert. Nach dem gescheiterten Dekabristen-Aufstand von 1825 (vgl. Seite 48f) stritt sich die gebildete Elite darüber, wie denn die von vielen als endgültig empfundene Abkehr Russlands vom Westen zu bewerten sei. »Fluch!« meinten die einen, später auch »Westler« *(sápadniki* – западники*)* genannt. Sie malten Vergangenheit und Zukunft des Landes in düstersten Farben: Russland habe keine eigene Zivilisation hervorgebracht und sei ohne westliche Kulturimporte, wie technischer Fortschritt und eine liberale Regierung, zum ewigen Leben in Isolation und Rückständigkeit verdammt. »Segen!« hielten die anderen dagegen und predigten stattdessen eine Rückkehr zu den eigenen Wurzeln: Die »Slawophilen« *(slawofíly* – славофилы*)* betonten die Überlegenheit russischer Werte wie die bäuerliche Gemeinschaft, den Glauben an die russisch-orthodoxe Kirche und die Monarchie. Die blinde Übernahme westlicher Werte hätte erst zur Spaltung der Gesellschaft geführt. Russland könne sein Heil nur finden, indem es einen eigenen Weg beschreite. Wie man sieht eine Debatte, die auch gut 150 Jahre später nichts an ihrer Aktualität verloren hat …

die russisch-orthodoxe Kirche nach dem Bekunden von Patriarch Alexij II. nicht. Sie profitiert auch so nicht zu knapp von Zuwendungen aus dem Staatssäckel. Denn obwohl die Russische Föderation in ihrer Verfassung definiert, dass Kirche und Staat voneinander getrennt sind, fließen nicht unerhebliche Geldbeträge in die Kirchenkassen, insbesondere, um die diversen teuren kirchlichen Restaurierungsmaßnahmen und Bauprojekte zu finanzieren. Die Kirche bedankt sich dafür, indem sie sich aus der Politik heraushält.

Madonnenverehrung in einem russischen Haushalt

Umso eifersüchtiger wacht sie über ihre privilegierte Stellung in der Gesellschaft, sieht sie sich doch als eigentliche Bewahrerin russischer Traditionen. Daraus ergibt sich eine gefährliche Nähe zu nationalistischen und auch rassistischen Positionen. Mancher Kirchenrepräsentant verbreitet ganz unverhohlen antisemitische Parolen.

INFO

Kirchengeschichte in Stichworten

988 Großfürst Wladimir I., der Heilige, von Kiew nimmt den christlichen Glauben griechisch-orthodoxer Prägung an und lässt auch seine Untertanen taufen. Hierarchisch gesehen untersteht die russische Kirche dem Patriarchen von Konstantinopel, der auch die Metropoliten von Kiew bestellte, meist griechische Bischöfe.
1054 Schisma: Spaltung in die lateinische Westkirche und griechisch-byzantinische Ostkirche, in deren Folge sich Konstantinopel als »zweites Rom« sah, nachdem das eigentliche Rom in die Hände von »Ungläubigen« gefallen war.
1326 Der Sitz der russischen Metropoliten wird nach dem Einfall der Mongolen von Kiew über Wladimir endgültig nach Moskau verlegt.
1448 Autonomiebestrebungen und schließlich Autokephalie (Selbstständigkeit) von der griechisch-orthodoxen Kirche: Die russischen Bischöfe wählen ihren eigenen, nicht von Konstantinopel bestätigten Patriarchen. Nach der Eroberung Konstantinopels durch die Osmanen (1453) sieht sich Moskau als »Drittes Rom« zum einzigen Hort des rechten Glaubens berufen. Im Jahr 1589 wird die Autokephalie der russisch-orthodoxen Kirche auch von Konstantinopel anerkannt, der russische Metropolit in den Rang eines Patriarchen erhoben.
Mitte des 17. Jhs. Eine von Patriarch Nikon (1605–1681) initiierte Angleichung der russisch-orthodoxen Liturgie an die griechische trifft auf heftigen Widerstand. Die so genannten »Altgläubigen« *(starowérije* – староверие*)* weigern sich, die Reform mitzumachen, werden exkommuniziert und verbannt. Dies führt zu einer Spaltung *(raskól* – раскол*)* der Kirche. Die Altgläubigen, auch Spalter *(raskólniki* – раскольники) genannt, können in abgelegenen Gebieten überleben. Sie bleiben in der Folgezeit eine Widerstandszelle sowohl gegen die kirchliche als auch die weltliche Macht.
1721 Zar Peter der Große beschneidet nicht nur die Bärte der Popen, sondern auch den Einfluss der Kirche auf den Staat: Er hebt das Patriarchentum auf und setzt an dessen Stelle den »Heiligen Synod« unter dem Vorsitz eines weltlichen Beamten.
1917 Das Patriarchat wird wieder eingeführt.
1918 Die Revolutionäre verkünden die Trennung von Kirche und Staat. Sämtliche Kirchenbesitztümer gehen an den Staat über. Viele Klöster und Kirchen werden zerstört oder zweckentfremdet, Priester und Mönche massiv verfolgt, teilweise ermordet. Kirchliche Seminare und Schulen werden geschlossen.
1988 Die Feierlichkeiten zum 1000-jährigen Bestehen der Orthodoxie in Russland markieren das Ende der kirchenfeindlichen Politik. Nach und nach erhält die Kirche einen Großteil ihres Besitzes zurück. Priesterseminare werden wieder zugelassen, Kirchen und Klöster wieder aufgebaut, neue Gemeinden gegründet.
1997 In einer Neufassung des Gesetzes über die Gewissensfreiheit wird die Bedeutung der russisch-orthodoxen Kirche für das kulturelle und geistige Leben des Staates ausdrücklich hervorgehoben.

Danilow-Kloster, gegründet 1282

Kirchenoberhaupt ist seit 1990 Alexij II., der Patriarch von Moskau und ganz Russland. Sein Amtssitz befindet sich im Moskauer Danilow-Kloster, das nach Jahren der Zweckentfremdung durch die Sowjets nun wieder geistiges Zentrum Russlands wurde. Ansonsten ist das Land in orthodoxe Diözesen aufgeteilt, die von Bischöfen oder Erzbischöfen geleitet werden. An der Spitze der wichtigsten Bistümer steht ein Metropolit.

Versuche anderer Kirchen und Sekten, auf russischem Boden Fuß zu fassen, werden in regelmäßigen Abständen von der russisch-orthodoxen Kirche scharf verurteilt. Nur sie seien schuld am allgegenwärtigen Werteverfall. Die Abgrenzung von vermeintlich schädlichen äußeren Einflüssen auf die gefährdete »russische Seele« hat eine lange Tradition im russischen Selbstverständnis und gipfelte im 19. Jahrhundert im Streit zwischen »Slawophilen« und »Westlern«.

Katholiken und Protestanten

Insbesondere die katholische Kirche wird beschuldigt, unter dem Deckmäntelchen der Ökumene unrechtmäßig auf russischem Territorium zu wildern und orthodoxe Christen abzuwerben: Proselytismus heißt das in der Kirchensprache. Nach Schätzungen bekennen sich heute rund eine Million Russen zum Katholizismus. Er ist traditionell vor allem unter den Russen polnischer und litauischer Herkunft verbreitet. Nach eigenen Angaben ist die Anhängerschaft der protestantischen Kirche etwa doppelt so groß. Zu ihr gehören vor allem Deutschstämmige, Finnen und Letten.

INFO

Verhaltenstipps für den Besuch einer orthodoxen Kirche

In der Regel stehen russisch-orthodoxe Kirchen auch Andersgläubigen und Besuchern offen. Man sollte jedoch einige Verhaltensregeln und vor allem die strenge Kleiderordnung respektieren: Für Frauen ist eine Kopfbedeckung, traditionellerweise ein Kopftuch, obligatorisch. Miniröcke und kurze Hosen sind tabu, lange Röcke empfehlenswert. Hinter dem Rücken verschränkte Hände ebenso wie Hände in den Hosentaschen werden nicht gerne gesehen.

»Unorthodoxer« Glaube: Andere Religionen in Russland

Nicht nur die russisch-orthodoxe Kirche wird in Russland als Hort einer verlorenen gegangenen Identität angesehen. Vor allem in den Republiken mit ihren nicht-russischstämmigen Titularnationen machte der Zusammenbruch des atheistischen Staatsgebildes den Weg frei für eine Rückkehr zu anderen Religionen, insbesondere dem Islam und dem Buddhismus.

Muslime

Nach den orthodoxen Christen bilden die rund 20 Millionen Muslime des Landes die zweitgrößte Glaubensgemeinschaft. Der Islam ist vor allem in den Republiken Tatarstan und Baschkortostan im Wolga-Bezirk sowie im Nordkaukasus verbreitet. Auch für die Muslime begann mit dem Ende der Sowjetunion eine religiöse Renaissance. Anders als die orthodoxen Christen waren sie jedoch bereits zu Zarenzeiten verfolgt und unterdrückt worden. Im Großen und Ganzen leben die mehrheitlich sunnitischen Muslime in der Russischen Föderation relativ einträchtig mit den Anhängern anderer Religionen zusammen. Die Ausprägung des hier praktizierten Islam ist sehr undogmatisch, die Frauen tragen beispielsweise keinen Schleier.

Das friedliche Zusammenleben der Religionen ist jedoch bedroht. Der Tschetschenienkrieg führte, zumindest in Teilen des Nordkaukasus, einerseits zu einer Radikalisierung des Islam. Auf der anderen Seite verbreiten sich unter der andersgläubigen Bevölkerungsmehrheit zunehmend Ressentiments gegen »die« Muslime, die allesamt verantwortlich gemacht werden für die Terroranschläge auf die U-Bahn in Moskau oder die Schule in Beslan.

Juden

Die zunehmend fremdenfeindlichen Tendenzen im Land betreffen auch die heute noch in Russland lebenden Juden. Von den schätzungsweise rund drei Millionen Juden, die Anfang der 1990er Jahre in der Sowjetunion zu Hause waren, ist nur rund jeder Zehnte in Russland geblieben. Die große Mehrheit hat inzwischen Russland und die anderen Nachfolgestaaten des sozialistischen Regimes in Richtung Israel, USA und Deutschland verlassen. Die Auswanderungswelle ist jedoch mittlerweile abgeebbt. Fast die Hälfte der russischen Juden lebt heute in Moskau. In der Hauptstadt blüht das religiöse Leben inzwischen wieder auf. Es gibt mehrere Synagogen, jüdische Schulen und Hochschulen, Kindergärten und Kulturzentren.

Buddhisten

In den fernöstlichen Gebieten Russlands und in Teilen Sibiriens ist der Buddhismus in der Form des Lamaismus verbreitet; daneben ist er für die knapp 150000 Kalmücken westmongolischer Abstammung an der südlichen Wolga die ursprüngliche Religion. Unter den vielen kleinen Völkern Russlands lebt außerdem die Tradition des Schamanismus fort. Auch ihnen ist es erst seit dem Zusammenbruch der Sowjetunion wieder möglich, ihre uralten Riten und Gebräuche ungehindert zu praktizieren.

Sekten

Das politische Tauwetter der Gorbatschow-Ära erlaubte aber nicht nur den Anhängern der offiziellen Religionen und Kulte der Ureinwohner ihren Glauben nach Jahrzehnten der Unterdrückung und Verfolgung wieder frei auszuüben.

Das Bedürfnis nach Spiritualität und der Glaube ans Übersinnliche beschert auch allen möglichen obskuren Sekten und falschen Propheten seither eine sichere Gefolgschaft, die sich durchaus in klingender Münze bezahlt macht. Ein Trend, den inzwischen auch viele findige Geschäftsleute für sich nutzen. Allein die Anzahl der eingetragenen Sekten in Russland beläuft sich nach Schätzungen derzeit wohl auf rund 6000, ihre Anhängerschaft wird auf rund eine Million Menschen beziffert.

Wunderheiler

Nach dem Ende der Sowjetunion waren hauptsächlich ausländische Sekten auf Seelenfang in Russland. Mittlerweile geht das auch anders herum. Und es gibt durchaus auch russische Heilsverkünder, die nun im Westen für ihre Sache werben. So etwa die so genannte »Kirche des letzten Testaments« von Sergej Torop, der sich selbst »Wissarion« nennt. Er akquiriert seine Jünger ganz modern per Internet sogar in der fernen Bundesrepublik, vor allem unter den Russlanddeutschen und anderen Einwanderern aus den Ländern der ehemaligen Sowjetunion. Der Glaube an Wunderheiler und überhaupt alternative Heilmethoden ist in Russland traditionell sehr stark. Man denke nur an den berühmten Wanderprediger und Heiler Grigorij Rasputin (1869–1916), der es dank seiner übernatürlichen Kräfte geschafft haben soll, die Bluterkrankheit des Thronfolgers Alexeij

INFO

Birobidschan – Zion nördlich des Amur

Eine Heimstatt für die rund fünf Millionen Juden des Sowjetreiches sollte es werden. Heute bekennt sich aber nur einer von hundert Einwohnern des Jüdischen Autonomen Gebietes Birobidschan zum jüdischen Glauben. Ende der Zwanziger Jahre beschlossen die Moskauer Parteistrategen, eine Lösung für das »jüdische Problem« zu finden, denn zwar galt das Judentum als eigene Nationalität, konnte aber im Gegensatz zu allen anderen anerkannten Volksgruppen kein angestammtes Territorium sein eigen nennen. Also suchte man ihnen eines und wurde in der kaum besiedelten Region im äußersten Osten des Landes, an der Grenze zu China, auch fündig. Die jüdischen Kolonisten sollten das Land urbar machen und so ganz nebenbei davor bewahren, dass es in chinesische Hände fiel. Denn es kam hier immer wieder zu Grenzzwischenfällen. Einige besonders idealistische Juden folgten freiwillig dem Aufruf der Partei. Andere wurden zwangsweise umgesiedelt. Entgegen den Versprechungen der Parteipropaganda war die Region für eine landwirtschaftliche Nutzung eher ungeeignet. In der Hochphase der Kolonisierung machte der jüdische Anteil an der Bevölkerung wohl maximal 30 Prozent aus. Während der beiden großen stalinistischen Säuberungswellen 1936–1938 und 1948 wurde das mühsam errichtete jüdische Leben im Fernen Osten jedoch wieder zerstört. Viele Juden kamen dabei um. Andere siedelten ins benachbarte Usbekistan um. Und Tausenden gelang auch die Flucht nach Israel.

Auferstehungskirche St. Petersburg

zu lindern, was ihm großen Einfluss auf die Zarenfamilie verschaffte (vgl. Seite 50). Heute haben einige angesichts der vielerorts katastrophalen Zustände im öffentlichen Gesundheitssystem den Glauben an die Schulmedizin ganz verloren und konsultieren lieber gleich den Wunderdoktor.

Aberglaube

Nicht weniger verbreitet als der Glaube in Russland ist der Aberglaube. Es gibt einen wahren Dschungel an Verhaltensweisen, Volksweisheiten und Bräuchen, an denen auch heute noch festgehalten wird – und zwar über alle Altersstufen, Religions- und Nationalitätengrenzen hinweg. Vermutlich hat dies seine Wurzeln in der bäuerlichen Welt der russischen Dörfer. Ein gewisser Hang zu Geisterglaube und Wahrsagerei dürfte zusätzlich aus dem Fernen Osten importiert worden sein. Weder die Christianisierung, noch die zunehmende Verstädterung oder die atheistische Periode konnten dem etwas anhaben. Selbst Leonid Breschnew, ehedem Generalsekretär der Kommunistischen Partei, soll seinerzeit eine Seherin konsultiert haben. Russen haben ihren Aberglauben sozusagen verinnerlicht. Niemand, der Unglück vermeiden will, wird Ihnen beispielsweise die Hand auf einer Türschwelle reichen. Seien Sie also darauf gefasst: Das »Übersinnliche« lauert in Russland an jeder Ecke!

Einsichten in die Arbeitswelt

»In Russland konnte sich noch keine Marktwirtschaft herausbilden. Deshalb sind Beziehungen immer noch so wichtig. Aber von Jahr zu Jahr nimmt ihre Bedeutung ab.«
Roman Abramowitsch, Gouverneur von Tschukotka und Oligarch

Freundlicher Empfang in Moskau – Kiewer Bahnhof

Wie ein Magnet zieht Russland Geschäftsleute an

Mehr Öl als Saudi-Arabien

Des einen Leid ist des anderen Freud: Steigende Energiepreise sorgen hierzulande für lange Gesichter und Ebbe in den Kassen. In Russland hingegen hat der unaufhaltsame Höhenflug des Ölpreises reichlich Devisen ins Land gespült. Man mag es kaum glauben: Zeitweise fördert die Russische Föderation sogar mehr Öl als selbst Saudi-Arabien! Dass Russlands rohstofforientierte Wirtschaft boomt, versteht sich unter diesen Bedingungen von selbst. Jährliche Wachstumsraten von fünf bis sieben Prozent lassen westeuropäische Wirtschaftsexperten vor Neid erblassen. Durchschnittseinkommen und Kaufkraft der russischen Verbraucher wachsen seit Jahren kontinuierlich. Das Potenzial des Binnenmarktes gilt als lange noch nicht ausgeschöpft. Kein Wunder, dass jeder gerne ein Scheibchen vom großen russischen Kuchen abbekommen würde. Nicht umsonst ist die Bundesrepublik Deutschland schon seit einigen Jahren Russlands wichtigster Handelspartner. Regelmäßig gehen erfolgreich abgeschlossene Deals zwischen beiden Ländern durch die Presse, wie etwa der im September 2005 besiegelte Bau der »Nordeuropäischen Erdgas-Pipeline« unter der Ostsee.

INFO

Die umstrittene Ostsee-Pipeline

Bereits drei Monate nach der Grundsatzvereinbarung über den Bau einer Gas-Pipeline durch die gesamte Ostsee kam das umstrittene Riesenprojekt ins Rollen: Von 2010 an – und erstmals nicht über den Landweg durch Transitländer – soll russisches Erdgas von Sibirien direkt nach Westeuropa geleitet werden. Ausgehend vom russischen Wyborg (bei St. Petersburg) wird also künftig eine Erdgastrasse über eine Strecke von 1200 Kilometern auf dem Meeresgrund zunächst bis ins deutsche Greifswald verlaufen.

Ostsee-Idylle bei Swetlogorsk

Finanziert wird die mehrere Milliarden Euro teure Versorgungsleitung über eine Betreibergesellschaft, an welcher der staatlich kontrollierte russische Konzern *Gasprom* (51 %) und die deutschen Unternehmen *E-ON* (24,5%) und die BASF-Tochter *Wintershall* (24,5%) beteiligt sind. Es tut sich also ein weites Feld der Kooperation zwischen deutschen und russischen Energie-Unternehmen auf.

Den wirtschaftlichen Super-Coup eingefädelt hatten die beiden Staatschefs, Kanzler Schröder und Präsident Putin, aus guten Gründen. So ist Westeuropa künftig verstärkt auf die Versorgung durch Erdgas aus den russischen Gasfeldern angewiesen. Da kommt ein zusätzlicher Transportweg gelegen. Andererseits braucht Russland ausländisches Know-how und Kapital zur Modernisierung und Sicherung seiner bestehenden, teilweise veralteten Gasförderanlagen und Transportsysteme. Außerdem ist für die russische Seite von Vorteil, dass der direkte Transportweg besser zu kontrollieren ist, und das Gas unabhängig von Vereinbarungen mit Transitländern fließen kann.

Das Pipeline-Projekt sorgte für politischen Sprengstoff. Kritiker warfen den beiden Staatsmännern persönliche Kungelei vor. Der heftigste Protest aber kam von einigen Nachbarstaaten Russlands, durch deren Gebiet die bisherigen Land-Gaspipelines verlaufen. Sie befürchten, dass Putin sie von der Versorgung abhängen könnte und somit ein politisches Druckmittel gegen sie in der Hand hat, zu Recht, wie sich schon wenig später zeigte. Nicht zuletzt meldeten sich auch die Umweltschützer zu Wort: Das Verlegen der neuen Pipeline unter Wasser könnte insofern Sicherheitsprobleme aufwerfen, weil sich auf dem Ostsee-Grund noch weitläufig versenkte Munition und Kampfstoffe aus dem 2. Weltkrieg befinden.

Russlands wichtigster Handelspartner

Auch andere deutsche Unternehmen investieren kräftig in die Russische Föderation und im Gegenzug deckt die Bundesrepublik ihren Energiebedarf hauptsächlich aus russischen Quellen. Aber nicht nur als Rohstofflieferant ist Russland interessant. Die Autobauer haben das Land ebenfalls für sich entdeckt. Nach BMW plant nun auch VW eine eigene Montagefabrik in Russland. Südlich von Moskau sollen schon bald die ersten *Octavia* vom Band rollen, später auch die Kleinwagen *Gol*.

Es könnte also alles einfach wunderbar sein, wenn es da nicht ein paar Unwägbarkeiten gäbe, die vermeintliche Schmankerl bisweilen in schwer verdauliche Happen verwandeln: In dem Skandal um den *Jukos*-Konzern im Jahr 2004/05 zum Beispiel manifestierte sich für viele westliche Beobachter die latente Unberechenbarkeit russischer Wirtschaftspolitik. Für Bedenken sorgen auch Regierungswillkür und Korruption oder die nie abflauenden Berichte über die Macht der russischen Mafia (vgl. Seite 100).

Aber nicht nur die schwierigen politischen Rahmenbedingungen schlagen ausländischen Unternehmern bei ihrem Russland-Engagement bisweilen auf den Magen. Der gesamte Ablauf der geschäftlichen Verhandlungen steckt voller Tücken. Auch der Umgang mit russischen Geschäftspartnern bedarf einiger Gewöhnung. Es ist nicht so sehr der bei diesen Gelegenheiten früher übliche Wodka-Konsum, der manchen Westeuropäer befremdet, sondern die grundsätzlich unterschiedlichen Vorstellungen über die Modalitäten einer Geschäftsbeziehung. Russland liegt an der Schnittstelle zwischen Europa und Asien. Das zeigt sich immer wieder auch an der Art, wie man im Geschäftsleben miteinander umgeht.

Beziehungskisten: Die russische Art, Geschäfte zu machen

Für westliche Geschäftsleute empfiehlt sich: …

Westeuropäer neigen dazu, geschäftliche Kontakte auf das beruflich Notwendige zu beschränken und Verhandlungen eher nüchtern und ergebnisorientiert anzugehen. In Russland nähert man sich der Sache ganz anders. Wichtig ist vor allem, mit wem man sich an den Verhandlungstisch setzt. Der »persönliche Draht« zwischen den Verhandlungspartnern entscheidet über Erfolg oder Misserfolg einer Geschäftsbeziehung. Wenn die Bedeutung der »guten Beziehungen« für russische Geschäftsleute untereinander langsam auch schwinden mag, für westliche Geschäftsleute sind und bleiben sie der Schlüssel zum russischen Markt. Ohne einen verlässlichen Verbündeten vor Ort, der über die entscheidenden Beziehungen verfügt, werden Sie kaum eine Chance haben, in Russland auf Dauer Fuß zu fassen. Bevor er nicht Auge in Auge mit seinem potenziellen Partner aus dem Westen gesprochen hat, lässt sich kein russischer Geschäftsmann auch nur zur allerkleinsten Absichtserklärung breitschlagen.

… Vertrauen aufbauen,

Unbekannten gegenüber sind Russen zunächst skeptisch. Man muss sich ihr Vertrauen hart erarbeiten. Kalkulieren Sie deshalb genügend Zeit ein, um sich gegenseitig »beschnuppern« zu können. Denn auch für Sie hat die beziehungsintensive Art der Geschäftsabwicklung manchen Vorteil: Ist das Eis erst einmal gebrochen und hat sich ein Vertrauensverhältnis eingestellt, entstehen nicht selten langanhaltende und fruchtbare Kooperationen, manchmal sogar echte Freundschaften.

Wählen Sie Ihren möglichen Geschäftspartner auf russischer Seite mit Bedacht aus. Mit dem Westen Geschäfte zu machen, gilt als schick und profitabel. Entsprechend schnell wird viel (zuviel) versprochen. Um einen zuverlässigen lokalen Partner zu finden, lohnt es sich, auf die bestehenden Netzwerke der Wirtschaftsverbände zurückzugreifen. Wertvolle Hilfestellungen bekommen Sie etwa beim Verband, der Delegation und dem Informationszentrum der Deutschen Wirtschaft in der Russischen Föderation *(www.vdw.ru, www.dihk.ru* bzw. *www.izdw.ru).*

... Netzwerke nutzen,

Nicht zu unterschätzen ist auch ein gutes Verhältnis zur lokalen Administration, die insbesondere in den Provinzen eine wesentlich größere Rolle spielt, als man häufig annimmt. Auf dem Land läuft ohne die richtigen Beziehungen schlichtweg gar nichts. Denn auch, wenn Sie mit Ihrem unmittelbaren Vertragspartner in Russland handelseinig werden, kann unter Umständen die ablehnende Haltung eines Bürgermeisters oder Provinz-Gouverneurs das gesamte Projekt wieder in Frage stellen. Andererseits kann dessen Wohlwollen Ihnen helfen, wenn man Ihnen unverhofft – und das passiert in Russland öfter als anderswo – irgendwelche Ordnungswidrigkeiten vorwirft oder Ihnen Schwierigkeiten bei der Erteilung wichtiger Papiere bereitet. Das russische öffentliche Recht bildet sich erst langsam heraus und es fehlen klare Richtlinien. Häufig überwiegt noch ein heilloser Wust einander widersprechender Verordnungen. Exemplarisch dafür sind die Zollbestimmungen. Zwar wurde Anfang 2004 der Zollkodex grundsätzlich reformiert, aber schon kurze Zeit später weichten zusätzliche Erlasse das eigentlich gestraffte Regelwerk wieder auf. Selbst für Zollbeamte ist es kaum möglich, nunmehr alle Details zu kennen.

... Beziehungen pflegen,

Ein ständiges Ärgernis für alle, die mit der russischen Bürokratie in Berührung kommen, sind Dokumente und Genehmigungen, die für alles und jedes vorgelegt werden müssen, ohne dass irgendwo genaue Anweisungen formuliert wären. Nicht selten passiert es, dass man für den gleichen Vorgang mehrere Male mit immer neuen Papieren aufwarten muss. Es liegt sehr häufig im Ermessen des jeweiligen Beamten, ob und wie schnell er einen Antrag bewilligt. Und so mancher gebärdet sich angesichts seiner Machtfülle wie ein Möchtegern-Zar. Der Chef von *IKEA* in Russland, Lennart Dahlgren, hat in einem Interview mit der Tageszeitung »Die Welt« nachgerechnet, dass er ungefähr ein Drittel seiner Arbeitszeit für den Umgang mit Behörden aufwendet. Wer das nicht will, ist bisweilen versucht, Probleme auf andere Art zu lösen.

... Geduld bewahren,

Für ausländische Unternehmer empfiehlt sich dieser vermeintlich bequemere Weg allerdings nicht: Korruption ist eine Straftat und es gibt auch in Russland durchaus Beamte, die bei einem offensichtlichen Bestechungsversuch sehr humorlos reagieren. Zum Zweiten zieht eine Bestechung in der Regel weitere nach sich, und man macht sich mit einer solchen Praxis erpressbar. Auch wenn es Sie viel Zeit, Nerven und Energie kostet, setzen Sie lieber auf eine korrekte Geschäftsphilosophie und die richtigen Beziehungen.

...und Geschäfte korrekt abwickeln!

Geschäftsleute und Touristen in Moskau

INFO

Produktpiraterie und Copyright

Der Begriff »geistiges Eigentum« ist für die meisten Russen eine eher unverständliche Größe und gilt nicht klarerweise als schützenswert. Wieso auch? Schließlich gehörte über 70 Jahre lang allen alles, zumindest theoretisch. Kein Wunder also, dass Produktpiraterie und Verstöße gegen das Copyright in Russland an der Tagesordnung sind. Nach Angaben des Innenministeriums liegt der Marktanteil der Produktpiraten bei 30 Prozent. Das herstellende Gewerbe selbst steht im Verdacht, aus dem illegalen Handel Kapital zu schlagen: Tagsüber produzieren die Fabriken Markenware, nachts gefälschte Artikel. Allenthalben findet man deshalb an russischen Straßenkiosken CDs internationaler Künstler für umgerechnet gerade einmal zwei bis drei Euro das Stück, oder scheinbar in Originalverpackung Markenturnschuhe und Luxus-Parfums, alles täuschend echt imitiert, mit Ausnahme des Preises. Selbst in vielen russischen Firmen ist es gängige Praxis, Raubkopien von Software zu verwenden. Beim Handel mit der gefälschten Ware werden Milliardenumsätze erzielt. Bisher sind die Versuche des Staates, dagegen vorzugehen, eher halbherzig. Die Strafen für Produktpiraterie sind milde. Immer wieder werden Vermutungen laut, die Miliz verdiene kräftig mit.

INFO

Schmierenkomödie

Korruption ist im russischen Alltag (leider) allgegenwärtig und eines der größten Hindernisse für die Entwicklung einer stabilen wirtschaftspolitischen Basis. Da die rechtlichen Institutionen nicht immer verlässlich arbeiten, und das Vertragsrecht auch keine Gewähr bietet, verfügt man entweder über »Vitamin B« oder aber man muss blechen. »Die außerordentliche Strenge der russischen Gesetze wird dadurch gemildert, dass ihre Durchführung nicht obligatorisch ist«, charakterisierte schon Ende des 19. Jahrhunderts der Satiriker Nikolaj Saltykow-Schtschedrin das russische Rechtsempfinden. Daran hat sich bis heute wenig geändert, allen Beteuerungen des Kremls zum Trotz, die Korruption auf Schärfste zu bekämpfen. Da die Gehälter der Staatsbeamten immer noch verhältnismäßig niedrig sind, ist die Versuchung umso größer, sie durch Bestechungsgelder aufzubessern.

Die russische INDEM-Stiftung (eine regierungsunabhängige Organisation von Wirtschaftsforschern) beziffert in einer aktuellen Studie die Schmiergeldsumme, die jährlich von Unternehmen in Russland gezahlt wird, auf satte 316 Milliarden Dollar. Im Jahr 2001 waren es »nur« 33,5 Milliarden Dollar. Durchschnittlich musste ein Unternehmer 2001 noch gut 10000 Dollar berappen, um sich einen Dienst zu kaufen. Vier Jahre später waren es schon knapp 136000 Dollar. Auf der Rangliste der globalen Korruptionswächter von *Transparency International* ist die Russische Föderation innerhalb nur eines Jahres von Rang 95 (2004) auf Platz 126 (2005) von insgesamt 158 Ländern abgerutscht, was der staatlicherseits angestrebten Imageverbesserung nicht eben dienlich ist.

Wer seine Hände sauber halten will, braucht inzwischen aber nicht mehr direkt zu bezahlen. Korruption ist auch in Russland strafbar und wohl kein Unternehmen möchte irgendwann seinen Namen in diesem Zusammenhang zitiert sehen. Consulting heißt das neue Zauberwort: Man beauftragt eine Beraterfirma, die die Grundlagen für einen Deal legt. Wie die Berater das letztendlich anstellen, über eine gehörige Portion »Vitamin B« oder ein entsprechendes Bakschisch, ist ihr Problem. Auch die finanzielle Förderung karitativer russischer Einrichtungen im Falle eines erfolgreichen Vertragsabschlusses ist gängige Praxis.

»Liebesbeweise« an Beamte sind durchaus nicht nur bei Unternehmern üblich. Auch der russische Durchschnittsbürger weiß ein Lied von diesem Übel zu singen. War früher insbesondere die Verkehrspolizei berühmt für ihre Selbstbedienungsmentalität, so gibt es mittlerweile praktisch keinen Bereich des öffentlichen Lebens mehr, in dem nicht in größerem oder kleinerem Umfang geschmiert würde: im Krankenhaus, um sich eine bessere und schnellere Behandlung zu sichern; an Hochschulen, um sich Studienplätze oder -abschlüsse zu kaufen. Auch, wer seinen Nachwuchs vom Militärdienst befreien möchte oder eine neue Wohnung zugeteilt bekommen will, schmiert, was das Zeug hält.

INFO

Wie sagt man »Vitamin B« auf Russisch?

▶ *Blat* (блат) ist ein Begriff aus der Zarenzeit. Unter Peter dem Großen mussten alle Russen, die einen Bart tragen wollten, eine Strafsteuer bezahlen. Quittiert wurde diese mit einer Genehmigung – nämlich einem »Blatt« Papier. Die Herrschaft der Zaren nahm ein tragisches Ende, der *Blat* jedoch wirkt bis heute fort. Wenn auch mit leicht veränderter Bedeutung. Im Laufe der Zeit mutierte der Begriff zu einer Bezeichnung für die »richtigen Beziehungen«. Ein Phänomen, dass durchaus auch in der Sowjetzeit bekannt war, gab es doch auch damals Menschen, die sich das erlauben konnten, was der großen Masse verwehrt blieb.

▶ *Swjási* (связи) bedeutet schlicht Beziehungen, Verbindungen.

▶ *Wsjátka* (взятка) ist Bestechungsgeld oder auch Schmiergeld; vom Verb *wsjat* (взять – nehmen) abgeleitet.

Zwischen Schach und Poker: Geschäftspraktiken

Small-Talk am Anfang

Beim ersten Treffen mit einem aussichtsreichen Kandidaten ist zunächst einmal Geduld gefragt. Denn zu Beginn wird über alles Mögliche, nur nicht über das Geschäft gesprochen. *Small-Talk* am Anfang einer Verhandlung ist unumgänglich. Wer gleich mit der Tür ins Haus fällt, findet sich – schneller als ihm lieb ist – unverrichteter Dinge vor selbiger wieder.

Neben geschäftlichen Themen bestimmen deshalb oft auch eine ganze Reihe privater Fragen den Gesprächskatalog. Dabei können manchmal auch für Westeuropäer sensible Bereiche angeschnitten werden, insbesondere, wenn es ums Geld geht. Russen empfinden beispielsweise Fragen nach Gehaltshöhe, dem Preis der Eigentumswohnung oder des Autos keineswegs als ungewöhnlich oder gar neugierig.

Gewiefte Strategen

Wer nun aber glaubt, dass der lockere Einstieg schon gleichbedeutend mit einem positiven Verhandlungsverlauf sei, täuscht sich gewaltig. Die Besprechungen selbst sind in der Regel beinhart. Russen sind nicht zu Unrecht dafür bekannt, ausgezeichnete Schachspieler zu sein. Nicht selten werden Sie auf gewiefte Strategen treffen, die immer mehrere Züge im Voraus planen. Am Verhandlungstisch wird taktiert, gepokert und gefeilscht, und manch einer fühlt sich angesichts der russischen Verhandlungstaktik an einen orientalischen Basar erinnert.

Lassen Sie sich auch durch gelegentliche Temperamentsausbrüche Ihres russischen Gegenübers nicht aus der Ruhe bringen: Schon Nikita Chruschtschow bediente sich einst seines Schuhs, um die UN-Delegierten zu beeindrucken. Was sind da schon ein paar Geschäftsleute aus dem fernen Westen? In den meisten Fällen gehört so etwas zur Taktik. Man will Sie nur gehörig weich kochen, um Ihnen weitere Zugeständnisse abzuluchsen. Es hilft nur eines: Ruhig bleiben und nicht zu schnell nachgeben.

Denn es kommt noch ein weiterer grundsätzlicher, kultureller Unterschied zum Tragen: Russen betrachten Verhandlungen – und in einem größeren Zusammenhang jegliche Form von Auseinandersetzung – als Spiel, in dem es nur einen Gewinner geben kann. Das Konzept von *win-win*-Situationen ist russischen Geschäftsleuten zutiefst suspekt. Wundern Sie sich also nicht, wenn Sie den berühmten kleinen Finger reichen und man ganz selbstverständlich Ihre ganze Hand nimmt. Um Sie zu testen, wird man Ihnen in der Eröffnungsrunde eventuell auch ein völlig indiskutables Angebot unterbreiten. Das muss noch lange nicht bedeuten, dass das Spiel von vornherein verloren ist. Ihre russischen Kontrahenten probieren einfach aus, wie weit sie mit Ihnen gehen können. Je härter Sie im Gegenzug verhandeln, umso mehr Respekt werden Sie auch ernten, wohingegen ein schnelles Nachgeben als Schwäche gewertet wird.

Ein Gewinner

Vom Büro in die Sauna

Haben Sie die ersten Hürden aber einmal genommen und werden langsam aber sicher warm mit Ihrem neuen Gesprächspartner, dann kann es Ihnen durchaus passieren, dass die Verhandlungen vom neutralen Büro oder dem Hotel-Konferenzraum in andere Gefilde verlegt werden. Zum Beispiel in ein Restaurant (die meisten Russen sind begeisterte »Geschäftsesser«) oder – etwas exotischer – in die *Bánja,* die russische Sauna. Russen fühlen sich in einer inoffiziellen Atmosphäre wesentlich wohler, und für Sie ist eine solche Einladung in der Regel ein deutli-

Lückenlose Betreuung

Ausländerhochburg, Hotel Rossija, Moskau

ches Zeichen dafür, dass Ihre Sache einen viel versprechenden Fortgang nimmt. Die in Russland übliche Verquickung von Privat- und Geschäftsleben öffnet Ihnen Tür und Tor, bringt aber auch gewisse Unannehmlichkeiten mit sich: Dienstliche Anrufe zu später Stunde, am Wochenende oder im Urlaub, Russen kennen da keine Gnade. Auch die Gästebetreuung ist sehr intensiv und wird umgekehrt ebenso erwartet. Sie sollten also Ihren russischen Partner, wenn irgend möglich, persönlich vom Flughafen abholen, falls er nach Deutschland kommt. Auch Sie werden bei Ihrem Geschäftsbesuch in Russland lückenlos betreut werden.

Ausflüge ins Privatleben

Ausflüge ins Privatleben sind selbstverständlich, wenn sich die Kontakte gut entwickeln. Falls Sie also auf eine private Feier oder gar auf die Datscha russischer Kollegen eingeladen werden: Gehen Sie hin! Eine solche Einladung ist immer ernst gemeint und wird nie nur aus purer Höflichkeit geäußert. Keine Sorge, Sie fallen niemandem zur Last. Russen lieben Geselligkeit und je mehr Leute zusammen kommen, desto besser. Es bietet sich Ihnen eine erstklassige Gelegenheit, Land und Leute einmal von einer anderen Warte aus kennen zu lernen.

Mit Trinksprüchen punkten.

Ein erfolgreicher Vertragsabschluss wird fast immer auch »begossen«. Trinkfestigkeit gehörte bis vor wenigen Jahren zu den unabdingbaren Voraussetzungen, um in Russland gute Geschäfte zu machen. Manch erfahrener westlicher Geschäftsmann brachte in der Vergangenheit neben einigen abgeschlossenen Deals auch einen handfesten Leberschaden mit nach Hause. Inzwischen sieht es mit dem übermäßigen Wodkakonsum in Geschäftskreisen ein wenig anders aus. Zwar wird immer noch gerne – und vor allem von der älteren Generation auch viel – Wodka getrunken. Doch auch andere Getränke sind heute gesellschaftsfähig. Von Ausländern wird nicht unbedingt erwartet, dem Wodka zuzusprechen und manch »neuer Russe« verzichtet sogar von sich aus darauf. Geblieben ist aber der Brauch, bei Tisch Toasts auszusprechen, und es wird erwartet, dass jeder dabei mittrinkt. Wer nicht um den Wodka herumkommen sollte, kann sich eventuell damit helfen, sein Glas nicht ganz auszutrinken. Für Russen schickt sich das zwar nicht; bei den ausländischen Gästen wird man aber ausnahmsweise ein Auge zudrücken. Wer selbst einen Trinkspruch – noch dazu auf Russisch – parat hat, kann hier richtig punkten. Den ersten Toast bringt aber immer der Gastgeber aus.

Die Kunst der Kommunikation

Russisch reden!

Insgesamt bringen Ihnen gute Russisch-Kenntnisse immer Bonuspunkte ein. Sie sind auch überaus nützlich. Denn selbst, wenn mittlerweile viele Russen gut Englisch sprechen, wird in der Regel doch auf Russisch verhandelt. Für Geschäfte in Russland kann praktisch niemand auf die Dienste eines guten und vor allem zuverlässigen Dolmetschers verzichten. Im Idealfall hat man einen russischen Angestellten »im Gepäck«, der sich sowohl mit den Gepflogenheiten des russischen Marktes als auch dem im Westen üblichen Prozedere auskennt. Man kann sich aber auch in Russland an eine entsprechende Anwaltskanzlei wenden. In Moskau und St. Petersburg gibt es Büros, die zwei- oder mehrsprachige Juristen vermitteln. Die meisten dieser Anwälte haben sowohl in Russland als auch im Ausland studiert und sind auf die Beratung ausländischer Investoren spezialisiert.

Gesicht wahren!

Aber auch wer fachlich und sprachlich bestens beraten ist, muss sich noch auf ein paar Besonderheiten der russischen Gesprächskultur einstellen. Ähnlich wie für die Menschen im Fernen Osten gilt auch für Russen in schwierigen Situationen: Hauptsache Gesicht wahren! Sie sollten also unbedingt vermeiden, Ihre russischen Partner vor den Kopf zu stoßen, indem Sie sie etwa direkt mit Fehlern konfrontieren. Zumindest nicht in der Öffentlichkeit einer Verhandlungssituation. Konstruktive Kritik unter vier Augen wird hingegen eher verstanden. Sprechen Sie lieber »durch die Blume«, oder machen Sie einen konkreten Gegenvorschlag, ohne die Gegenseite bloßzustellen. Russen selbst verstecken sich ganz gerne hinter schwammigen Formulierungen und langatmigen Erklärungen. Nicht umsonst lautet ein Sprichwort: »Der russische Mensch liebt das Vielleicht, das Ungefähr und das Irgendwie«.

Zuhören und Mitmachen!

Eine ausgeprägte Mitteilsamkeit ist überhaupt eine Eigenschaft, die ich bei vielen Russen beobachtet habe. Die meisten schätzen einen angeregten Gedankenaustausch und durchaus auch temperamentvolle Diskussionen. Abendliche Geschäftsessen können sich da schon mal bis in die frühen Morgenstunden hinziehen. Unterschätzen Sie nie die Ausdauer der Russen, was Essen, Trinken und Reden angeht! Da man nun einmal viel Zeit miteinander verbringt, wird neben dem Geschäftlichen auch über Gott und die Welt philosophiert, bisweilen auch über Kunst, Kultur und insbesondere Geschichte. Das sowjetische Schulsystem, das die meisten Ihrer Gesprächspartner noch durchlaufen haben dürften, legte großen Wert auf die Vermittlung eines fundierten Allgemeinwissens. Sie können also bei den meisten Russen hervorragende geographische und historische Kenntnisse voraussetzen.

Tabuthemen

Sollte gelegentlich das deutsch-russische Verhältnis vor allem auch im Hinblick auf den 2. Weltkrieg thematisiert werden, so werden Sie kaum Animositäten zu spüren bekommen. Ganz im Gegenteil. Ich war überrascht, wie positiv und unvoreingenommen man mir in Russland als Deutsche begegnet ist. Und das trotz der Grausamkeiten, die von deutscher Seite aus begangen wurden. Wenn das Thema zur Sprache kam, habe ich diesbezüglich nie Ressentiments erlebt. In der Regel kann man offen mit Russen über die Vergangenheit reden. Auch über die Stalinzeit. Es gibt auf beiden Seiten nichts zu beschönigen.

Kritik von außen kommt nicht gut an.

Vorsicht ist hingegen angebracht, wenn es um die aktuelle politische Lage geht. Denn auch, wenn Sie bisweilen durchaus harsche Kritik von Russen an der eigenen Regierung vernehmen sollten und manch bitterböser Witz zu später Stunde die Runde macht: Hüten Sie sich davor, die Verhältnisse in Russland allzu sehr zu kritisieren und überlassen Sie dieses Terrain lieber den Einheimischen selbst.

Die ganz überwiegende Mehrheit der Russen betrachtet sich als Patrioten und reagiert außerordentlich empfindlich auf Kritik von außen. Mit einer Diskussion über Russlands Tschetschenien-Politik etwa bewegen Sie sich auf ganz dünnem Eis. Bedenken Sie, dass die Berichterstattung im Westen anderen Gesetzen folgt als die in Russland, dass man die Dinge vom westlichen Standpunkt aus anders betrachtet als im Land selbst.

Brisante Fragen möglichst umschiffen!

Auch wer allzu deutlich Missstände wie Korruption und die Allmacht der Bürokratie benörgelt, oder den nur langsam vorangehenden Demokratisierungsprozess – möge dies alles auch noch so offensichtlich sein –, läuft Gefahr, es sich ebenso schnell wie gründlich mit seinen russischen Partnern zu verscherzen. Umschiffen Sie brisante Themen besser, wenn Sie Ihre Gesprächspartner noch nicht sehr gut kennen. Legen Sie hier größte Sensibilität an den Tag. Erst recht sollten Sie nicht denken, Kritik an Russland durch ebenso harte Kritik am eigenen Land relativieren zu können. Tatsächlich nehmen die meisten Russen die speziell deutsche Neigung, alles im eigenen Land schlecht zu machen, ziemlich befremdet zur Kenntnis. Patriotismus wird in Russland, anders als vielfach bei uns, als echte Tugend betrachtet. Es gehört sich für Russen einfach nicht, sein Land vor Fremden zu kritisieren. Also sind Sie gut beraten, dieses ebenfalls nicht zu tun. Noch dazu, wo gerade das deutschsprachige Ausland bei den Russen immer noch einen hervorragenden Ruf genießt. Eine Tatsache, die nun wiederum für deutsche Russlandreisende kein Grund sein sollte, auf Vorschusslorbeeren zu setzen oder gar mit wohlmeinenden Ratschlägen aufzuwarten. Auf westliche Überheblichkeit reagieren Russen allergisch. Manch einer beherrscht schließlich das kleine Einmaleins des Kapitalismus im Schlaf und scheffelt tagsüber mehrere Millionen!

INFO

Kleine Geschenke erhalten die Freundschaft

In Russland hat man eine andere Einstellung zu Geschenken und Gefälligkeiten als bei uns. Kleine Aufmerksamkeiten sind das Öl, das den Motor einer Geschäftsbeziehung am Laufen hält. Mitbringsel bei Besuchen sind deshalb ein Muss. Besonders beliebt sind dekorative Präsente, die einen direkten Bezug zu Land, Kultur oder Unternehmen haben. Ihr Unternehmen hat seinen Hauptsitz in Bayern? Bringen Sie doch einen Bierkrug mit. Firmen von der Waterkant können mit Flaschenschiffen punkten. Ansonsten sind natürlich auch Bildbände, Münzen oder individuell gestaltete Produktmuster willkommen.
Bei privaten Einladungen sind als Gastgeschenke Hochprozentiges für den Hausherrn und Konfekt oder Blumen für die Dame des Hauses angebracht. Achten Sie nur unbedingt darauf, dass der Strauß aus einer ungeraden Anzahl von Blumen besteht, eine gerade verheißt Unglück! Und seien Sie keinesfalls enttäuscht, wenn Ihre Gastgeber die mitgebrachten Geschenke nicht sofort auspacken: Es ist in Russland unhöflich, sie im Beisein der Gäste zu öffnen

Preußische Tugenden und sowjetische Arbeitsmoral …

Großzügiges Zeitmanagement

Was erwarten nun aber russische Geschäftsleute von ihren westlichen Partnern, und was erwartet diese in Russland? Wie fast überall in der Welt verbindet man in Russland Pünktlichkeit, Ordnungsliebe und Akkuratesse mit den Deutschen und setzt diese Tugenden selbstverständlich auch bei Ihnen voraus.

Die Russen selbst gehen Zeitmanagement mit der ihnen eigenen Großzügigkeit an. Sie neigen dazu, sowohl mit der eigenen als auch mit der Zeit von anderen verschwenderisch umzugehen: Das akademische Viertel gilt auch für Businesskreise. Meetings dauern grundsätzlich länger als ursprünglich veranschlagt. Verschiebungen im Zeitplan oder gar kurzfristige Absagen von Besprechungen – alles im Bereich des Alltäglichen. Ein wenig Gleichmut sollten westliche Geschäftspartner also aufbringen – genauso wie ausreichende Zeitpuffer. Ein voll gestopfter Terminplan hingegen bringt Ihnen im Kontakt mit Russen garantiert nur eines: Stress pur.

Auch mit Lieferterminen nimmt man es in Russland häufig nicht so genau. Angesichts der Weite des Landes mit seinen elf Zeitzonen ist Zeit ohnehin eine relative Größe. Das Klima spielt ebenfalls eine nicht zu unterschätzende Rolle: Der lange Winter mit seiner Dunkelheit ist zumeist geprägt durch einen eher geruhsamen Arbeitsrhythmus. Alle Aktivitäten werden in die kurzen Sommermonate gepresst. Zusätzlich spielen in Russland unvorhersehbare äußere Umstände eine wesentlich größere Rolle als bei uns, die oftmals konkrete Planungen wieder über den Haufen werfen.

Meister der Improvisation

Es sollte deshalb nicht verwundern, dass systematisches, planvolles Vorgehen nicht unbedingt zu den russischen Stärken gehört. Daran hat auch die von oben verordnete Planwirtschaft, deren Name ja eigentlich das genaue Gegenteil verheißt, nichts geändert. Ähnlich wie in der ehemaligen DDR glaubte letzten Endes ohnehin kaum jemand an die Erfüllung der Vorgaben. Es wurde aber fleißig so getan, als arbeite man nur darauf hin, und wo es nur ging, wurden die Ergebnisse geschönt. Die »Helden der Arbeit« waren stattdessen »Meister der Improvisation«, der spontanen Problemlösungen. In Sowjetzeiten, als mehr oder weniger alles Mangelware war, waren Improvisation und gegenseitige Freundschaftsdienste schlichte Überlebensstrategie. Nur wer schnell und flexibel auf sich verändernde Umstände reagieren konnte, kam einigermaßen gut über die Runden.

Eigeninitiative und Verantwortung …

Fairerweise sei aber angemerkt, dass sich derzeit vor allem bei der jüngeren Generation russischer Geschäftsleute eine eher westlich geprägte Zeit-ist-Geld-Mentalität entwickelt. Schließlich haben die *Hot-Shots* der russischen Wirtschaft ihr erstaunliches Kapital ja auch im Eiltempo angesammelt. Zwischen diesen jungen und dynamischen Aufsteigern und den alten, schon zu Sowjetzeiten aktiven Eliten liegen mentale Welten.

In den ehemals großen, planwirtschaftlich organisierten Staatsbetrieben mit ihren verkrusteten Strukturen wurden Eigeninitiative und Flexibilität vielfach im Keim erstickt. Verantwortung wurde schnell nach oben abgegeben. Man tauch-

Wenig Blickkontakt, Einkaufspassage des Kaufhaus GUM in Moskau.

... war lange Zeit nicht gefragt

te lieber im anonymen Kollektiv unter. Das war sicherer und bequemer, denn wer Entscheidungen traf, fiel auf, und musste gegebenenfalls auch dafür gerade stehen. Diese Tradition innerhalb der Belegschaft, Verantwortung weg zu schieben, ist zum Teil auch heute noch vorhanden. Beispielsweise ist folgende kleine Begebenheit bei weitem keine Ausnahme. Die Fakultät, der meine Schwiegermutter als Rektorin vorsteht, musste kürzlich umziehen. Obwohl die Chefin eigentlich im Urlaub war, erhielt sie mehrmals täglich Anrufe, weil ohne ihre Zustimmung alles Mögliche nicht geregelt werden konnte: Noch die kleinste Banalität, nämlich die Höhe, in welcher die Garderobenhaken angebracht werden sollten, wurden zur Chefsache erhoben.

Respekt vor Autorität

Gemeinsam ist »alten« wie »neuen« Russen ein ausgeprägter Respekt vor Autorität. Sonderlich überrascht das nicht, schließlich wurde das Land über Jahrhunderte hinweg streng autoritär-hierarchisch geführt. Es ist in Russland unüblich, Führungspersönlichkeiten und ihre Kompetenzen in Frage zu stellen. Demokratisches Abstimmen oder Kompromisse auf einer gemeinsamen Basis sind folglich eher die Seltenheit. Entscheidungsbefugnisse werden nicht nach unten delegiert.

Mienenspiele

Nach außen distanziert ...

Gewöhnungsbedürftig sind für Westeuropäer auch die ausgesprochenen Pokermienen, die viele Russen am Verhandlungstisch aufsetzen. Und nicht nur dort – als Land des Lächelns würde man Russland wohl kaum bezeichnen. In der Metro oder auf der Straße wird erheblich weniger gelächelt als bei uns, und vor allem weniger Blickkontakt gesucht.

An der Art, wie sie auf ihre Mitmenschen zugehen, sind Ausländer sofort für jeden Russen erkenntlich, tröstete mich einmal mein Mann. Ich war beim Bezahlen an einer Museumskasse in St. Petersburg nahezu geschockt, wie zielsicher ich als Ausländerin identifiziert wurde, bevor ich überhaupt den Mund aufgemacht hatte. Mein freundliches Lächeln hatte selbstverständlich sofort den höheren Ausländerpreis zur Folge. Wie emotional Russen auch in der Privatsphäre agieren, so kühl-distanziert verhalten sie sich in der Öffentlichkeit. Das hat nichts mit Unhöflichkeit zu tun, sondern ist für sie einfach normal. Vielleicht noch ein Relikt aus Tagen, in denen man sich sehr genau überlegen musste, was man wem sagt und wie man am wenigsten auffällt ...

... und wenig verbindlich

Was mir anfangs in Russland ebenfalls zu schaffen gemacht hat, ist die fehlende Verbindlichkeit im täglichen Umgang miteinander. Die bei uns gängigen Floskeln »Entschuldigen Sie bitte, könnte ich ...«, »Darf ich Sie etwas fragen, bitte?«, und eine höfliche Häufung des Konjunktivs sind in Russland nicht üblich. Wer im Geschäft etwas genauer anschauen möchte, sagt zur Verkäuferin: »Девушка, можно посмотреть?« *(Djéwuschka, móschno posmotrét* – Junge Frau, kann ich schauen?*)*, ohne dass das in irgendeiner Form unhöflich, oder gar beleidigend wäre. Unhöflich wäre eher, die allgemeine Anrede wegzulassen, die in Russland überaus konsequent verwendet wird: Normalerweise werden Sie als *djéwuschka* oder *molodój tschelowék* (молодой человек – junger Mann) angeredet, relativ unabhängig von Ihrem Alter. Im Plural heißt es dann *djéwuschki* oder *rebjáta* (ребята – Jungs). Seitens der Verkäufer gibt es meistens auch kein Lächeln retour.

Dienstleistungswüste

Insgesamt gilt Russland bis heute als Dienstleistungswüste. Immer wieder wird die Unfreundlichkeit nicht nur der Verkäufer, sondern auch der Beamten oder Kellner bemängelt. Doch auch hier sind deutliche Zeichen der Besserung erkennbar. Gänzlich überrascht wurden wir bei unserer letzten Einreise am Petersburger Flughafen: Im Visum unseres Sohnes hatte sich ein Tippfehler in einer der diversen Zahlenkolonnen eingeschlichen, der dazu führte, dass aus seinem Geburtsjahr (20)05 das Jahr (19)95 wurde. Natürlich erkannte die Grenzbeamtin ziemlich schnell, dass der Kleine noch kein Jahr alt war, geschweige denn zehn! Mir lief es eiskalt den Rücken hinunter, sah ich doch schon ein gewaltiges Bußgeld, endlose Wartereien und diverse Scherereien auf uns zukommen. Doch nichts dergleichen passierte: Wir wurden in das Büro für Konsulatsangelegenheiten gebeten, legten unseren Fall dar und bekamen freundlich und kostenlos innerhalb von zehn Minuten ein neues Visum ausgestellt. Wir mussten uns danach nicht einmal mehr erneut an der Passkontrolle anstellen, sondern wurden unmittelbar vorgelassen.

INFO

Begrüßung und Anrede

▶ **Händeschütteln:** Zur Begrüßung schüttelt man sich auch in Russland ganz einfach die Hände. Zumindest theoretisch, denn in der Praxis wird es schon ein wenig komplizierter. So schauen Frauen dabei häufig in die Röhre: Wenn Sie als Frau möchten, dass man Ihnen die Hand gibt, müssen Sie schon selbst Ihre Hand ausstrecken. Ansonsten begnügt »Frau« sich mit einem freundlichen Nicken. Denn es gilt das ungeschriebene Gesetz, dass ein Mann nie von sich aus einer Frau die Hand zur Begrüßung reicht. Ebenso ist es unüblich ist, dass Jüngere Ältere zuerst begrüßen.

▶ **Schulterklopfen:** Kennt man sich schon etwas besser, wird es auch schnell emotionaler: Dann sind Umarmungen oder kräftiges Schultergeklopfe angesagt. Bei einer besonders herzlichen Beziehung gibt es den »Bruderkuss«: drei zumeist angedeutete Küsse abwechselnd auf die Wangen.

▶ **Nie wieder »Genosse«!** Ein für alle mal vorbei sind die Zeiten, in denen man in Russland eine einzige Anrede für alle Gelegenheiten benutzte: Das früher allgegenwärtige »Genosse« *(Towárischtsch – товарищ)* ist aus bekannten Gründen nicht mehr gesellschaftsfähig. Heute gibt es mehrere Möglichkeiten, deren Verwendung im Einzelfall aber etwas Fingerspitzengefühl erfordert.

▶ **Namen und Vornamen:** Wie Sie vermutlich schon wissen, setzt sich ein russischer Name aus drei Teilen zusammen: Vorname *(ímja – имя)*, Name des Vaters *(ótschestwo – отчество)* und Nachname *(famílija – фамилия)*. Zum Beispiel Wassílij Wassíljewitsch Wassíliew – ja auch solche Namen gibt es, noch dazu gar nicht so selten, in Russland. Beim ersten Kennenlernen wird Ihnen der russische Partner mit allen drei Namen vorgestellt werden. Auf der sicheren Seite sind Sie in jedem Fall mit der Variante Vorname und Vatersname, also Wassílij Wassíljewitsch, die unter Russen üblich ist. Das setzt natürlich voraus, dass Sie sich die Namen richtig merken konnten, und ist ein Grund dafür, warum Visitenkarten in Russland noch wichtiger sind, als anderswo.

▶ **Herr:** Für Ausländer allemal akzeptabel ist aber auch die Anredeform *Gospodín* (господин – Herr) Wassíliew. Die Rehabilitierung dieser nach der Revolution abgeschafften Formel aus der Zarenzeit wird zwar von offizieller Seite gefördert, viele Russen tun sich damit aber immer noch schwer.

Mit Vorsicht zu genießen ist die im englischen Sprachraum verbreitete Sitte, den Geschäftspartner nur mit dem Vornamen anzureden. Zwar gehen neuerdings auch immer mehr russische Geschäftsleute dazu über, Sie sollten davon aber nur Gebrauch machen, wenn Sie von der russischen Seite dazu aufgefordert werden. Sie könnten sonst leicht ungehobelt wirken.

▶ **Frau:** Für Frauen wären etwa *Gosposchá* (госпожа – Frau) Pugatschówa oder *Àlla* (Vorname) Borísowna (Tochter von Boris) die korrekten Formen. Für westliche Ausländer ungewohnt ist die Tatsache, dass die meisten Nachnamen von Frauen eine weibliche Endung (-a, -aja) tragen; Familiennamen auf -tsch werden jedoch nicht verändert. Wenn Sie also der Gattin von Herrn Wassíliew vorgestellt werden, achten Sie darauf, sie auch korrekt mit *Gosposchá* Wassíliewa anzusprechen; die Gemahlin von Herrn Abramówitsch heißt dagegen *Gosposchá* Abramówitsch.

▶ **Hamburg = Gamburg?** Falls Sie sich im Dschungel der russischen Namensetikette doch einmal verlaufen sollten, oder Schwierigkeiten bei der Aussprache und Deklination von Namen haben: Trösten Sie sich. Für die Russen sind unsere Namen manchmal auch alles andere als einfach. Aus so manchem Hans ist in Russland ein »Gans«, aus einem Heinrich ein »Geinrich« geworden. (Das deutsche H wird im Russischen zum G, und so heißt Hamburg auf einmal Gamburg) ... Auch ich habe für offizielle Anlässe einen – wie ich finde – überaus charmanten, wenn auch etwas pompös klingenden Zweitnamen bekommen, den ich Vater Werner zu verdanken habe: Jekaterína Wérnerowna.

Auch Autos machen Leute, Kaufhaus GUM in Moskau

INFO

Statussymbole

Wer in Russland Erfolg hat, der zeigt das auch gerne. Logischerweise sind Visitenkarten für den normalen »Bisnesmén« ein Muss. Wer als Ausländer beeindrucken will, sollte seine Visitenkarte in zweisprachiger Ausführung (deutsch-russisch) vorlegen können. Krawattennadel und edle Uhr tun ihr Übriges. Der russische Dresscode unterscheidet sich nicht wesentlich von dem in anderen Ländern. Mit einer Ausnahme: In Russland machen Schuhe Leute! Ein hochwertiges und gepflegtes Schuhwerk lässt für den geübten russischen Blick tiefe Rückschlüsse auf den Geldbeutel des Trägers zu. Für Damen gilt: Mit hochwertiger Kleidung Eindruck machen, auch mal im Abendkleid zum Dinner erscheinen!

INFO

Goldene Regeln fürs Russlandgeschäft

- **Eile mit Weile!** Sie werden für die Suche nach dem richtigen Ansprechpartner und während der Verhandlungen einen langen Atem brauchen.
- **Vitamin B:** Unterschätzen Sie niemals die Bedeutung des persönlichen Drahtes zu Ihrem Geschäftspartner und rechnen Sie damit, dass auftauchende Probleme sich nur über die richtigen Beziehungen lösen lassen.
- **Doppelt hält besser!** In Russland zählt nur das geschriebene Wort. Jeder Vertrag und jede Vereinbarung sollte daher in beiden Sprachen abgefasst und überprüft werden. Das verhindert Überraschungen im Nachhinein.
- **Nicht ohne meinen Anwalt!** Fähige Juristen und Dolmetscher sind fürs Russlandgeschäft unerlässlich. In den Metropolen gibt es eine Reihe von Anwaltskanzleien, die sich auf multinationale Vertragsverhandlungen spezialisiert haben und beide Leistungen im Paket anbieten.
- **Wissen ist Macht!** Informieren Sie sich vor Ihrem Engagement in Russland ausgiebig über Land, Leute und mögliche Ansprechpartner. Nutzen Sie das Netzwerk der deutschen Wirtschaft in Russland.
- **Bleiben Sie sauber!** Bestechung ist nicht empfehlenswert. Bauen Sie lieber auf Ihre guten Beziehungen.
- **Sprechen Sie Russisch!** Je mehr, desto besser.
- **Deutschland über alles?** Man kann es natürlich auch übertreiben. Aber … machen Sie Ihre Heimat nie schlecht! Russen sind ausgesprochene Patrioten und würden Ihre Kritik am eigenen Vaterland nicht verstehen. Auch mit Kritik an russischen Verhältnissen sollten Sie sehr einfühlsam umgehen.
- **Keep smiling:** Wenn manchmal nicht alles nach Ihren Vorstellungen verläuft, behalten Sie Ihren Humor. Ein kleiner Witz an der richtigen Stelle hilft Ihnen tausend Mal mehr, als der trockene Hinweis darauf, dass Spielregeln verletzt oder Absprachen nicht eingehalten wurden.

Alltag in Russland

»Die gleichen Treppenhäuser sind in den gleichen Farben gestrichen. Gleiche Typenwohnungen sind mit den gleichen Standardmöbeln eingerichtet. Gleiche Türen haben gleiche Typenschlösser.«
Aus dem Kult-Film-Klassiker »Ironie des Schicksals oder Saunageschichten«, Sowjetunion 1975

Ein ewiges Abenteuer

Die lakonische Bemerkung des Filmapologeten trifft auch 30 Jahre später noch zu. Ansonsten aber erleben Russen bisweilen mehr Abwechslung als ihnen lieb ist. Während anderswo dem Alltag oft etwas Eintöniges anhaftet, sollte sich jeder in Russland auf das Unvorhergesehene einstellen. So hatten meine Schwiegereltern beispielsweise eines Morgens keinen Strom mehr. Was war passiert? Eine Zeit lang ging bei ihnen im Viertel der Stromzähler-Klau um. Offenbar nichts Ungewöhnliches. Irgendjemand hatte über Nacht im ganzen Mietshaus die eben neu installierten Apparaturen abmontiert, um sie auf dem nächstbesten Markt zu Geld zu machen. Möglich war das, weil die Zähler nicht wie in Deutschland innerhalb der eigenen vier Wände angebracht sind, sondern vor den einzelnen Wohnungstüren im frei zugänglichen Treppenhaus. Ein anderes Mal hatte ein Dieb gleich den ganzen Briefkastenblock des Hauses mitgehen lassen. Sehr zur Freude der Bewohner klaffte nun stattdessen ein riesiges Loch in der Wand. Zustände, die nur mit viel Gleichmut zu ertragen sind.

Anarchie im Straßenverkehr

Immer mehr Autos

Wenn unser Freund Schenja morgens ins Büro fährt, ist er mindestens eine Stunde mit dem Auto unterwegs. Denn Schenja wohnt im Nordwesten von St. Petersburg und arbeitet im Südosten, durchquert also die gesamte Stadt. Wer nicht zu den wenigen Glücklichen zählt, die ihr Zuhause in der Nähe des Arbeitsplatzes haben, muss einen langen Anfahrtsweg in Kauf nehmen. In der Zehn-Millionen-Metropole Moskau sind zwei Stunden und mehr hinter dem Steuer keine Seltenheit.

Problematisch ist dabei nicht nur die Entfernung, sondern der ständig zunehmende Verkehr auf den Straßen. Fast nirgendwo zeigt sich der rasante Wandel in Russland seit dem Zusammenbruch des Kommunismus so deutlich wie hier. Jedes Mal, wenn ich wieder ins Land komme, fasziniert mich die Menge der Autos, die russische Straßen verunsichern. Es scheinen ständig mehr zu werden. Dabei droht den Metropolen der Verkehrskollaps schon jetzt.

Chaos im Neuschnee

Ganz besonders in Erinnerung geblieben ist mir ein Besuch im winterlichen St. Petersburg. Mein Mann und ich fuhren mit dem Auto vom Flughafen, der etwa 20 Kilometer südlich des Zentrums liegt, Richtung Innenstadt. Es war recht kalt und hatte in den Tagen zuvor ergiebig geschneit – wie immer um diese Jahreszeit. Aber

Moskau verstopft

meine Freude über die schöne Schneelandschaft währte nicht lange. Sobald wir im eigentlichen Stadtgebiet ankamen, noch dazu während der abendlichen *Rushhour,* staute sich der Verkehr. Egal, welchen Schleichweg wir auch ausprobierten, überall standen hupend und drängelnd angespannte Feierabendfahrer im vereisten Matsch. Sämtliche Verkehrsregeln waren offenbar außer Kraft gesetzt.

Da es allgemein viel zu wenig Platz für die vielen, vielen Fahrzeuge gab, wichen die ganz Ungeduldigen einfach auf die Gegenfahrbahn aus und funktionierten den *Ságorodnij Prospékt* – ein ursprünglich in beide Richtungen befahrbarer, breiter Boulevard – in eine vierspurige Einbahnstraße um. Natürlich gab es trotzdem Autofahrer, die die Straße gemäß ihrer ursprünglichen Verkehrsführung nutzen wollten. Mitten auf der Chaussee standen sich die Wagen Kühlerhaube an Kühlerhaube gegenüber. Purer Horror.

Zu Fuß nach Hause!

Nach sage und schreibe vier Stunden, das war eine halbe Stunde länger, als mein Flug von München nach Petersburg gedauert hatte, hatten wir uns endlich bis in den Stadtteil meiner Schwiegereltern vorgekämpft. Entnervt stellten wir das Auto am Straßenrand ab. Also den Rest des Weges zu Fuß durch den matschigen Schnee! Aber selbst auf dem Bürgersteig kam uns plötzlich ein wild gewordener Fahrer entgegen. Nur ein Sprung zur Seite hat uns gerettet.

So extrem ist es natürlich nicht immer. Dennoch: Der ständig wachsende Verkehr, insbesondere in den Metropolen, wirft Probleme auf. Die Straßen sind nicht für so viele Autos ausgelegt. Selbst die breiten Boulevards Moskaus oder Petersburgs können die Automassen nicht mehr auffangen. Nach offiziellen Angaben drängeln sich schon jetzt drei Millionen Autos in der Hauptstadt. Es fehlen rund 300 Kilometer an Fahrwegen, um den Moskowitern zumindest ein halbwegs flüssiges Vorankommen zu sichern. Der Auf- und Ausbau der Infrastruktur steht also in den kommenden Jahren vorrangig an. Abgesehen von Moskau – mit Abstand die reichste Stadt Russlands – wird dies die chronisch leeren Haushaltskassen zusätzlich belasten. Allein die Instandsetzung der Straßen, die nach den strengen Wintern häufig so löchrig sind wie Schweizer Käse, verschlingt alljährlich Unsummen. »Mit dem Schnee geht der Asphalt …« *(soschól sneg, soschól asfalt* – Сошёл снег, сошёл асфальт*)*, heißt es Jahr für Jahr leicht resigniert.

Löcher im Asphalt

Das Fahrverhalten ihrer russischen Landsleute bereitet der Regierung ebenfalls Kopfzerbrechen. Viele Autofahrer pochen beim Fahren auf das Recht des Stärkeren: je größer der Motor, desto rücksichtsloser der Fahrstil. Wer einen schnellen, fahrbaren Untersatz besitzt, der will die Geschwindigkeit auch ausnutzen. Fast scheint es, als würde der Straßenverkehr zum Ausleben persönlicher Freiheit genutzt … Eine Freiheit, die auch durch Anschnallen in keinem Fall eingeschränkt werden darf. Die meisten Autofahrer ignorieren die bestehende Gurtpflicht. Ein Taxifahrer hat mir einmal überzeugt erklärt, dass es ja ohne Gurt viel sicherer sei: Schließlich käme man im Falle eines Unfalls nur so noch ohne fremde Hilfe aus dem Auto heraus.

Ungezügelter Fahrstil

Die Bilanz dieses Freiheitsdranges ist verheerend: Auf Russlands Straßen kamen nach Angaben der amtlichen Verkehrsstatistik allein im Jahr 2004 rund 35000 Menschen ums Leben. Dabei hat nur rund jeder sechste Russe überhaupt ein Auto. Dennoch herrscht auf den Straßen eine klare Rangordnung. Der Fußgänger als der schwächste Verkehrsteilnehmer hat auszuweichen, wenn ihm sein Leben lieb ist. Eine simple Straßenüberquerung kann daher gerade für Besucher aus dem Ausland gefährlich sein. Vor allem in Moskau, wo es an Fußgängerüberwegen und Ampeln mangelt und die großen Boulevards oftmals vier bis fünf Spuren in eine Richtung befahren werden, gerät der Gang über die Straße zum Russischen Roulette. Es empfiehlt sich in jedem Fall große Vorsicht und ein zügiges Tempo beim Überqueren verkehrsreicher Straßen. Mit der Rücksichtslosigkeit der Autofahrer ist zu rechnen!

Fatale Folgen

Öffentlicher Nahverkehr mit Hindernissen

Die meisten Stadtbewohner sind immer noch auf die öffentlichen Verkehrsmittel angewiesen. Wo vorhanden, werden U- und S-Bahnen *(metró* – метро bzw. *elektrítschka* – електричка*)* am häufigsten genutzt. Berühmtheit erlangte die Moskauer Metro einst aufgrund ihrer einzigartigen Architektur. Auch heute noch beeindrucken die unter Stalin als »neue Kathedralen fürs Sowjetvolk«

Kathedralen fürs Volk

konzipierten Metrostationen mit ihrem Jugendstildekor. Wer allerdings – wie die meisten Moskauer – während der morgendlichen und abendlichen Stoßzeiten Metro fährt, wird kaum etwas von der alten Pracht mitbekommen. Bei geschätzten neun Millionen Passagieren pro Tag bleibt für erhabene Gefühle in der Hektik keine Zeit. Auch nicht für einen Blick auf Kronleuchter, Stuckverzierungen und Marmorsäulen. Im Sommer wird es in den überfüllten Bahnhöfen zudem stickig und heiß. Im Winter verwandeln sich die Zugänge in riesige Schmutzpfützen aus Schmelzwasser und Schneematsch.

Effizienter Nahverkehr

Erstaunlich ist die Effizienz dieses altehrwürdigen Verkehrssystems. Die Züge verkehren in den Metropolen nach wie vor zuverlässig im Minutentakt. Wo es keine Metro gibt, ergänzen Busse, Trolley-Busse und Straßenbahnen (St. Petersburg etwa verfügt über das längste Trambahnnetz der Welt) sowie *Marschrútki* (маршрутки) genannte Sammeltaxis mit festen Routen das Verkehrsnetz. Für den Russland-Neuling ist die Benutzung von Bus und Tram allerdings kein einfaches Unterfangen: Das Routennetz ist in den Verkehrsmitteln selbst nirgendwo abzulesen und die nächsten Haltestellen werden nicht oder allenfalls unverständlich gemurmelt angesagt. Wer kann, sollte sich die Route also vorher von einem Ortskundigen erklären lassen.

Gut gefliest, Metroeingang Puschkinstraße, Moskau

INFO

Gehen Sie in den Untergrund: Tipps zum Metrofahren

▶ **Metrofahren** in Moskau oder St. Petersburg ist nach wie vor die günstigste Art der Fortbewegung und dank der vielen Eindrücke immer auch lohnend. Aber Vorsicht: Wer beschauliche Momente sucht oder Menschenmassen scheut, sollte unbedingt die *Rushhour* meiden. Wer hingegen authentischen Großstadt-Alltag erleben will, ist gerade dann genau richtig.

▶ **Im Eingangsbereich** reiht man sich in die Schlange der Wartenden an der Kasse *(kássa – касса)* ein und besorgt sich eine Fahrkarte mit Magnetstreifen oder einen Jeton. Dann geht es ab durch ein Drehkreuz auf die Rolltreppe in Richtung Untergrund. Und das ganz schön flott. Russische Rolltreppen sind erheblich schneller und häufig auch wesentlich länger als deutsche. Damit trotz des Gedränges (Es gilt der Grundsatz: rechts stehen, links gehen!) nichts passiert, wachen am Fuß der Treppe Wärterinnen in Glashäuschen, die die Geschwindigkeit regeln und zur Not die Treppe auch anhalten können.

▶ **Wichtig!** Um sich im unterirdischen Labyrinth der Metro-Gänge zurechtzufinden, sind zumindest Grundkenntnisse der kyrillischen Schrift notwendig. Die Beschilderung ist ausschließlich auf Russisch. Bereiten Sie sich entsprechend vor und memorieren Sie Ihr Fahrtziel! Es gibt Übersichtspläne in englischer und deutscher Sprache in fast allen Hotelrezeptionen, die Sie mit den Aushängen auf den Stationen leicht vergleichen können.

▶ **Auf dem Bahnsteig** angekommen, geht dann der Kampf um eine gute Ausgangsposition zum Einsteigen los. Häufig muss man dazu erst einmal zwei bis drei Züge abwarten. Bei der hohen Frequenz ist das allerdings kein Problem.

▶ **In den Wagen** selbst wird's dann richtig eng. Jeder hofft, einen der wenigen Sitzplätze zu ergattern. Anders als im Westen gelten trotz heftigen Geschiebes aber zivilere Regeln. Älteren Menschen, Invaliden, Schwangeren und Müttern mit Kindern wird unaufgefordert ein Platz angeboten.

▶ **Falls Sie in der Nähe der Türen stehen** und hinter Ihnen die knappe Frage *Wychóditje?* (Выходите? – Steigen Sie aus?) ertönt, erwartet man nicht unbedingt eine Antwort. In jedem Fall sollten Sie aber schleunigst Platz machen. Der Betreffende tut Ihnen kund, dass er bei der nächsten Station auszusteigen gedenkt. Falls Sie nicht freiwillig beiseite gehen, werden Sie mit sanfter Gewalt geschubst!

▶ **Nicht fotografieren!** Wenn Sie die architektonischen Schönheiten der Metro für die Lieben zu Hause festhalten wollen, bitte unbedingt auf Postkarten oder Prospekte zurückgreifen! Nachdem der Terror in der Moskauer Metro schon mehr als einmal zugeschlagen hat, ist Fotografieren – wie vor den meisten öffentlichen Gebäuden übrigens auch – strengstens verboten. Zahllose Videokameras wachen darüber. Allerdings zeigt die Erfahrung, dass sich die Zeiten auch wieder entspannen. Es mag mitunter Ordnungshüter geben, die die Bestimmungen großzügig auslegen …

Im Blindflug …

Auch in den Bussen und Straßenbahnen herrscht oftmals drangvolle Enge. Im Winter gerät eine Busfahrt dann vollends zum Blindflug, weil die Fensterscheiben der schlecht oder gar nicht klimatisierten Fahrzeuge zentimeterdick vereisen. Bei meinen Aufenthalten in Petersburg im Winter habe ich mich entsprechend an der Bodenbeschaffenheit der Straßen orientiert: Sobald der Bus zweimal kurz hintereinander heftig auf- und niederrumpelte, war das für mich das Signal zum Aussteigen. Dann wusste ich, dass wir soeben die Trambahnlinie in der Nähe der Wohnung meiner Schwiegereltern überquert hatten und ich an der nächsten Station aussteigen musste.

… durch St. Petersburg

Überhaupt ist die Trambahn zu einem nicht geringen Teil schuld an den schlechten Straßenverhältnissen auch in der Newa-Metropole. Dort, wo das Schienennetz die Straßen kreuzt, entstehen häufig kraterähnliche Schlaglöcher, die von den Autos nur im Schneckentempo und im Zickzack-Kurs überquert werden können. Die schweren und langsamen Züge tun ein Übriges, um die ohnehin schon überfüllten Straßen zusätzlich zu verstopfen. Wer die Tram benutzt, muss sich außerdem darauf einstellen, dass die Routenführung etwa wegen einer Baustelle kurzfristig geändert oder aus anderen Gründen sogar ganz eingestellt wird.

Sammeltaxis …

Bequemer und moderner – wenn auch teurer – ist da schon die Fortbewegung mit den *Marschrútki*. Die Kleinbusse verkehren auf festen Routen. Sie werden einfach durch Ausstrecken der Hand angehalten. Das Aussteigen ist entlang der Route jederzeit möglich. Die auf eigene Rechnung arbeitenden Transportunternehmer fahren allerdings »wie die letzten Henker«. Je schneller sie vorwärts kommen, desto mehr Passagiere können sie befördern, mehr Geld verdienen sie. Ihr riskanter Fahrstil trägt nicht unerheblich dazu bei, die russische Unfallstatistik in die Höhe zu treiben. Aber nicht nur deswegen sind die Sammeltaxis in letzter Zeit in Verruf geraten: Durch die häufigen Stopps stören sie den ohnehin schon stockenden Verkehrsfluss. Außerdem werden es täglich mehr, sodass es inzwischen ernsthafte Überlegungen gibt, die Lizenzvergabe für die Sammeltaxis zu begrenzen.

Bushaltestelle an asphaltloser Straße, Stawropol

Für ein paar Rubel mehr sind *Marschrútka*-Fahrer bisweilen sogar bereit, ihre Route zu ändern. Wir haben diese Erfahrung gemacht, als wir eines Abends in ein etwas weiter entfernt gelegenes Restaurant wollten. Es war wieder *Rushhour* und eigentlich hatten wir vor, die Metro zu benutzen. Aufgrund von Überfüllung waren aber die U-Bahn-Zugänge sicherheitshalber gesperrt worden. Da wir zu sechst unterwegs waren, hätte ein Taxi nicht für uns alle gereicht. Nach dem dritten fruchtlosen Versuch, in den Untergrund zu gelangen, hat mein Schwiegervater dann ein *Marschrútka* angehalten. Eine kurze Verhandlung und der Fahrer war bereit, uns allesamt zum Restaurant zu bringen, obwohl das entgegengesetzt zu seiner eigentlichen Route lag. In solchen Dingen ist man in Russland flexibel.

... sind ziemlich flexibel.

Ein Land im Kaufrausch

Die neue Lust am Shoppen

Das sauer verdiente Geld gleich wieder auszugeben, gehört zu einer der beliebtesten Freizeitbeschäftigungen der Russen. Konnten es sich bis vor wenigen Jahren ausschließlich wohlhabende Russen leisten, ihre steigenden Konsumbedürfnisse vornehmlich im Ausland zu befriedigen, so gehen heutzutage auch Normalverdiener gerne und häufig auf Einkaufstour: im eigenen Land. Unzählige westliche Firmen haben sich auf den russischen Markt gestürzt. So fließt ein stetig wachsender Warenstrom in die Russische Föderation, was dem dortigen Einzelhandel Jahr für Jahr zweistellige Zuwachsraten beschert. Nicht nur die *Metro*-Gruppe, die eine Weile sogar mit dem Slogan warb »Russland wächst und wächst und wächst. Wir sind dabei!«, investiert in immer neue Filialen. Auch Baumärkte, Kosmetikläden, Elektronik-Discounter und natürlich Autohäuser schießen in den *Boomtowns* Russlands wie Pilze aus dem Boden.

Nachholbedarf

Für die meisten Russen geriet der erste Kontakt mit dem westlichen Ausland aufgrund des immensen Warenangebots zum Kulturschock sondergleichen. Zu Zeiten der Planwirtschaft war die Produktion von Konsumgütern systematisch vernachlässigt worden – zugunsten der mit Hochdruck vorangetriebenen Entwicklung von Rüstungs- und Raumfahrttechnik. Noch in den ersten Jahren nach dem Ende der Sowjetunion, als sogar Grundnahrungsmittel zeitweilig rationiert wurden, gab es in russischen Läden nur eines im Überfluss: leere Regale. Verständlich, dass daher der Nachholbedarf an Dingen, die das tägliche Leben schöner und einfacher machen, immer noch gewaltig ist, und fortwährend neue, größere und schickere Konsumtempel russische Kunden begeistern.

Moderne Haushaltselektronik

Meine Schwiegermutter beispielsweise hat erst im Jahr 1996 ihre erste richtige Waschmaschine gekauft. Davor hatte sie mit dem in der gesamten Sowjetunion bekannten und auch heute noch weit verbreiteten Halbautomaten namens *Wjátka* gewaschen. Das ist zwar immer noch besser, als die Wäsche auf dem Herd auszukochen und alles mit der Hand zu waschen, bleibt aber trotzdem eine umständliche Angelegenheit: Die Wäsche wird dazu mit etwas Waschpulver in den Zuber des Automaten gegeben und mit heißem Wasser aufgefüllt. Am Bo-

Nachholbedarf auch in Sachen Uhr: Rolex-Reklame in Moskau

den des Automaten sind Flügel angebracht, die die Wäsche einige Minuten lang durchmischen. Anschließend müssen die tropfnassen Teile per Hand ausgespült und ausgewrungen werden. Ein Knochenjob. Kein Wunder, dass Waschvollautomaten, aber auch Geschirrspülmaschinen und andere elektronische Haushaltshelfer sowie Unterhaltungselektronik hoch begehrte Artikel sind.

Ladenschluss ist ein Fremdwort.

Für die junge Generation in den Großstädten ist ein Warenangebot nach westlichem Standard inzwischen Selbstverständlichkeit. Endlose Warteschlangen vor Geschäften und Zeiten, in denen sogar Brot Mangelware war, kennen junge Leute nur noch vom Hörensagen. Die Einzelhandelslandschaft ist genauso bunt wie die großen Werbetafeln an den Magistralen der Großstädte: Spezialgeschäfte neben Supermärkten, Kioske neben Lebensmittelläden, Einkaufszentren neben offenen Märkten. Ladenschluss-Zeiten sind in dieser schönen neuen Einkaufswelt ein Fremdwort. Wer will, kann rund um die Uhr an jedem Tag in der Woche sein Geld loswerden. Heutzutage bekommt man in Russlands Metropolen wirklich alles. Die Frage ist eher, ob sich alle Kunden auch alles leisten können. Nicht nur importierte Konsumgüter, auch die unter Lizenz in Russland hergestellten Waren sind teuer, teilweise sogar teurer als bei uns.

Waren aus russischer Produktion leiden häufig unter einem schlechten Image, was zum Beispiel der inländischen Autoproduktion trotz immenser Subventionierung und hoher Zölle auf ausländische Automarken arg zu schaffen macht. Wer etwas auf sich hält, fährt heutzutage ein westliches Fabrikat. Wenn es schon nicht für einen *BMW* oder *Mercedes* reicht, muss es zumindest ein *Toyota* oder *VW Passat* sein. Selbst eine einst so renommierte russische Marke wie der *Wolga* lässt sich derzeit nur schwer absetzen.

Ausländische Marken

Eine Weile galt grundsätzlich nur als gut, was aus dem Ausland kam, und *Made in Germany* ist in Russland – nach wie vor – gleichbedeutend mit Qualität. Nicht nur das Herkunftsland spielt eine wichtige Rolle. Entscheidend ist auch das Label. Russen sind extrem markenbewusste Käufer. Wer kann, trägt eine Sonnenbrille von *Dolce & Gabbana,* die *Chanel*-Handtasche oder den Anzug von *Boss*.

In letzter Zeit zeichnet sich allerdings ein neuer Trend ab: In bestimmten Segmenten haben es auch russische Produkte wieder geschafft, sich gegen die »Übermacht« aus dem Ausland zu behaupten: Vor allem bei Lebensmitteln greifen russische Verbraucher neuerdings stärker auf Artikel aus dem eigenen Land zurück. So ist für viele Russen beispielsweise der Geschmack russischer Schokolade unvergleichlich. Auch das heimische Eis mundet den meisten besser als die Importware aus Italien oder den USA. (»Moskauer Eis« war übrigens auch in der Ex-DDR sehr beliebt, sozusagen das »italienische Eis« unter den Eissorten.)

Einheimisches

INFO

Tante Emma auf vier Quadratmetern

Die ersten Läden, die sich unmittelbar nach der Neuorientierung hin zu einer Marktwirtschaft etablieren konnten, waren Kioske. An jeder Ecke, ganz besonders aber an Metro-Stationen und in den dazugehörigen Unterführungen, gibt es diese kleinen, verglasten Verkaufsbuden. Von der Seidenstrumpfhose bis zur Zahnpasta, vom Schokoriegel bis zum Bier, ist dort alles zu bekommen, was man auf dem Weg von oder zur Arbeit so brauchen kann. Vom Fußboden bis zur Decke reichen die Verkaufsregale, die so dicht mit Waren voll gestellt sind, dass buchstäblich jeder Quadratzentimeter ausgenutzt wird. Die einzige Lücke in der überbordenden Fülle bildet das winzige Verkaufsfenster, das gerade dazu ausreicht, Geld gegen Ware einzutauschen.

INFO

Russen kaufen anders

Findige Konsumforscher haben festgestellt, dass russische Verbraucher andere Vorlieben haben als westliche: Insgesamt sitzt das Geld vor allem für Kleidung und Schuhe locker. Russinnen geben mit rund zwölf Prozent ihres Einkommens doppelt so viel für Kosmetika aus wie Frauen in Westeuropa. Nicht immer zu ihrem Besten, wie Spötter meinen. Russische Frauen legen besonders viel Wert auf ihr Aussehen. Fast keiner Russin käme es in den Sinn, ohne perfektes Make-up das Haus zu verlassen. Entsprechend viel Geld wird dann auch in Schönheitsprodukte, Haarpflege und Modemagazine investiert.

Unterversorgung auf dem Land

Wohlstand und ein üppiges Warenangebot bleiben jedoch auf die größeren Städte, insbesondere auf die Metropolen beschränkt. Dramatisch verschlechtert hat sich die Versorgungslage auf dem Land und in den entlegenen Regionen, in denen während der Planwirtschaft oftmals mehr zu bekommen war als heute. Damals war es genau umgekehrt. Meine Schwiegereltern mussten aufs Land fahren, um sich insbesondere Kleidungsstücke zu besorgen, die im damaligen Leningrad partout nicht zu kriegen waren.

Emsiges Sanierungstreiben

Heute gibt es selbst in den Datschensiedlungen am Rande der Großstädte meist nur das Allernötigste zu kaufen. Die Läden sind noch nicht in den Besitz großer Einkaufsketten übergegangen. Ihr schmuckloses Äußeres mit der einfachen Bezeichnung *Prodúkty* (продукты – Lebensmittel), die oft nur dürftig beleuchteten Verkaufsräume und lustlos-muffige Verkäuferinnen erinnern noch stark an die typischen Läden der Sowjet-Ära. An Selbstbedienung ist nicht zu denken. Der Kunde wartet geduldig an der Verkaufstheke, bis die gewünschten Artikel zusammengesucht werden. Das kann je nach Laune der Verkäuferin dauern.

Von Plattenbauten und Luxusbleiben

Schöner Schein

Der Wandel in Russland spiegelt sich auch in den liebevoll restaurierten Fassaden vieler Häuser wieder. Dort, wo einst heruntergekommene Gebäude das triste Stadtbild dominierten, herrscht nun emsiges Treiben: So manche russische Stadt sieht aus wie eine einzige, große Baustelle. An jeder Ecke wird gebohrt, gehämmert, gemalt und verputzt. Straßenzug um Straßenzug erstrahlen die alten Stadthäuser der historischen Innenstädte in neuem Glanz, zumindest dort, wo privatisiert worden ist.

Doch noch längst nicht alle Wohnungen sind modernisiert. Bei näherem Hinsehen entpuppt sich einiges als schöner Schein: Die Häuserfront ist frisch verputzt und dank eines neuen Anstriches sieht alles ganz annehmbar aus. Beim Blick um die Ecke offenbart sich jedoch, dass der Rest des Hauses bei der Erneuerung vergessen wurde und der Hinterhof genauso baufällig ist wie eh und je. Potemkin lässt grüßen. Im Inneren verbirgt sich außerdem nicht selten ein finsteres, abgewohntes Treppenhaus mit reparaturbedürftigem Lift.

Eine weitere russische Besonderheit sind »Teilrestaurierungen«. Wenn sich etwa eine Bankfiliale im Erdgeschoss niedergelassen hat, kann es durchaus sein, dass dann auch nur dieser Bereich erneuert wurde. Dem Rest des Hauses sieht man dagegen an, dass es seine besten Tage noch vor der Revolution hatte: Der Putz blättert ab, die Farbe ist längst verblichen und eventuell wächst auf einem sich bedenklich neigenden Balkon ein kleines Bäumchen …

Auch wenn sich in den letzten Jahren einiges getan hat, drehen sich immer noch viele der Alltagsprobleme im heutigen Russland ums Wohnen. Bezahlbare und halbwegs lebenswerte Wohnungen sind nach wie vor ein seltenes Gut.

INFO

Häuser ohne Erdgeschoss

Wundern Sie sich nicht, wenn Sie in Russland niemals nach oben geschickt werden, wenn Sie die erste Etage *(pérwij etásch* – первый етаж*)* suchen. Das Erdgeschoss wird mitgezählt, das erste Obergeschoss ist nach russischer Zählweise somit die »zweite Etage« *(wtorój etásch* – второй етаж*)*.

Stilmix Grob kann man vier Kategorien von Wohnraum unterscheiden, die sich in konzentrischen Kreisen um die Stadtkerne anordnen. In den Zentren selbst herrscht die alte, vorrevolutionäre Architektur vor. An großen Ausfallstraßen und in der Peripherie der Altstädte überwiegen unter Stalin erbaute solide Ziegelbauten im »Zuckerbäckerstil«, einem Mix aus Neo-Klassizismus, Neo-Gotik und Neo-Barock. In einer weiteren Bauphase entstanden in der Chruschtschow-Ära erheblich profanere, rein pragmatisch konzipierte fünfstöckige Wohnsilos, die mit wenig Aufwand und sehr kostengünstig errichtet wurden. In den Vororten finden sich schließlich die grauen, gleichförmigen Plattenbau-Hochhäuser, wie sie für den gesamten osteuropäischen Raum so typisch sind.

Wohnungsnot Wohnraum war bereits zu Sowjetzeiten Mangelware. Gebaut wurde eigentlich immer nur, wenn die Wohnungsnot phasenweise unerträglich wurde. Die Menschen mussten sich stets mit sehr wenig Platz begnügen. Im Durchschnitt stan-

INFO

Ohne Propíska läuft gar nichts

Vom Leben in der Großstadt träumen viele Russen vom Lande. Alles scheint dort besser als in der Provinz: Lebens- und Arbeitsbedingungen, Einkaufsmöglichkeiten, Ausbildungsplätze und Freizeitangebot. In Scharen zieht und zog es die Menschen daher in die Metropolen, vor allem nach Moskau und St. Petersburg. Um den unkontrollierten Zuwachs einzudämmen, gab es bereits zu Sowjetzeiten eine restriktive Registrierungspraxis.

Nur wer im Besitz einer gültigen Aufenthaltsgenehmigung *(propíska – прописка)* war, durfte sich in der Stadt aufhalten. Ohne *Propíska* gab es keine Wohnung und keine Arbeit. Verstöße zogen empfindliche Geld- oder sogar Gefängnisstrafen nach sich. Da man im Auslegen von Regeln in Russland immer schon recht kreativ war, fanden sich auch damals Alternativlösungen. Einige gingen Scheinehen etwa mit gebürtigen Moskowitern ein. Andere ließen ihre Beziehungen spielen.

Die *Propíska* von damals heißt heute *Registrázija* (регистрация). Ansonsten hat sich an der Meldepraxis wenig geändert. Immer noch setzen die Behörden in Moskau und anderswo den begehrten Stempeldruck nur äußerst widerstrebend auf die Antragsformulare.

Da die Registrierung keineswegs nur eine Formsache darstellt, sondern mit Papierkrieg, vielen Auflagen und oft hohen Gebühren verbunden ist, leben unzählige Menschen heute »illegal« in den Städten. Das heißt, sie haben Schwierigkeiten bei der Wohnungssuche, müssen überhöhte Mieten zahlen und sich häufig mit unqualifizierten und schlecht bezahlten Jobs begnügen. Dazu kommt die ständige Angst vor Polizeikontrollen. Menschenrechtsorganisationen weisen darauf hin, dass diese Art der Zuzugskontrolle in klarem Gegensatz zu dem Freizügigkeitsgrundsatz der russischen Verfassung steht.

Außen perfekt saniert. Aber innen?

den ihnen damals noch nicht einmal 15 Quadratmeter pro Kopf zu. Im Jahr 2003 waren es nach Angaben des Bundesamtes für Staatsstatistik *(Rosstat)* immerhin rund 20 Quadratmeter. Zum Vergleich: In Deutschland sind es über 40 Quadratmeter pro Kopf.

Da die Wohnungsvergabe auch nach dem Ende der Planwirtschaft noch lange staatlich geregelt wurde, konnte sich zunächst kein freier Wohnungsmarkt etablieren. Grundsätzlich gehört auch heute noch der Grund, auf dem die Häuser stehen, der Stadt oder Kommune. Verkauft werden nur die einzelnen Wohnungen darin und nur an die Mieter, die dort registriert sind. Die wenigsten besitzen das Geld dafür. Folglich kommt der Privatisierungsprozess nur sehr langsam voran.

Ein Haus – viele Zustände

Bewohnerstruktur und Zustand der Wohnungen in ein und demselben Haus können in Russland sehr unterschiedlich sein. In dem Altbau, den meine Schwiegereltern im Petersburger Zentralbezirk bewohnen, gab es beispielsweise im ersten Stock bis vor kurzem noch eine ziemlich heruntergekommene Kommunalwohnung, in der drei Familien hausten. Die Wohnung unter dem Dach hingegen war schon im Jahr 1998 von »neuen Russen« erworben und aufwändig restauriert worden. Der gemeinschaftlich genutzte Raum wie Eingang, Treppenhaus und Lift gehört theoretisch immer noch der Stadt, die aber kein Geld für längst fällige Sanierungsarbeiten hat. Die Folge: Das einst sehr schöne Treppenhaus gammelt vor sich hin. Bei vielen Gebäuden ist auch der Zustand der sanitären Anlagen und der Dächer problematisch.

Wer nicht warten will, bis die langsamen Mühlen der Verwaltung sich in Gang setzen, und über das nötige Kleingeld verfügt, wird deshalb selbst aktiv und finanziert nötige Reparaturen und Sanierungsmaßnahmen aus eigener Tasche.

INFO

Kaltzeit für Warmduscher

Alle Jahre wieder im Sommer wird fast in ganz Russland für einige Zeit das warme Wasser abgestellt. Betroffen davon sind alle Haushalte, die nicht über Durchlauferhitzer verfügen, sondern ihr warmes Wasser über das Fernwärmesystem beziehen. Das sind insbesondere die Wohnungen in den Plattenbausiedlungen.

Bei der Stromerzeugung wird die überschüssige Wärme genutzt, um das Wasser aufzuheizen. Dieses heiße Wasser wird durch dicke Rohre unter hohem Druck zu den Verbrauchern geleitet. Mit dem heißen Wasser werden nicht nur die Heizkörper versorgt, worauf man ja im Sommer gut und gerne verzichten kann. Nein, auch das warme Brauchwasser kommt so in die Haushalte.

Da die Rohre wegen des starken Drucks sehr reparaturanfällig sind, wird jedes Jahr die Warmwasserversorgung gekappt und das Leitungssystem gründlich überprüft. Zu gründlich meinen manche, denn je nach Region kann die Warmwasserpause schon einmal zwei Monate dauern; in Moskau zumeist zwei bis drei Wochen. Wer kann, verbringt die Kaltduschsaison auf seiner *Datscha* und wärmt sich in seinem russischen Dampfbad.

Es gibt aber auch noch das andere Extrem: Jene, »Walrösser« *(morschí – моржи)* genannten Hartgesottenen, die nie genug bekommen können vom kalten Wasser. Man begegnet ihnen an frostigen Wintertagen an zugefrorenen Seen und Flüssen. Sie schlagen Löcher in das Eis und baden zur Abhärtung im eiskalten Nass.

Auch dieses Haus hat schon bessere Zeiten erlebt.

Die meisten massiven Stahltüren mit Zugangscode, die inzwischen allerorten in den Eingängen der Mietshäuser eingebaut wurden, um ungebetene Gäste fernzuhalten, sind das Ergebnis privater Investitionen. A propos Stahltüren: Eine weitere russische Besonderheit ist, dass praktisch jede Wohnung mit zwei Eingangstüren versehen ist, einer äußeren aus Stahl und einer inneren aus Holz. Manchmal gelingt es auch, dass sich sämtliche Wohnungsbesitzer eines Hauses zusammentun, um Verschönerungsarbeiten gemeinsam zu stemmen. Das allerdings setzt langwierige Überzeugungsarbeit voraus. Für die meisten Russen ist nur der Zustand der eigenen Wohnung wichtig. Wie es vor der Haustür aussieht, betrachten sie nicht als ihre Angelegenheit.

Stahltüren mit Zugangscode

Einige wenige Russen haben es geschafft und besitzen inzwischen eine eigene Wohnung. Und auch andere haben aus dem sich allmählich öffnenden Wohnungsmarkt ihren Nutzen gezogen. Immobilienspekulanten verdienen sich derzeit eine goldene Nase. Sie profitierten insbesondere von den Krisenjahren, als viele Städter ihre Mietwohnungen nicht mehr halten konnten und ausziehen mussten. Während den Verlierern dieser Entwicklung die Obdachlosigkeit drohte, gelangten die Gewinner in den Besitz wertvoller Altbau-Wohnungen. Aufwändig renoviert werden diese nun zu Höchstpreisen an betuchte Russen, noch lieber aber an reiche Ausländer vermietet oder verkauft. Begehrte Objekte zur Luxussanierung sind insbesondere vorrevolutionäre Bauten und die monumentalen Wohnhäuser der Stalinzeit in zentraler Lage.

Immobilienhaie

INFO

Kommunálka – Erzwungene Gemeinschaft

Nach der Revolution wurden die großzügigen Wohnungen des Adels und der »Bourgeoisie« enteignet und auf mehrere bedürftige Familien aufgeteilt. Diese so genannten »Kommunalwohnungen« *(kommunálnaja kwartíra* kurz *Kommunálka* – коммунальная квартира) sollten der einstmals privilegierten Oberschicht des Landes zu einer kollektiven Lebensweise und Gesinnung verhelfen. Von oben verordnet, fand sich also plötzlich in einer eben noch eleganten Sechs-, Sieben- oder Achtzimmerwohnung eine ebensolche Anzahl an Familien ein. Ein Zimmer pro Familie musste ausreichen, Küche und Bad gemeinschaftlich genutzt werden. Es versteht sich von selbst, dass es bei diesen Zwangsgemeinschaften auf engstem Raum zu vielfältigen Spannungen kam. Zunächst als Notlösung konzipiert, hielt sich die *Kommunálka* wegen der andauernden Wohnungsnot in den Städten bis in die heutige Zeit. Es gibt immer noch viele Menschen, die in Gemeinschaftswohnungen eingepfercht leben. In St. Petersburg sind es nach Angaben der Stadtverwaltung rund 15 Prozent. Ziel ist aber, diese nicht mehr zeitgemäße Wohnform bis zum Jahr 2010 endgültig abzuschaffen. In Moskau gibt es *Kommunálkas* nur noch ganz vereinzelt.

Plattenbau der Sowjetzeit

Edelquartiere

Als besonders schick gelten Wohnungen, die nach europäischem Standard saniert wurden: *Ewroremónt* (евроремонт). In Russland assoziiert man damit gehobene Ausstattung mit importierten Materialien wie Armaturen, neuen Fenstern und modernen Einbauküchen. Wegen der horrenden Immobilienpreise wird Moskau im internationalen Vergleich inzwischen regelmäßig zu einer der teuersten Städte der Welt gezählt, gerade noch geschlagen von Tokio und New York.

Chruschtschows Vermächtnis

Mal abgesehen von den wenigen Privilegierten, die sich solche Edelquartiere leisten können, müssen die meisten Russen mit weniger glanzvollen Apartments vorlieb nehmen. Sie leben in den nach dem damaligen Parteichef benannten *Chruschtschówki* oder den Plattenbauten etwas neueren Datums. Nikita Chruschtschow läutete eine Phase intensiver Bautätigkeit ein, nachdem Stalin zwar jede Menge prunkvoller Metrostationen und großzügiger Monumentalbauten, aber viel zu wenig Wohnraum fürs Volk hinterlassen hatte.

Zum Zeitpunkt ihrer Entstehung, Anfang der 1960er Jahre, bildeten die *Chruschtschówki* eine willkommene Alternative zur qualvollen Enge der *Kommunálkas*. Dabei sind auch sie alles andere als großzügig geschnitten: Um einen kleinen, engen Flur gruppieren sich eine winzige Küche und zumeist ein, seltener auch zwei oder drei Zimmer. Viele dieser Häuser sind darüber hinaus seit ihrem Erstbezug nicht renoviert worden und gelten deshalb heute als nicht mehr sanierungsfähig. In Moskau sind die meisten *Chruschtschówki* bereits dem Bauboom zum Opfer gefallen. An ihrer Stelle stehen inzwischen moderne Hochhäuser. Der noch verbliebene Rest soll in Kürze abgerissen, aufgestockt oder umgebaut werden.

INFO

Moscow City

Moskaus Bürgermeister Jurij Luschkow hat ehrgeizige Pläne für seine Stadt. Nichts weniger als ein russisches Manhattan schwebt ihm vor, wenn er an die Zukunft der Metropole an der Moskwa denkt. Der Grundstein dafür ist schon gelegt: Im Jahr 2001 wurde der erste Wolkenkratzer fertig gestellt und mit dem so genannten »Federazija-Turm« wird derzeit noch eifrig am höchsten Bürogebäude Europas gebaut. Im Jahr 2007 soll das 87 Etagen und inklusive Antenne 420 Meter hohe Wunderwerk des in Berlin beheimateten, deutsch-russischen Architekten Sergej Tchoban eröffnet werden. Diverse weitere Objekte sind bis zur endgültigen Fertigstellung des gesamten Areals im Jahr 2012 geplant. Insgesamt sollen dort stattliche 2,5 Mio. Quadratmeter Büro- und Handelsfläche entstehen, für die stolze Summe von schätzungsweise 2,4 Milliarden Euro. Nicht minder beeindruckend ist auch die Anzahl der Finanzskandale, die sich schon jetzt um das prestigeträchtige Lieblingsprojekt des umtriebigen Bürgermeisters ranken und seine Realisierung immer wieder gefährden …

Moskaus Skyline wird sich verändern

Betonsilos an der Peripherie

Noch unklar ist hingegen derzeit, was aus den Schlafstädten an den Peripherien wird. Diese uniformen Hochhäuser der 1970er und 1980er Jahre sind zwar neuer als die *Chruschtschówki,* aber häufig nicht weniger baufällig. Sie wurden mit minimalem Aufwand binnen kürzester Zeit aus vorgefertigten Betonplatten hochgezogen. Die Bauweise sieht man ihnen auch an. Heute scheint ein Großteil dieser bis zu 22 Stockwerke hohen Billig-Türme kurz vor dem Zusammenbruch zu stehen. Einige von ihnen sehen aus, als seien sie nie richtig fertig

INFO

Die täglichen Tücken der Privatisierung

Dass mit dem Beginn der Privatisierung in Russland alles teurer geworden ist, versteht sich von selbst. Dass dadurch gleichzeitig aber auch alles besser geworden wäre, kann man hingegen nicht unbedingt behaupten. In den meisten Bereichen des täglichen Lebens fehlt es noch an sinnvollen Strukturen, die das Alltagsleben regeln. Drei Beispiele:
Die Versorgung mit Stromzählern für jeden Haushalt erwies sich, wie schon erwähnt, als ziemlich schwierig. Dort, wo es immer noch keine Zähler gibt, ist es derzeit deshalb üblich, Strom, aber auch Wasser und Gas, pauschal pro Kopf abzurechnen. Das kann nicht gerecht sein und hält verständlicherweise auch nicht unbedingt zu Sparsamkeit an, da der Betrag unabhängig vom tatsächlichen Verbrauch immer der gleiche bleibt.
Für die Müllabfuhr ist ebenfalls eine Pauschale fällig. Allerdings gibt es vor allem in den Stadtzentren keine den Häusern einzeln zugeteilte Mülltonnen. Vielmehr muss der eigene Abfall in Containern entsorgt werden, die nach einem undurchschaubaren System in den umliegenden Innenhöfen verteilt sind und nur unregelmäßig geleert werden. Sie quellen häufig über.
Und natürlich lassen sich auch die Heizkosten nicht individuell ermitteln, sondern nur pauschal abrechnen. Denn nach wie vor sind die Heizungen zentral gesteuert. Wenn die Versorgung in den starken Frostperioden nicht ausreicht, um die Wohnungen warm zu bekommen, »heizen« viele mit dem Gasherd, eine nicht ganz ungefährliche, aber in jedem Fall effektive Methode …

gestellt worden: Ihre nackten Betontreppen, Flure und Wände, die im Laufe der Jahre ein schmutziges Grau angenommen haben, erinnern fatal an Rohbauten. Um nicht nur Baumaterial zu sparen, sondern auch die Kosten für die Infrastruktur (Verkehrsanbindung, Kanalisation) möglichst niedrig zu halten, baute man unter Breschnew immer höher und dichter. Elf- bis 16-stöckige Hochhausblöcke wurden so in schier endlosen Reihen aneinander gekleistert.
Praktisch im gesamten Sowjetreich entstanden in den 1970er und 1980er Jahren diese gesichts- und seelenlosen Neubausiedlungen, die zwischen Wologda und Wladiwostok überall irgendwie gleich aussehen.

Bei Russen zu Hause

Einheitslook auch innen

Nicht nur äußerlich sehen viele Gebäude immer noch gleich aus. Da zu Sowjetzeiten auch die Möbelproduktion auf Sparflamme lief, gab es nur eine relativ begrenzte Auswahl an unterschiedlichen Einrichtungsgegenständen. So hatte der Besucher bis vor wenigen Jahren das Gefühl, dass sich alle Wohnungsinterieurs irgendwie ähnelten. Erst ganz allmählich halten andere Einrichtungsstile Einzug. So hat das Möbelhaus *IKEA* auch in Russland eine Kundschaft.

Besonders begehrt sind Möbel, die gleich mehrere Funktionen erfüllen, denn Geräumigkeit ist ein seltener Luxus in russischen Wohnungen. Erschwerend kommt hinzu, dass es grundsätzlich keine Keller und keinen Speicherraum auf Dachböden gibt, sodass alles in den eigenen vier Wänden Platz finden muss. Erfindungsgeist ist gefragt. Klappbare Schlafsofas gehörten schon früher zum Standardinventar jeder russischen Wohnung. Neu hinzugekommen sind flexible Einbauküchensysteme. Um möglichst viel auf kleinem Raum unterzubringen, werden Einbauschränke gezimmert, wo immer es möglich ist. Meine Schwiegereltern etwa haben die sehr hohe Decke ihrer Altbauwohnung im Flur abgehängt, um in der so entstandenen Luke zusätzlichen Stauraum zu gewinnen. In neueren Wohnungen dienen die häufig anzutreffenden verglasten Loggien praktisch ausschließlich als Vorrats- und Speicherräume.

Schrankwände, Teppiche und bunte Tapeten

In Sachen Mobiliar hat man in Russland grundsätzlich einen etwas anderen Geschmack als im Westen. Praktisch alle russischen Wohnungen, die ich kenne, sind mit großen, kompakten und dunklen Schrankwänden bestückt. Teppiche findet man nicht nur auf dem Fußboden, sondern immer auch an den Wänden. Die Böden sind meistens mit schönen Holzdielen ausgestattet, deren Pflege jedoch vor allem im Winter, wenn die Straßen voller Schneematsch sind, zu einer echten Sisyphusarbeit wird.

Einfach weiß getünchte Wände gibt es so gut wie nie. Die meisten Russen würden dabei allenfalls an Krankenhäuser oder unpersönliche Hotelzimmer denken. Stattdessen bevorzugen sie es bunt: Tapeten müssen es sein, häufig mit farbigen Blumenmotiven, üppige Kristalllüster und an den Wänden traditionelle Deko-Gegenstände wie bunt lackierte Holzteller und -löffel. Auch das Geschirr ist farbenfroh und verspielt. Hoch im Kurs stehen facettenreiche, bunt gefärbte Kristallgläser und mit Goldrand verziertes Porzellan.

Trainingsanzug und Hausschuhe

Überhaupt machen es sich Russen zu Hause gerne gemütlich. Dazu gehört nicht nur aufgrund der klimatischen Bedingungen, dass man in den eigenen vier Wänden grundsätzlich niemals Straßenschuhe trägt. Auch von Gästen wird erwartet, dass sie ihre Schuhe beim Betreten der Wohnung ausziehen. Zu diesem Zweck gibt es in jedem russischen Haushalt ein ganzes Arsenal an Hausschuhen *(tápotschki* – тапочки*)*, unter denen sich mit Sicherheit auch ein passendes Paar für den Gast findet. Selbst wenn Sie unter Schweißfüßen leiden oder Ihre Strümpfe vielleicht einmal nicht besonders gut zu Ihren Hosen passen: Ihr Gastgeber wird Ihnen gerne verzeihen. Das Tragen von Straßenschuhen im Haus hingegen hält er für in höchstem Maße *njekultúrno* (некультурно – unkultiviert). Sollten Ihnen die angebotenen Hausschuhe gar nicht behagen, können Sie auch nur auf Strümpfen herumlaufen.

Wenn sie unter sich sind, entledigen sich Russen schnellstmöglich ihrer offiziellen Kleidung. Anders als auf der Straße, wo in der Regel recht viel Wert auf ein gepflegtes Erscheinungsbild gelegt wird, halten es die Russen zu Hause und auf der *Datscha* lieber leger. Jogginghosen mit Sweat-Shirt oder Trainingsanzüge sind das Standardoutfit, wenn man in der Familie den Feierabend verbringt.

Familienbande

»Schon 28 Jahre alt und noch keine eigene Familie? Magst du keine Kinder?«
Frage einer russischen Studentin an die Autorin

Warten auf den Märchenprinzen

»Wann werdet Ihr denn nun heiraten?«. Diese Frage wurde meinem Mann und mir in den rund fünf Jahren, die wir ohne Trauschein zusammen lebten, so ziemlich bei jedem Russland-Besuch gestellt. Nachdem wir uns dann endlich »getraut« hatten, folgte genauso unerbittlich: »Und wann kommt das erste Kind?«

Kinderliebe

Kinder und Familie stehen in Russland zweifellos immer noch hoch im Kurs. Auch wenn sich seit dem Ende der Sowjetunion vieles geändert hat. Fragt man Russen nach ihrem Lebensziel, so lautet die Antwort fast unisono: »Eine Familie gründen, Nachwuchs haben!« In Russland gelten Kinder in der Regel als Bereicherung; sie werden in einer gängigen Umschreibung daher auch als »Blumen des Lebens« *(zwetý schísni* – цветы жизни*)* bezeichnet. Ein mit Mitte 30 nach russischen Verhältnissen schon relativ »altes« Ehepaar ohne Kinder muss mit mitleidigen Blicken rechnen. Dass so etwas wie ein Single-Dasein bewusst gewollt sein könnte, dass auch eine Paarbeziehung ohne Kinder glücklich sein kann, ist für die meisten nur schwer vorstellbar.

Geburtenrückgang

Ansichten solcher Art lassen den Schluss zu, dass die russische Bevölkerung eigentlich explosiv wachsen müsste. Dem ist aber nicht so. Im Gegenteil: Die Einwohnerzahl nimmt kontinuierlich ab, eine der vielen Widersprüchlichkeiten im heutigen Russland. Die Welle des Wandels, die in den 1990er Jahren das Land erfasste, hat nicht nur die planwirtschaftliche Politik fortgespült, sondern auch vielfach familiäre Bindungen gelockert.

Dabei ist der Zusammenhalt in russischen Familien traditionell sehr stark. Dort, wo diese noch intakt sind, trifft man einander regelmäßig, pflegen die Kinder eine überaus enge Beziehung zu ihren Eltern, ist gegenseitige Hilfe selbstverständlich. Folglich klingt eine der Erklärungen, die immer wieder als Ursache für Geburtenrückgang und das Auseinanderbrechen von Familien angeführt wird, eigentlich paradox: Offensichtliches Problem im größten Land der Erde ist ausgerechnet Platzmangel, Platzmangel in den meisten Wohnungen.

Platzmangel

Selbst wenn man daran gewöhnt ist, kann das Zusammensein auf engstem Raum zu einer strapaziösen Angelegenheit geraten. In einer (durchschnittlichen) Zweizimmer-Stadtwohnung in St. Petersburg auf knapp bemessenen 40 Quadratmetern ist es schon zu dritt (Vater, Mutter, Kind) nicht sehr geräumig. Wenn dann noch die Verwandtschaft aus der fernen Provinz (oder aus dem Westen) ihren Besuch ankündigt, alle selbstverständlich noch ein wenig enger zusammenrücken, die obligatorische Schlafcouch im Wohnzimmer ausgeklappt wird, jeder irgendwie ein Plätzchen zum Schlafen findet, kein Familienmitglied jemals ausquartiert würde, ist am Ende – zumindest über einen längeren Zeitraum hinweg – dann aber doch Schluss mit lustig.

Drei Generationen unter einem Dach

Großfamilie

Zu Sowjetzeiten war es üblich, dass die Kinder lange bei ihren Eltern wohnten, manchmal sogar dann noch, wenn sie selbst schon eigene Kinder hatten. Wer eine Familie gründete, hatte überhaupt erst Anrecht auf eine eigene Wohnung oder zumindest ein eigenes Zimmer innerhalb einer *Kommunálka* (vgl. Seite 145). Doch es konnten noch Jahre vergehen, bis man das eigene Quartier tatsächlich bekam. Die Wartelisten für Wohnungen waren so lang wie die Parteitagsreden. Verkürzen ließ sich die Wartezeit allenfalls durch die richtigen Beziehungen, die freilich längst nicht jeder hatte.

Früh in die Ehe

Ein Zusammenleben von Mann und Frau ohne Trauschein war unüblich. Die meisten Sowjetbürger heirateten deshalb recht jung, spätestens dann, wenn das erste Baby unterwegs war. Gewohnt wurde zwangsläufig erst einmal bei einem der beiden Elternpaare der Brautleute. Daran hat sich bis heute nicht sehr viel geändert: Junge Russen heiraten nach wie vor früh, durchschnittlich mit 24 bis 25 Jahren. Wenn allerdings heute noch vielfach drei oder sogar vier Generationen unter einem Dach wohnen, hat das eher finanzielle Gründe, scheitert der Traum einer eigenen Wohnung am fehlenden Geld.

Altenbetreuung zu Hause

Das gemeinsame Leben hat jedoch nicht nur Nachteile. Man hilft einander gegenseitig. Auch Russen, die sich inzwischen eigene Wohnungen oder gar Häuser leisten können, holen ihre Eltern spätestens dann zu sich, wenn diese nicht mehr in der Lage sind, sich selbst zu versorgen. Da die Renten sehr niedrig sind und viele ältere Menschen am Existenzminimum leben, sind sie häufig ohne-

Allesamt Familienväter. Schlosser in einer St. Petersburger Baufirma

hin auf die Hilfe ihrer Kinder angewiesen. Denn die Altenversorgung gestaltet sich zunehmend zu einem Problem. Ein flächendeckendes (staatliches) Angebot an Altenheimen gibt es nicht, spezielle Pflegedienste für Senioren sind noch unterentwickelt. Zudem haben diese Institutionen nicht gerade den besten Ruf, ist die Ausstattung mager und das Personal häufig unmotiviert oder überfordert. Die wenigen vorhandenen Einrichtungen sind außerdem so teuer, dass sich das kaum jemand leisten kann.

Die einzige für viele überhaupt finanzierbare Möglichkeit einer außerhäuslichen Unterbringung ist die in staatlichen Krankenhäusern. Dort werden aber nur wirklich Schwerkranke behandelt und die Pflege der Patienten könnte besser sein. Für die Mehrheit der Russen käme es sowieso nicht in Frage, die Eltern in ein Heim »abzuschieben«. Diese im Westen übliche Lösung zur Unterbringung alter Menschen empfinden viele Russen als Ausdruck sozialer Kälte. Respekt gegenüber älteren Verwandten ist in der russischen Gesellschaft tief verwurzelt. Erwachsene Kinder empfinden es als selbstverständlich, ihre alternden Eltern zu unterstützen. So ist es nicht ungewöhnlich, dass ein Freund meines Schwiegervaters in seinem großen Haus bei St. Petersburg nicht nur seine eigene Mutter und seine Schwiegermutter, sondern obendrein auch noch die Großmutter seiner Frau beherbergt.

Babuschka betreut die Enkel

Aber auch die Großeltern werden noch gebraucht. Für die meisten Babuschkas ist es ganz selbstverständlich, die Enkelkinder zu betreuen und den Töchtern oder Schwiegertöchtern bei der Hausarbeit unter die Arme zu greifen. Junge Mütter haben dadurch die Möglichkeit, etwa ihr angefangenes Studium erfolgreich abzuschließen oder relativ schnell nach einer Geburt wieder arbeiten zu gehen. Letzteres häufig aus der schlichten Notwendigkeit heraus, Geld verdienen zu müssen. Denn in der Regel reicht ein Einkommen allein nicht aus, um eine russische Durchschnittsfamilie zu ernähren.

Die Kinderliebe der Russen ist sprichwörtlich. Kinder, die das Glück haben, in einer intakten (Groß-)Familie zu leben, wachsen überwiegend in einer herzlichen und behüteten Umgebung auf. Auch wenn sie vielfach von ihren Großmüttern erzogen werden, die sie oftmals verwöhnen, schadet das den Kindern nicht. Die Babuschkas sind für sie zusätzliche und verlässliche Bezugspersonen, die ihnen Werte wie Autorität und Respekt gegenüber Älteren und Amtspersonen vermitteln. Anhänger einer antiautoritären Erziehung wird man in Russland kaum finden. Dazu sitzt die Vorstellung immer noch zu tief, dass Erziehung vor allem dazu dient, die lieben Kleinen möglichst gut ins gesellschaftliche Kollektiv einzufügen. Disziplin und Anpassung zählen mehr als Individualismus und Autonomie.

Neue Wirklichkeiten

Leider kommt es auch in Russland neuerdings vor, dass Eltern ihre Sprösslinge vernachlässigen oder gar misshandeln. Seit dem Zusammenbruch der Sowjetunion hat sich die Situation vieler Familien dramatisch verschlechtert. Arbeitslosigkeit und ständiger Geldmangel münden oftmals in Perspektivlosigkeit und – sehr häufig – in Alkoholismus. Gewalt gegen Frauen und Kinder nimmt auch hier zu. Tatsächlich sind heute wie überall auf der Welt Kinder und allein erziehende Frauen am stärksten von Armut betroffen. Die Folge: Immer mehr Kinder fliehen aus ihrem zerbrechenden sozialen Umfeld auf die Straße, wo sie als Obdachlose leicht Opfer von Prostitution und Drogenkonsum werden und fast zwangsläufig in die Kriminalität abrutschen (vgl. Seite 97). Die neuen Zeiten sind für viele alles andere als rosig.

Noch gut behütet: Kinder auf einem Spielplatz in Moskau

Wandlungsfähig: Das russische Frauenbild

Patriarchat

Keine Frage, russische Frauen hatten die meiste Zeit über wenig zu lachen. Sie mussten schon immer hart arbeiten, es sei denn, sie kamen aus »besseren Kreisen«. Als die Männer lange Bärte und noch längere Mäntel trugen, im Mittelalter und in der Zarenzeit, galt eine Frau nicht viel. Auch in Russland war sie früher ausschließlich zuständig für die berühmten drei »K«: Kinder, Küche, Kirche. Ihrem Herrn und Ehemann schuldete sie unbedingten Gehorsam. Wenn sie nicht richtig spurte, durfte er sie hin und wieder mittels körperlicher Züchtigung dazu ermahnen. Der Mann wiederum war genauso ausnahmslos seinem Fürsten und Zaren verpflichtet. Was der Zar im Kreml, war der Hausherr auf seinem Gut, der Bauer in seiner Kate: Das gesamte gesellschaftliche wie häusliche Leben funktionierte nach diesen einfachen, streng autoritären, patriarchalischen Regeln.

Festgeschrieben waren diese Regeln in einem Dokument, das im 16. Jahrhundert in ganz Russland Verbreitung fand. Im so genannten *Domostrój* (etwa »Hauswirt« oder »Hausverwalter«) war haargenau beschrieben, wer wem zu gehorchen hatte, wie Haus, Hof, Gesinde und Familie mustergültig – Gott und dem Zaren zum Gefallen – zu führen waren.

Arrangierte Ehen

Ehen wurden über die Köpfe der Brautleute hinweg arrangiert. Im Haushalt ihres Gemahls erwartete die junge Braut ein ungewisses Schicksal, war sie doch als rechtlose Schwiegertochter der Familie ihres Mannes auf Gedeih und Verderb ausgeliefert. Zumeist musste sie niedere Arbeiten verrichten und war darüber hinaus noch häufig Freiwild für den Vater des Bräutigams.

Ausnahmefrauen

Soweit die Regel. Auffällig ist, dass es schon früh Ausnahmen gab: Frauen, die über sich selbst (und über andere) bestimmen konnten. Diese kamen natürlich nicht aus der großen Masse des Bauernstandes, sondern aus den privilegierten Kreisen des Hochadels. Einige dieser Frauen sind als russische Herrscherinnen in die Geschichte eingegangen. Allen voran die vier Kaiserinnen des 18. Jahrhunderts: Katharina I. (1725–1727), die als Witwe Peters des Großen für kurze Zeit das Land regierte. Anna (1730–1740), Elisabeth Petrowna (1741–1761), die Tochter Peters des Großen. Schließlich Katharina die Große (1762–1796). Vor allem die letzten beiden waren sehr starke und gebildete Persönlichkeiten, die das Land hart aber klug regierten (vgl. Seite 45ff).

Gegen Ende des 18. Jahrhunderts hatten sich die Frauen des Adels einen festen Platz im gesellschaftlichen Leben erobert. Sie übertrafen ihre Männer nicht selten an Intelligenz und Kultiviertheit, bestachen durch Charme und Esprit, was sie in ihren berühmten Salons auch ausgiebig zu zelebrieren wussten.

Mentale Stärke

Insgesamt ist mentale Stärke eine Eigenschaft, die – anders als im Westen – bis heute als ganz wichtig für eine russische Frau erachtet wird. In der russischen Auffassung vom Bild der Frau besteht kein Widerspruch zwischen Stärke und Weiblichkeit. Im Gegenteil: Man(n) ist stolz auf Ausdauer, Mut und Zähigkeit der Frauen. Gerne wird das Beispiel der Ehefrauen der Dekabristen zitiert, allesamt Angehörige des Hochadels, mit einflussreichen Familien im Rücken, von denen die meisten freiwillig ihren Ehemännern in die Verbannung nach Sibirien folgten (vgl. Seite 48f).

Werktätige Frauen

Die Frau, die aufopferungsvoll und uneigennützig, aber gleichzeitig stark und mutig ihre Familie zusammenhält, entspricht einem immerwährend geltenden Stereotyp in der russischen Gesellschaft. Nach der Revolution rückte zusätzlich die Rolle der Arbeiterin, der werktätigen Frau, ins Zentrum des gesellschaftlichen Bewusstseins. In der Wertewelt der Sowjetgesellschaft, die sich praktisch ausschließlich über das arbeitende Kollektiv definierte, galt Arbeitslosigkeit als »unmoralisch«. Das bezog sich auch auf den weiblichen Teil der Bevölkerung. Außerdem wurde die weibliche Arbeitskraft in den Fabriken und auf dem Lande gebraucht. So schufen die herrschenden Ideologen das Idealbild der »arbeitenden Mutter«. Der Staat propagierte die Gleichberechtigung von Mann und Frau und verankerte diesen Grundsatz auch in der Verfassung. Frauen erhielten das Wahlrecht, Zutritt zu politischen Ämtern, zu akademischer Ausbildung und waren in hoch spezialisierten, technischen Berufen tätig, wurden aber dennoch nicht immer gleich behandelt: Zwar mussten sie ebenso hart und viel arbeiten wie ihre männlichen Kollegen, erhielten aber auch in der Sowjetunion für die gleiche Arbeit weniger Lohn. Die höchste Ebene der Politik ebenso wie Spitzenpositionen in den Betrieben waren und sind bis heute fast ausschließlich Männern vorbehalten.

Arbeiter und Kolchosbäuerin: Das von den Sowjets propagierte Menschenideal

Zwischen Wunsch und Wirklichkeit

Konservative Rollenbilder

Fragen Sie Russen von heute danach, wie sie sich ihre Traumpartner vorstellen, ergibt sich im Großen und Ganzen ein einheitliches Bild: Frauen müssen weich, weiblich und ihren Männern treu ergeben sein. Es ist in Ordnung, wenn sie arbeiten, aber sie müssen auch Kinder gebären, großziehen und natürlich den Haushalt meistern. Männer ihrerseits haben für das nötige Kleingeld zu sorgen, damit es der Familie an nichts mangelt. Überhaupt sollten sie nicht allzu arm sein und zumindest ein Auto besitzen. Im Haus sind sie nur zuständig für die anfallenden Reparaturen, die sie entweder als geschickte Handwerker selbst erledigen oder aber dank eines gut gefüllten Portemonnaies erledigen lassen. Natürlich haben sie als »Herren im Haus« auch das letzte Wort! – Konservative Rollenvorstellungen also, die in solchen Wunschbildern Ausdruck finden.

In Stilettos durch den Schnee

Es fällt im Straßenbild und in den Büros auf, dass sich die meisten Russinnen sehr darum bemühen, diesem Weiblichkeitsideal zumindest äußerlich nahe zu kommen. Vor allem unverheiratete junge Russinnen legen großen Wert auf ihr Aussehen. Aber auch ältere Frauen gehen praktisch nie ungeschminkt aus dem Haus. Ich bin immer wieder überrascht, mit welch schlafwandlerischer Sicherheit manch russische Frau selbst im tiefsten Winter im kurzen Rock und auf abenteuerlichen Absätzen durch den Schneematsch stöckelt. Russinnen kleiden sich gerne feminin. Sportlich-legere, lange Hosen sind noch nicht so weit verbreitet, auch wenn sich in dieser Hinsicht der Geschmack zu ändern scheint. Insgesamt wird aber immer noch ein Kleidungsstil bevorzugt, der die eigene Weiblichkeit unterstreicht.

Glich das kräftige Make-up russischer Frauen früher bisweilen den bunten Gesichtern der Matrjoschkas, hat sich hier inzwischen ein dezenterer Schminkstil durchgesetzt. Ein Zyniker unter unseren Bekannten meinte neulich, das extrem gepflegte Äußere, das für so viele Russinnen typisch ist, läge unter anderem am

Junge Russin, dem Jeanslook erlegen

in Russland herrschenden Männermangel: »Frau« müsse sich einfach mächtig ins Zeug legen, um den richtigen Mann abzubekommen. Wahr oder nicht – hier die Retourkutsche: Dieselbe Sorgfalt, mit der sich ihre Frauen kleiden, kann man den russischen Männern nicht unbedingt attestieren. Modegurus sind sie keine. Auf modische männliche Extravaganzen wird man kaum stoßen. Bei ihnen ist eher Zweckmäßigkeit angesagt.

Konservativ geprägt

Auch was Erziehung und Haushalt angeht, sind die Rollenvorstellungen und Wirklichkeiten eher konservativ geprägt. Die Kinder werden selbstverständlich vom weiblichen Teil der Familie groß gezogen, Omas Hilfe inbegriffen. Wer etwas von einem »Erziehungsurlaub für den Mann« erzählt, bei uns in Deutschland ja durchaus ein Thema, erntet ungläubiges Kopfschütteln: »Zu Hause mit den Kindern sitzen? Das kann unmöglich ein echter Mann sein!« Kaum ein Russe käme auf die für ihn abwegige Idee, bei der Geburt seines Kindes im Kreißsaal dabei zu sein. Selbst für die meisten Russinnen ein unvorstellbarer Gedanke!

Die »neue« Russin

Wer aber nun denkt, russische Frauen seien stille Wesen, die widerspruchslos mögliche Eskapaden ihrer Gatten hinnehmen, irrt gewaltig. Die meisten meiner Bekannten sind sogar sehr temperamentvoll und haben durchaus ihre eigene Meinung. Es sind Frauen, die zu Hause und in der Öffentlichkeit energisch auftreten, ihre Interessen selbstbewusst vertreten und auch im Beruf erfolgreich sind. Was vielfach übersehen wird: Nicht nur Männer haben während und nach dem Niedergang der Sowjetunion die Gelegenheit beim Schopfe gepackt und sich mit ihrem eigenen *Bísness* (бизнес) selbstständig gemacht. Auch viele Frauen stellten sich auf die eigenen Füße. Von der Restaurantbesitzerin über die Rechtsanwältin bis zur Immobilienmaklerin: Russische Geschäftsfrauen stellen Tag für Tag unter Beweis, dass das neue Russland auch Frauen eine Chance bietet.

Angeknackste Männerpsychen

Glaubt man der Statistik und den meisten Berichten über russische Männer, klaffen – was diese angeht –, Anspruch und Wirklichkeit erheblich stärker auseinander. Es scheint fast so, als würde das vermeintlich starke Geschlecht erheblich weniger mit den tief greifenden Umwälzungen der letzten Jahre zurechtkommen. Tatsächlich sind es mittlerweile häufig die Frauen, die mit einem zweiten oder gar dritten Job die ganze Familie über Wasser halten, zum Beispiel mit Fremdsprachen-Kenntnissen, die sie in klingende Münze verwandeln können. Jede dritte Russin verdient mehr als ihr Mann, jede Fünfte ernährt sogar die Familie allein. Auch das ist eine neue russische Wirklichkeit.

Vielen Männern dagegen fällt es schwer, nach dem Ende der Planwirtschaft in der herben, neuen Arbeitswelt Fuß zu fassen, in der nicht mehr »Absitzen«, sondern »Anpacken« gefragt ist. Weil sie Eigenständigkeit und Verantwortung im Beruf nicht so verinnerlicht haben, sind sie den neuen Anforderungen weniger gewachsen, sind manche gar nicht mehr in der Lage, ihrer traditionellen Aufgabe als Ernährer der Familie gerecht zu werden. Bei den erfolgreichen Geschäftsmännern der neuen Ökonomie fällt hingegen auf, dass sie ihre ersten Millionen noch verhältnismäßig jung an Jahren und im wilden Kapitalismus der 1990er Jahre gemacht haben.

Lost Generation

Vater, Mutter, Kind – ein fragiles Familienidyll

Viele Vertreter der älteren Generation wurden von den Ereignissen einfach überrollt. Sie kümmern nunmehr in den schlecht bezahlten Jobs im Staatsdienst dahin, bessern das dürftige Gehalt mit noch schlechter bezahlten Aushilfsjobs als Taxifahrer oder Nachtwächter auf und verbringen den Rest ihrer Zeit damit, den »guten alten (Sowjet-)Zeiten« nachzutrauern. Nicht selten mit einer Flasche Wodka in der Hand. Es ist kein Zufall, dass die durchschnittliche Lebenserwartung von Männern in Russland so niedrig ist, wie nirgendwo sonst in Europa: Nicht einmal 60 Jahre alt werden sie im Schnitt, Frauen hingegen 72. Alkohol, Stress und Armut, aber auch Krieg und Kriminalität sind die wesentlichen Gründe für diese gesellschaftliche Entwicklung. Die bitteren Folgen haben die betroffenen Familien auszubaden: Häusliche Gewalt und Missbrauch sind in Russland leider kein Fremdwort mehr.

Hohe Scheidungsquote

Von zehn russischen Ehen werden mittlerweile knapp sieben wieder geschieden. In den meisten Fällen reichen die Frauen die Scheidung ein. Das Scheidungsverfahren geht in Russland schnell und einfach. Es ist auch mit keinen größeren Ausgaben oder Risiken verbunden. Vor allem nicht für den Mann, denn kaum eine Geschiedene kann vor Gericht Unterhaltszahlungen für sich oder ihre Kinder durchsetzen. Diesbezüglich steckt das Land juristisch gesehen noch in den Kinderschuhen. Die Folge ist, dass die Zahl verarmter, allein erziehender Mütter und verwahrloster Kinder ständig zunimmt. Weil viele Russinnen nun gezwungenermaßen den Traum vom reichen und guten Märchenprinzen ausgeträumt haben, werden trotz ihres Faibles für romantische Liebe und kinderreiche Familien immer weniger kleine Russen in die Welt gesetzt. Jede Frau kommt im Schnitt nur noch auf 1,3 Geburten insgesamt (1,4 im notorisch geburtenfeindlichen Deutschland). Zum Vergleich: Im Jahr 1975 waren es noch zwei Geburten pro Frau.

Diese gesamtgesellschaftliche Entwicklung ist auch eine Erklärung dafür, dass viele Russinnen den Mann fürs Leben mittlerweile bevorzugt im Ausland suchen und die einschlägigen Partnervermittlungen sowie Kontakt-Webseiten in Scharen frequentieren. Zumal viele ihrer ehedem potenziellen russischen Gatten schon vor ihnen Richtung Westen abgewandert sind.

Besser als ihr Ruf

Russische Männer schneiden im globalen Vergleich also nicht gerade als die Allerbesten ab. Zumal ihnen ganz allgemein unterstellt wird, dass sie im Haushalt

INFO

Nicht zu halten: Abwanderung der Elite

Der *Brain-Drain* ist für Russland zu einem fundamentalen Problem geworden, denn ein Großteil der Elite des Landes hat in den letzten Jahren die Heimat verlassen. Immer mehr Ärzte, Physiker, Dozenten oder Schriftsteller entschließen sich zum Aufbau einer neuen, besseren Existenz im Ausland. Klassische Auswanderungsländer sind bis heute die USA, Kanada, Deutschland und Israel. Von der Abschlussklasse meines Mannes zum Beispiel hat rund die Hälfte Russland den Rücken gekehrt. Nicht wenige sind mitsamt der Familie ausgewandert. Dem Land fehlt diese gut ausgebildete und engagierte Elite an allen Ecken und Enden. Man geht davon aus, dass sich allein die Anzahl der in der Wissenschaft aktiven Forscher seit dem Ende der Sowjetunion halbiert hat.

keinen Finger rühren und sich von ihren Frauen und Müttern bedienen lassen. Es existieren jedoch rühmliche Ausnahmen, die nur leider von keiner Statistik festgehalten werden. Nicht nur zur Ehrenrettung meines Mannes sei gesagt: Es gibt sie, die rücksichtsvollen und zuverlässigen russischen Männer mit einem ausgeprägten Familiensinn.

Wie überall hängt das Rollenverhalten sehr stark von Herkunft, Erziehung und – in Russland ganz besonders – auch vom Wohnort ab. Auf dem Land etwa haben es Frauen nach wie vor schwerer, auf einen Partner zu stoßen, der ihnen im häuslichen Alltag zur Hand geht. Denn die patriarchalische Gesellschaft, in der der Mann bestimmt, was die Frau zu tun hat, funktioniert dort noch am ehesten.

INFO

Wie verhält sich ein russischer Gentleman?

Wenn Sie meinen, dass die Engländer Höflichkeit für sich gepachtet hätten, täuschen Sie sich! So gelten nämlich galante Gesten gegenüber Frauen auch in Russland als sichere Anzeichen einer guten Kinderstube. Und wer sie vernachlässigt, wird als Rüpel betrachtet. Es ist üblich, dass ein Mann der Frau die Türe aufhält und ihr in oder aus dem Mantel hilft. Beim Aussteigen aus Trambahn oder Bus reicht er ihr stützend seine Hand. Es ist selbstverständlich, dass er die schweren Tüten und Gepäckstücke trägt, und ihr im Restaurant den besseren Platz – mit dem Rücken zur Wand – anbietet. Natürlich wird er als echter Gentleman die Zeche zahlen. Frauen, die diese uns vielleicht altmodisch anmutenden Gesten ablehnen, weil sie sich dadurch gegängelt fühlen, stoßen in Russland auf Unverständnis. Keine Russin käme auf die Idee, diese kleinen Aufmerksamkeiten zu verweigern, um ihre Emanzipiertheit unter Beweis zu stellen. Sie wird sie im Gegenteil von ihrer männlichen Begleitung erwarten.

INFO

Russische Hochzeitsbräuche

Wie schon mehrfach erwähnt lieben Russen kräftige Festgelage. Der schönste Tag im Leben macht da selbstverständlich keine Ausnahme. Heirateten Paare früher fast ausschließlich rein standesamtlich, so kommen jetzt immer mehr kirchliche Trauungen in Mode. Die Hochzeitsfeier selbst dauert fast immer zwei Tage. Im Anschluss an die standesamtliche Trauung werden lokale Sehenswürdigkeiten besucht, vor denen sich das Brautpaar fotografieren lässt. Traditionell sind das häufig Weltkriegsdenkmäler. Danach geht das Fest im Restaurant oder zu Hause erst richtig los.

Der Wodka fließt bei diesem fröhlichen Anlass ins Strömen. Manchmal übernimmt ein so genannter *Tamadá* die Leitung der Feier. Nach einem aus Georgien stammenden Brauch wird ein Gast zum Tischmeister ernannt. Ihm obliegt es, mit launigen Trinksprüchen die Hochzeitsgesellschaft in Stimmung zu bringen und Anekdoten aus dem Leben der Frischvermählten zum Besten zu geben. Aber auch die Brautleute müssen rackern: Immer, wenn es den Gästen zu ruhig wird, werden sie von der Hochzeitsgesellschaft mit dem Ruf: *Górko!* (горько – bitter) aufgefordert, sich unter lautem Zählen so lange zu küssen, bis ihnen die Puste ausgeht. Je länger der Kuss, desto heftiger der Applaus der Gäste. Dieser Brauch geht auf eine sehr alte Tradition zurück. Damals servierte die Braut den Gästen auf einem Tablett Wodka. Es war üblich, dass die Gäste etwas Geld auf dieses Tablett legten, den Wodka tranken und »Bitter!« riefen, als Bestätigung, dass ihnen sehr wohl Wodka und kein Wasser kredenzt wurde. Danach durften sie die Braut küssen. Gäste, die kein Geld gaben, tranken nur den Wodka und mussten zuschauen, wie die anderen die Braut küssten. Mit der Zeit hat sich dieser Brauch verändert, sodass jetzt nur noch der Bräutigam die Braut küssen darf.

Neue Freiheit, konservative Sitten: Liebe und Sexualität

Prostitution

Über die neue Freizügigkeit im postsowjetischen Russland wird bei uns in schöner Regelmäßigkeit berichtet. Moskaus einschlägige Nachtclubs sind berühmt dafür, dass man sich dort einem ebenso hüllen- wie schrankenlosem Vergnügen hingeben kann. Barbusige Bedienungen und Spontan-Strips weiblicher Gäste: alles an der Tagesordnung. An schönen Frauen mangelt es nicht und der zahlenden Kundschaft werden angeblich selbst ausgefallene Wünsche umgehend erfüllt. Keine Frage, im neuen Russland boomt auch das Geschäft mit der Liebe. Da Prostitution weder offiziell erlaubt noch explizit verboten ist, hat sich das horizontale Gewerbe zu einer lukrativen Einnahmequelle nicht nur für die Mafia, sondern auch für die Polizei entwickelt. Gegen ein Schmiergeld oder die Bezahlung in »Naturalien« sind die Beamten gerne bereit, beide Augen zuzudrücken. Viele Frauen andererseits glauben an die käufliche Liebe als eine einfache Möglichkeit, relativ schnell ans große Geld zu kommen.

Sexshops

Eigentlich sollte man annehmen, dass Russen bei so viel zur Schau getragener Offenheit allem, was sich um Lust und Liebe dreht, vollkommen entspannt und locker begegnen. Auch das sexy Outfit der meisten russischen Frauen täuscht darüber hinweg, dass sich hinter der freizügigen Fassade ein eher konservatives Weltbild verbirgt, in dessen Zentrum bestimmt nicht die freie Liebe, sondern vielmehr die ganz normale Familie steht.

Und so wird man das russische Pendant zu *Beate Uhse* vergeblich in bester Geschäftslage in der Fußgängerzone suchen: Sexshops, na ja, nur wenn es denn unbedingt sein muss. Aber bitte im Hinterhof und mit einem gebührenden Mindestabstand zu Regierungsgebäuden und Friedhöfen. Auf jeden Fall ohne anstößige Schaufensterdekorationen!

Prüderie

Sexualkundeunterricht in der Schule? Um Himmels willen, man könnte die jungen Leute ja auf dumme Gedanken bringen! TV-Werbung für Kondome zur besten Sendezeit? Ausgeschlossen! Gleiche Rechte für homosexuelle Paare? Undenkbar, »Das sind doch alles Perverse!« Die Mehrheit der Russen vertritt bis heute die Meinung, dass Homosexualität eine Krankheit ist, die man am besten in geschlossenen Anstalten kuriert. Nur ganz langsam etabliert sich so etwas wie eine Gay-Szene in den Großstädten. Auf dem Land verheimlichen Schwule (auf Russisch »Hellblaue«: *golubýe* – голубые) besser ihre Neigungen. Lesben (Rosarote: *rosawýe* –розавые) haben es noch schwerer und müssen mit Anfeindungen rechnen, weshalb sie sich so gut wie nie in der Öffentlichkeit outen.

Tabubruch

Umso erstaunlicher ist es, dass das international bekannte Frauenduo »t.A.T.u«, das vor wenigen Jahren mit skandalösen Auftritten weltweit für Furore sorgte, ausgerechnet aus dem in diesem Punkt erzkonservativen Russland stammt. Die beiden Damen ließen keine Gelegenheit aus, sich eng umschlungen und heftig knutschend in der Öffentlichkeit zu präsentieren, und spielten auch in ihren Songtexten auf die schwierige Situation von Homosexuellen an. Böse Kritiker meinen ja, das lesbische Gehabe sei eiskalt kalkulierte Verkaufsstrategie. Wie dem auch

Die Clique bietet Orientierung.

sei, sie haben mit ihrem Tabubruch zumindest eine öffentliche Diskussion über ein bislang totgeschwiegenes Thema in Gang gebracht. Durchaus ein Verdienst.

Unwissenheit

Vieles wird in der heutigen russischen Gesellschaft ähnlich tabuisiert wie schon zu Sowjetzeiten, als praktisch nichts, was das Intimleben betraf, auch nur ansatzweise diskutiert wurde. Oder, um es mit den Worten von Jurij Below, Professor an der St. Petersburger Herzen-Universität, zu sagen: »Es gab keinen Sex in der Sowjetunion.« Mit diesem – in Russland in diesem Zusammenhang übrigens häufig zu hörenden Satz – umschrieb der Soziologe einem kleinen Kreis ausländischer Studenten in einer Landeskunde-Vorlesung gleich zweierlei: Zum einen, dass ein öffentlicher Diskurs über das heiße Thema tabu war. Zum anderen aber auch, dass aufgrund der beengten Wohnverhältnisse es schlicht an Gelegenheiten mangelte, ungestört der Libido zu frönen. Bis heute tut man sich in Russland schwer damit, über bestimmte Aspekte von Lust und Liebe offen zu reden. So findet Aufklärung nach wie vor praktisch nicht statt. Vorstöße, Sexualkunde auf den Lehrplan zu setzen, werden regelmäßig von Politikern und Kirchenmännern blockiert. An manchen Schulen scheitert ein liberaler Lehrplan aber auch am Widerstand der Eltern. Die Folge: Fast nirgendwo auf der Welt werden so viele Teenager ungewollt schwanger und verbreitet sich das HI-Virus so schnell wie in Russland (vgl. Seite 99).

Pille und Pariser

Symptomatisch dafür ist ein Vorfall aus dem Jahr 1998. Die Organisation *Ärzte ohne Grenzen* und das russische Gesundheitsministerium initiierten eine Plakataktion, in der zwecks AIDS-Prävention Werbung für den Gebrauch von Kondomen gemacht wurde. Nach nur einer Woche musste die Aktion – auf »Druck der Öffentlichkeit« wie es damals hieß – wieder eingestellt werden. Erst langsam setzen sich Verhütungsmittel durch, die jedoch verhältnismäßig teuer sind. Zudem wird sowohl der Pille als auch Kondomen immer noch mit Misstrauen begegnet: Erstere hat den Ruf, dick zu machen, letztere gelten als unzuverlässig und unbequem. Das rührt noch von Sowjetzeiten her, als die Qualität der Verhüterlis wirklich zu wünschen übrig ließ und ihre Beschaffenheit des Öfteren mit der von Gummihandschuhen verglichen wurde ...

Abtreibung

Entsprechend sind Abtreibungen nach wie vor das gängigste Mittel der Familienplanung. Der Abbruch ist bis zur zwölften Schwangerschaftswoche an keinerlei Bedingungen geknüpft. Erst in jüngster Zeit rührt sich seitens der erstarkten orthodoxen Kirche vermehrt Widerstand gegen den Abort. Doch bis dato wird der Eingriff in spezialisierten Kliniken praktisch wie am Fließband und oft unter recht primitiven Bedingungen vollzogen. Rund 140 Abtreibungen stehen nur 100 Geburten gegenüber. Im Schnitt treibt jede Russin rund zweimal in ihrem Leben ab.

INFO

Sozialdaten im Überblick

	Russland	Deutschland
Lebenserwartung (Jahre)	**65,3**	78,7
Alphabetisierungsrate (%)	**99,4**	99,0
Bevölkerung (Mio.)	**144,6**	82,6
Frauenanteil Gesamtbevölkerung (%)	**53,4****	51,0*
Frauenanteil berufstätige Bevölkerung (%)	**48,5****	44,7*
Bevölkerungswachstum 2003–2015 (%)	**-0,5**	-0,1
Bevölkerung 2015 (Mio.)	**136,7**	82,5
Säuglingssterblichkeit (‰)	**1,6**	0,4
Handy-Besitzer Gesamtbevölkerung (%)	**24,9**	78,5
Frauenanteil Parlament (%)	**8,0**	31,3
Frauenanteil Angestellte, Lehre und technische Berufe (%)	**64,0**	50,0
Frauen in Führungspositionen Wirtschaft und Verwaltung	**39**	36
Wohnfläche pro Person (2002, m²)	**20,0****	41,6*

Human Development Report 2005, United Nations Development Programme;
*) Statistische Bundesamt; **) Bundesamt für Staatsstatistik, *Rosstat*

Urlaub, Freizeit und Festivitäten

»In Russland gibt es zwei Feiertage: Silvester und jeden Tag«
Ewgenij Petrosian, bekannter zeitgenössischer Satiriker

Russen feiern für ihr Leben gern und nutzen jede nur erdenkliche Möglichkeit, dieses auch zu tun, am liebsten in fröhlicher Runde. Anlässe gibt es genug. Das russische Jahr kennt viele offizielle und inoffizielle Feiertage.

Verwirrung an der Festtagsfront

In letzter Zeit herrscht allerdings ein ziemliches Durcheinander. Der Feiertagskalender ist ein sich ständig änderndes Reformobjekt geworden. Von staatlicher Seite werden Feiertage gestrichen, wenn dies politisch sinnvoll erscheint (etwa der frühere Verfassungstag am 12. Dezember), andere wieder neu hinzugefügt oder umbenannt und verschoben. Den Durchschnittsbürger lässt das in der Regel kalt, solange nur eines erhalten bleibt: das allseits beliebte »Feiertags-Nachhol-System«. Dieses stellt sicher, dass wirklich jeder (arbeitsfreie) Feiertag ausgiebig und gewissenhaft »abgefeiert« werden kann.

Vorfeiern – Nachfeiern – Abfeiern

Falls also ein offizieller Feiertag auf einen Samstag fällt, wird er am vorangehenden Freitag »vorgefeiert«. Fällt er auf einen Sonntag, dann wird er am folgenden Montag »nachgefeiert«. Sollte nun zufällig ein Dienstag arbeitsfreier Feiertag sein, so gibt Väterchen Staat den Werktätigen den Montag auch noch frei. Allerdings muss in solchen Fällen am Samstag zuvor gearbeitet werden, als Konzession an die Betriebe, damit die Produktion nicht allzu häufig ins Stocken gerät. Alles klar? – Es fragt sich nur, wie lange diese »Kompensationstage« die neuen kapitalistischen Zeiten noch überstehen werden …

An den gesetzlichen Feiertagen bleiben die Museen, Behörden und die meisten Geschäfte geschlossen. Mit Ausnahme von Lebensmittelläden. Dortige Verkäufer müssen neben den üblichen Notbesetzungen von Krankenhäusern und Feuerwehren ebenfalls zum Dienst an ihren Mitmenschen antreten. Schließlich darf niemandem über die freien Tage das Essen und Trinken ausgehen …

Feste und Feierlichkeiten

Offiziell festgesetzte Feiertage

Ein Feiertagszyklus

► **1.–5. Januar: Neujahrsferien *(nowogódnie kaníkuly –* новогодние каникулы*).*** Das Jahr beginnt in Russland gleich mit dem wichtigsten Feiertag oder vielmehr mit einem Feiertagszyklus. Anders als bei uns im Westen reichen den feierwütigen Russen ein oder zwei mickrige Urlaubstage nicht aus. Um das Neujahrsfest zünftig zu begehen, müssen es schon ein paar mehr freie Tage sein. Die Großzügigkeit macht Sinn. Denn auch schon bevor das Neujahrsfest im Jahr 2005 von zwei auf insgesamt fünf arbeitsfreie Tage

Der Weihnachtsmann kommt an Silvester.

»Schneeflöckchen« wünscht alles Gute zu Neujahr!

ausgeweitet wurde, kam das gesamte öffentliche Leben in Russland um den Jahreswechsel herum zum Erliegen. Als Faustregel gilt daher, dass vom 1. bis zum 14. Januar, dem Neujahrstag der russisch-orthodoxen Kirche, so gut wie gar nichts in Russland geht. Das ganze Land gibt sich in dieser Zeit kollektiv der Festtagsstimmung hin.

Woran man sich als Westeuropäer auch erst gewöhnen muss, ist die Tatsache, dass das russische Neujahr alle Merkmale des uns bekannten Weihnachtsfestes trägt. Die Russen beginnen mit ihrem Weihnachtsbrauchtum dann, wenn sich bei uns der Duft von Kerzen und Lebkuchen längst verzogen hat. Am russischen Silvesterabend (ein Arbeitstag) wird der Tannenbaum *(jólka – ёлка)* geschmückt, die Wohnung aufgeräumt und auf Hochglanz gebracht. Die Hausfrau verschwindet stundenlang in der Küche und bereitet das üppige Festtagsmenü vor: *Sakúski* (Vorspeisen), *Piroschkí* (Piroggen), *Sup* (Suppe), Braten und Torten (vgl. Seite 193ff). Das Fest wird dann im Kreise der Familie gefeiert, ganz wie es bei uns zu Weihnachten üblich ist. Der besinnliche Familienteil endet um Mitternacht. Dann stoßen alle gemeinsam noch einmal mit Sekt an, bevor das Jungvolk außerhalb des Elternhauses weiterfeiert. Auf dem Roten Platz in Moskau versammelt sich in der Silvesternacht eine riesige Menschenmenge, um mit dem traditionellen Läuten der Kreml-Glocken und anschließendem großen Feuerwerk das neue Jahr zu begrüßen.

INFO

Der Weihnachtsmann wohnt in Welikij Ustjug

Seit 1998 hat der Weihnachtsmann in Russland sogar eine feste Adresse. Väterchen Frost und Schneeflöckchen residieren standesgemäß in einem eigens für sie errichteten Palast in der Nähe des pittoresken Städtchens Welikij Ustjug, 1000 Kilometer nordöstlich von Moskau. Und wie ihr naher Verwandter im finnischen Lappland haben sie während der Weihnachtszeit alle Hände voll zu tun: Sie müssen die vielen Briefe und Wünsche der russischen Kinder bearbeiten und sich ständig für Fototermine bereithalten, das heißt für Touristen und ihr Festgefühl posieren. Jahr für Jahr pilgern Tausende extra zu diesem Zweck in die abgelegene Provinzstadt.

Glaskugeln und Lametta

Da man in Russland allgemein der Überzeugung ist, dass das ganze Jahr so wird, wie es beginnt, bemühen sich alle nach Kräften, ein rundum gelungenes Fest zu zelebrieren. Dazu gehört ein mit reichlich buntbemalten Glaskugeln und Lametta behängter Tannenbaum. Unter dem Bäumchen stehen in vielen Haushalten die Figuren von »Väterchen Frost« *(ded morós –* дед мороз*)*, dem russischen Weihnachtsmann und seiner Enkelin »Schneeflöckchen« *(snegúrotschka* – снегурочка*)*.

Bescherung

Heiß geliebt bei kleineren Kindern sind die Lebendauftritte von Väterchen Frost. Traditionsgemäß wird er dreimal gerufen und erscheint dann, im roten Mantel und voll beladen mit Geschenken. Bevor sie die allerdings bekommen – meist nicht in Geschenkpapier verpackt – müssen die Kinder noch ein Gedicht aufsagen. Der Zeitpunkt der Bescherung variiert von Familie zu Familie. Bei manchen müssen sich die lieben Kleinen bis Mitternacht gedulden, bei anderen werden die Geschenke schon am späten Nachmittag gebracht.

Sektkorken knallen im Stundentakt.

Die Glückwunschtelefonate zu Neujahr können sich – sofern man denn eine weit verzweigte und weit auseinander lebende Verwandtschaft hat – über den ganzen Tag erstrecken: Wenn zum Beispiel Irina in Moskau ihrem Vater Oleg in Irkutsk gratulieren will, muss sie ihn schon um 19 Uhr Moskauer Zeit anrufen. Dann knallen im fernen Sibirien bereits die Sektkorken und man ruft sich ausgelassen den traditionellen Neujahrsgruß *S nówym gódom!* zu (С новым годом! – Alles Gute zum neuen Jahr!). Wegen der elf Zeitzonen des Landes ist der Jahreswechsel im entlegensten Osten, im Autonomen Gebiet der Tschuktschen, schon vorüber, wenn in St. Petersburg gerade einmal das Mittagsläuten aufgehört hat.

Die Kirche feiert mit Verspätung.

► **7. Januar: Russisch-Orthodoxe Weihnachten *(Roschdestwó Christówo* – Рождество Христово – Geburt Christi).** Wem die Feierlichkeiten um Neujahr herum nicht ausreichen, der kann mit den gläubigen Christen am 6. Januar Heilig Abend und am 7. Januar Weihnachten feiern. Wie das? Um die Verwirrung komplett zu machen, findet in Russland das eigentliche kirchlich-religiöse Weihnachtsfest zur Geburt Christi Anfang Januar statt. Die russisch-orthodoxe Kirche weigert sich bis heute standhaft, den Gregorianischen Kalender anzunehmen. Sie hat die 1918 von den »gottlosen« Revolutionären festgelegte Kalenderreform einfach nicht mitgemacht. Ihre Zeitrechnung läuft immer noch nach dem (alten) Julianischen Kalender. Der aber hat gegenüber der in den überwiegend katholischen und protestantischen Ländern der westlichen Hemisphäre geltenden Zeitrechnung nun einmal 13 Tage Verspätung.

Mitternachtsmesse

Während des staatlich verordneten Atheismus der Sowjetzeit war der 7. Januar – wie die anderen kirchlichen Festtage auch – natürlich kein Feiertag. Heutzutage darf wieder offiziell Weihnachten gefeiert werden und der Besuch der Mitternachtsmesse gehört zum guten Ton. Selbst der Präsident lässt es sich nicht nehmen, daran teilzuhaben, und der Weihnachtsgottesdienst des Patriarchen von Moskau wird sogar live im Fernsehen übertragen.

Fastenzeit statt Festtagsschmaus?

Ansonsten ist das orthodoxe Weihnachtsfest wie bei uns ein Familienfest und als Festessen wird bei vielen eine Weihnachtsgans aufgetischt. Für Strenggläubige ist das übrigens die erste Fleischmahlzeit seit dem 26. November, dem Beginn einer sechswöchigen Fastenperiode. Während dieser Wochen sind Fleisch, Eier und Milchprodukte tabu, nur Fisch ist erlaubt. Daran halten sich aber nur die wenigsten, denn was wäre das mitten drin stattfindende russische Neujahrsfest ohne einen Festtagsschmaus, unter dem sich die Tische biegen!

Etwa müde? Es geht noch weiter! Besonders Hartgesottene bewahren sich die Feierstimmung bis zum 13. Januar. Denn in der Nacht vom 13. auf den 14. findet nunmehr (nach dem Julianischen Kalender) der russisch-orthodoxe Jahreswechsel statt. Das ist allerdings kein offizieller Feiertag. Aber für die meisten Russen ist es selbstverständlich, noch einmal auf das »alte Neue Jahr« – nach der alten Zeitrechnung – anzustoßen *(stáryj nówyj god* – старый новый год*)*.

INFO

Die Wiederauferstehung des Tannenbaums

Das Weihnachtsfest als höchster christlicher Feiertag passte nicht in das Weltbild der russischen Revolutionäre. Was lag also näher, als dieses bourgeois-dekadente Überbleibsel der verhassten Zarenzeit samt all seinen Symbolen abzuschaffen? Das Christbäumchen, noch dazu ein Brauchtum aus dem feindlichen Deutschland, verschwand als erstes aus den russischen Wohnzimmern. Verboten! Das Weihnachtsfest, wie auch alle anderen religiösen Feiertage, gestrichen! Stattdessen ernannten die neuen russischen Machthaber das religiös unbelastete Neujahrsfest zum zentralen Feiertag. Doch manche Dinge sind stärker als selbst die Revolution: Ausgerechnet unter Stalin wurde im Jahr 1937 erstmals wieder ein Tannenbaum auf dem Roten Platz aufgestellt. Bis heute ist es Brauch, dass alle Jahre wieder zu Silvester der schönste und größte Baum im ganzen Land dort prangt. Auch andere typische Weihnachtsbräuche schlichen sich im Laufe der Zeit ins russische Neujahrsfest ein – ideologisch unverfänglich und nicht tot zu kriegen.

▶ 23. Februar: Tag der Vaterlandsverteidiger *(Djen saschtschítnika Otétschestwa* – День защитников Отечества*).* Am 23. Februar haben in Russland die Herren der Schöpfung die Lizenz zum Feiern, denn dann wird »den Verteidigern des Vaterlandes« gedacht. Ursprünglich war dies der »Tag der Roten Armee«, in Erinnerung an ihre Gründung 1918. Dann mutierte er zum »Tag der Sowjetarmee«, was aber nun auch nicht mehr passt. Zum offiziellen Feiertag wurde er erst im Jahr 2003 wieder erklärt. Als »ihren« Berufsfeiertag in Ehren gehalten haben die Soldaten diesen Tag aber immer. In ihren Einheiten bekamen und bekommen sie ein Festessen serviert. Die älteren Helden ließen und lassen sich mit Hochprozentigem hochleben. Eine Art Vatertagsvariante also. Tiefe Gedanken über seine eigentliche historische Bedeutung machen sich wohl nur noch die wenigsten.

▶ 8. März: Internationaler Frauentag *(Meschdunaródnyj schénskij djen* – Международный женский день*).* Ähnliches passierte mit dem Internationalen Frauentag am 8. März. Zu Sowjetzeiten war er dem weiblichen Proletariat gewidmet, sollte die wichtige gesellschaftliche Rolle der Frau propagieren, und ihren Kampf um Gleichberechtigung. Er gilt als symbolisches Datum der internationalen sozialistischen Frauenbewegung, das auf einen Streik von Textilarbeiterinnen 1917 in St. Petersburg zurückgeht. 1921 wurde der 8. März auf Beschluss der 2. Kommunistischen Frauenkonferenz als Gedenktag festgelegt.
Im heutigen Russland ist am 8. März vor allem für Blumenhändler, Parfümerien und neuerdings auch Restaurant- und Cafébesitzer Zahltag. Kein russischer Mann kann es sich leisten, seiner Mutter, Frau, Freundin oder Oma an diesem Tag ohne Blumen – meistens Tulpen oder Mimosen – oder einem netten Geschenk unter die Augen zu treten.
Aber anders als bei uns der »Muttertag« geht der Frauentag in Russland über die reine Privatsphäre hinaus: Auch an ihren Arbeitsplätzen werden die Frauen von Kollegen oder Chefs mit Geschenken geehrt. Am Vortag bereits. Der 8. März selbst ist ein gesetzlicher Feiertag.

▶ 1. Mai: Frühlings- und Arbeitsfest *(Prásdnik Wesný i Trudá* – Праздник Весны и Труда*).* Der »Tag der Arbeit« ist in Russland – wie in den meisten Ländern mittlerweile auch – eher zu einer Pflichtübung geworden: Wo früher noch das ganze Land kollektiv demonstrierte, folgen in der letzten Zeit von Jahr zu Jahr immer weniger Genossen dem Aufruf der Kommunistischen Partei, um der »Großen Proletarischen Arbeiterbewegung« zu gedenken. Traditionell stehen die ersten Maitage ganz im Zeichen des Frühlingsanfangs und viele Russen nutzen diese Feiertagsfreizeit lieber, um beispielsweise ihre Datscha auf Vordermann zu bringen. Bevor die derzeitige Regierung den zweiten freien Tag – der 2. Mai war früher ebenfalls Feiertag – gestrichen hat, geriet das ganze Land in der gesamten ersten Maiwoche in Urlaubsstimmung. In der Folgewoche war nämlich der nächste wichtige Feiertag fällig.

► **9. Mai: Tag des Sieges *(Djen Pobédy* – День Победы*).*** Der Jahrestag der deutschen Kapitulation 1945, zugleich das Ende des »Großen Vaterländischen Krieges«, wird in Russland mit jeder Menge Militärparaden, reichlich zeremoniellem Pomp, feierlichen Ansprachen und Kranzniederlegungen begangen. Das ganze Land erinnert sich dann voller Stolz an den Sieg der Sowjetunion über Nazi-Deutschland. Gleichzeitig werden an diesem Tag die von Jahr zu Jahr weniger werdenden Weltkriegsveteranen geehrt. Mit ordengeschmückter Brust präsentieren sie sich als Kriegshelden in der Öffentlichkeit, während sie ansonsten ein eher bescheidenes Dasein führen.

► **12. Juni: Tag Russlands bzw. Staatlicher Feiertag der Russischen Föderation *(gosudárstwennij prásdnik Rossíjskoj Federázii* – государственный праздник Российской Федерации*).*** Dieser relativ neue Feiertag – nebenbei bemerkt höchster Staatsfeiertag – sorgt alle Jahre wieder für ratlose Gesichter, wenn man nach seinem Ursprung fragt. Einer Umfrage entsprechend weiß nur jeder fünfte Russe, was am 12. Juni eigentlich gefeiert wird. Nämlich die Verabschiedung der staatlichen Souveränität der Russischen Sowjetrepublik am 12. Juni 1990, wobei sich die seinerzeitige Regierung vorbehielt, zu einem späteren Zeitpunkt aus der UdSSR auszutreten. Und genau dieser kleine Zusatz verursacht die Irritationen. Die meisten Russen sind der Meinung, dass am 12. Juni der Tag der Unabhängigkeit von der Sowjetunion begangen wird. Ganz Unrecht haben sie damit allerdings auch wieder nicht, denn diese wurde ebenfalls an einem 12. Juni vollzogen, nur eben ein ganzes Jahr später. Am gleichen Tag (12. Juni 1991) war Boris Jelzin zum ersten Präsidenten der frisch gebackenen Russischen Föderation gewählt worden.

► **4. November: Tag der Nationalen Einheit *(Djen naródnowo jedínstwa* – День народного единства*).*** Für die Begründung dieses Feiertages wird historisch sehr weit zurückgegriffen: Der Tag der Nationalen Einheit erinnert an die Befreiung Moskaus von der polnischen Besatzung im Jahr 1612 und dem damit verbundenen Ende der *Smúta* (vgl. Seite 41f). Auch mit diesem Tag verbindet so recht niemand etwas in Russland. Die meisten sind der Meinung, dass es bei seiner Einführung hauptsächlich darum ging, einen Ersatz für den 7. November zu schaffen, der nun wiederum noch ziemlich fest im Gedächtnis sämtlicher Russen haftet: Der Jahrestag der »Großen Sozialistischen Oktoberrevolution« war einer der wichtigsten Gedenktage des sowjetischen Kalenders. Seine Abschaffung im Jahr 2005 stieß bei vielen auf Unverständnis.

Festtracht aus dem Kaukasus

Die inoffiziellen Feiertage

Gedenktage ohne Ende

Neben diesen noch einigermaßen überschaubaren offiziellen Feiertagen gibt es eine Unzahl weiterer Feier- und Gedenktage. So ziemlich jeder Berufsgruppe in Russland ist zum Beispiel ein eigener Tag gewidmet. Und keiner der Betroffenen lässt es sich nehmen, »seinen« Tag ausgiebig zu feiern. Als da etwa wären: Tag der russischen Presse, Tag der Wissenschaften, Tag der Kosmonauten, Tag der Feuerwehrleute, Tag der Grenzstreitkräfte, Tag der Flotte, und so weiter. Vor allem die Gedenktage der diversen Militärzugehörigen sind berüchtigt, muss dann doch mit mehr oder weniger angeheiterten Soldaten in den Innenstädten gerechnet werden.

Folkloristische Feste

Berühmt und vor allem bei Touristen beliebt sind folkloristische Festivals wie die *Másleniza* (vgl. Seite 186), die Vertreibung des Winters mit jeder Menge *Bliní* (Pfannkuchen), Verbrennung einer Strohpuppe, Prügeleien und Honigwein, und das Fest des »Russischen Winters«, mit Theaterdarbietungen, Schlittschuhlaufen und natürlich einer Troika-Fahrt.

Auch manch westliche Feiertage finden inzwischen ihre Anhängerschaft wie etwa der Valentinstag am 14. Februar oder das katholische und evangelische Weihnachtsfest.

Russisch-Ostern

Das russisch-orthodoxe Osterfest *(Páscha,* gesprochen Pas-cha – Пасха*)* zählt nicht zu den offiziellen Feiertagen. Aber seit es wieder angesagt ist, seinen Glauben nach außen zu zeigen, wird auch dieser höchste Feiertag der orthodoxen Kirche von immer mehr Menschen zelebriert. Traditionell bringt man Ostereier und Osterkuchen mit in die Kirche, um sie dort weihen zu lassen. Und ein Besuch der Ostermesse in der Nacht von Karsamstag auf Ostersonntag ist für viele Gläubige heutzutage wieder Pflicht. Dazu gehört allerdings eine gehörige Portion Standhaftigkeit, denn Sitzplätze gibt es praktisch keine in orthodoxen Kirchen. Außerdem beginnt der Gottesdienst schon vor Mitternacht und endet erst gegen drei Uhr morgens, nur kurz unterbrochen durch eine feierliche Prozession rund um die Kirche. Im Zentrum der Zeremonie stehen die feierlichen Worte des Popen: »Christus ist auferstanden!« *(Christós woskrés* – Христос воскрес*)* und die rituelle Antwort der Gemeinde: »Er ist tatsächlich auferstanden!« *(Wo ístinu woskrés* – Во истину воскрес*)*. Die Anfangsbuchstaben des Auferstehungsgrußes, »XB«, zieren übrigens häufig auch das traditionelle Ostergebäck. Am Ostersonntag werden dann die geweihten Leckereien genüsslich im Kreise der Familie verzehrt. Schließlich markiert der Ostersonntag das Ende des Großen Fastens und alle dürften Nachholbedarf verspüren …

Ein Gläschen Wodka aufs Grab

Ein für die Russen ebenfalls untrennbar mit Ostern verbundener Brauch ist der Friedhofsbesuch am Ostersonntag. Die orthodoxe Kirche steht dieser eher weltlichen Tradition mit gemischten Gefühlen gegenüber, hat sie doch einen eigenen Gedenktag für die Toten. Eigentlich sähen es die Kirchenoberen lieber, dass die Leute in die Kirchen gingen, anstatt auf den Friedhof. Tatsächlich gestaltet sich das Stelldichein mit der toten Verwandtschaft auch nicht gerade als stille Andacht. Eher erinnert es an einen ausgelassenen Familientreff. Die gesamte

INFO

Nichts für Nimmersatte – Fastenbräuche der orthodoxen Kirche

Auch die orthodoxe Kirche unterstützt den russischen Hang zu Extremen: Wer ernsthaft und richtig praktiziert, muss nach den alten Bräuchen nicht weniger als vier Mal im Jahr den Gürtel enger schnallen: Die erste Fastenperiode im Frühling ist gleichzeitig die längste und wird auch heute noch als *Welíkij Post* (»Großes Fasten«) von vielen eingehalten – insgesamt sieben Wochen zwischen Fastnacht und Ostern. Dann mehrere Wochen im Mai und Juni, zwei Wochen im August und schließlich sechs vor Weihnachten. Kein Wunder, dass bei so viel karger Kost in einem Jahr in der Zeit dazwischen umso üppiger getafelt wird …

Mischpoke rückt an, mit Kind, Kegel und Ostergebäck im Picknickkorb. Bei vielen darf auch der Wodka nicht fehlen, damit es am Grab nicht so ungemütlich ist. Die überall an den Gräbern stehenden Bänke erleichtern die Sache, ansonsten tut es auch der von zu Hause mitgebrachte Klappstuhl. Bei guter Stimmung feiert man so das »Fest der Wiederauferstehung«. Damit der Verstorbene noch länger etwas vom Besuch seiner Angehörigen hat, bekommt er zum Abschied ein Gläschen aufs Grab gekippt … In Moskau begegnet die Stadtregierung der traditionellen Massenpilgerfahrt zu den Friedhöfen der Metropole übrigens ganz pragmatisch. Sie bietet am Ostersonntag zusätzliche Buslinien dorthin an, um dem alljährlichen Ansturm einigermaßen Herr zu werden.

INFO

Eine Kunst für sich – das russische Osterei

In Russland haben – wie andernorts auch – die Hühner zu Ostern Hochsaison. Die Ostereier werden allerdings nicht versteckt, sondern zumeist bemalt und verschenkt. Das Ei gilt als Symbol der ewigen Wiederkehr und wurde ursprünglich ausschließlich rot gefärbt, als Ausdruck für das Leiden Christi. Heute sind die Eier bunt, oft reich verziert und nicht immer zum Verzehr gekocht.

Berühmtheit erlangten die einzigartigen kaiserlichen Goldschmiedekunst-Ostereier aus der Manufaktur des St. Petersburger Juweliers Carl Peter Fabergé (1846–1920). Im Jahr 1885 erschuf er das erste Osterei im Auftrag Zar Alexanders III. als Geschenk für die Zarin Maria Fjodorowna. Sie dankte es ihm mit seiner Ernennung zum Hoflieferanten. Später wurde es zur Gewohnheit, dass das Haus Fabergé jedes Jahr zu Ostern ein neues, prächtiges Ei aus Gold und Edelsteinen für die Zarenfamilie herstellte. Keines dieser berühmten und kostbaren Sammel-Eier gleicht dem anderen. In ihrem Inneren verbirgt sich stets ein originelles, aufwändig gearbeitetes Miniaturkunstwerk.

Exodus zu Ferienzeiten: Ab auf die Datscha!

Eine seltsame Karawane

Wenn Sie zufällig um die Maifeiertage herum in Russland sind, können Sie unter Umständen Zeuge eines ganz besonderen Schauspiels werden. Am Freitagnachmittag werden die Ausfallstraßen sämtlicher Großstädte von Autos geradezu überschwemmt, und hin und wieder gibt es gar seltsame Metamorphosen zu bestaunen: Kleine *Ladas* oder klapprige *Moskwitschi* verwandeln sich dann in seltsame Ungetüme. Sie sind bis unters Dach voll gestopft mit Eltern, Großeltern, Kind, Hund, Katze, Koffern und Tüten voller Kleidungsstücke und zuoberst noch einem Karton Gemüsesetzlinge. Auf windigen Dachgepäckträgern sind die Gartenmöbel festgezurrt, die man den Winter über doch sicherheitshalber auf dem städtischen Balkon aufgehoben hatte. Manche quetschen auch noch den neuen Kühlschrank aufs Autodach, hatte doch der alte im Vorjahr nach dem dritten Stromausfall seinen Geist aufgegeben. Wer es sich leisten kann, karrt einen eigenen Generator aufs Land, um auf jeden Fall von der öffentlichen Stromversorgung unabhängig zu sein … Wenn Sie also dieser seltsamen Karawane begegnen, besteht kein Zweifel mehr: Die Datscha-Saison hat begonnen. Die Russen entfliehen der Enge und der schlechten Luft ihrer Städte.

Datscha-Saison

Die Saison beginnt mit den ersten warmen Tagen im Mai. Dann wird das Häuschen im Grünen gelüftet und wieder bewohnbar gemacht. Sie erreicht ihren Höhepunkt während der langen russischen Sommerferien von Juni bis Ende August. Dann verbringen Großeltern und Enkel einige Wochen hier. Und sie endet irgendwann im Oktober, wenn die Tage merklich kürzer werden und der erste Schnee fällt. Dann wird die Datscha winterfest gemacht. Bei den meisten

Mit Katze, Kind und Kegel

Datscha: Traumhaus im Grünen

bedeutet das, dass das obere Stockwerk (in der Regel ein Schlafzimmer) mit einer Luke verschlossen wird. Auch die so genannte »Veranda«, eine Art Erkerzimmer mit Fenstern rundherum, wird mit einer massiven Stahl- oder Holztür vom Rest des Hauses abgetrennt. So bleibt für den gelegentlichen Winterbesuch häufig nur noch ein Teil des Erdgeschosses übrig, in dem sich Ofen, Küche oder Küchenzeile und ein integriertes Wohn- und Schlafzimmer befinden. Dieser Bereich bietet der Kälte wenig Angriffsfläche und kann leichter beheizt werden.

Datschenfieber

Die eigene Datscha ist so ziemlich der Traum jedes russischen Stadtbewohners. Er war es bereits in vorsozialistischen Zeiten. Anfang des 19. Jahrhunderts zog sich der Hochadel während des Sommers für eine gewisse Zeit aufs Land zurück, vor allem um zu jagen. Später erfasste der Drang nach frischer Luft und Natur auch den Kleinadel und das Bürgertum. Gegen Ende des Jahrhunderts hatte das »Datschenfieber« schließlich Angehörige so ziemlich aller Bevölkerungsschichten infiziert. Der zentrale Stellenwert, den die Datscha schon damals im Leben der Menschen einnahm, findet seinen Niederschlag in der Literatur. Kaum ein Schriftsteller, der nicht zumindest eine Weile seine Inspiration aus dem ruhigen Landleben bezog. Kaum ein Stück russischer Literatur, das ohne die Beschreibung vom Sommer auf dem Land auskommt. Angefangen bei Lew Tolstojs »Krieg und Frieden«, über Dostojewskijs »Der Idiot«, bis hin zu Tschechows »Kirschgarten«.

Große und kleine Varianten

Auch heute noch verbringt jeder – wenn möglich – den Sommer auf seiner Datscha. Wer keine eigene hat, versucht zumindest eine zu mieten. Für die Landbevölkerung an der Peripherie der Großstädte hat sich damit eine gute Einnahmequelle eröffnet. Manche verkaufen das eigene Haus und ziehen ihrerseits in umgekehrte Richtung. Denn Arbeit gibt es kaum im schönen, grünen Umland. Der Begriff

Datscha ist extrem dehnbar: Für die einen ist es das klassisch-kleine russische Holzhäuschen mit Blechdach, Plumpsklo, ohne fließendes Wasser und einem handtuchgroßen Stück Land dazu. Für die anderen – weniger zahlreichen – ein großes, massives Steinhaus mit Fußbodenheizung und kameraüberwachtem Park. Die Mehrheit muss sich freilich mit der kleinen Variante begnügen. Datschen befinden sich häufig in regelrechten Siedlungen, die entfernt an deutsche Schrebergarten-Kolonien erinnern. Je weiter weg von den Städten umso erschwinglicher. Nur die gut Betuchten können sich Häuser direkt am Stadtrand leisten.

Holzhacken und Kartoffel-Klauben

Fast immer wird die Datscha zum Anbau des eigenen Gemüses genutzt. Das Häuschen auf dem Lande dient bei weitem nicht nur der Entspannung. Als ich zum ersten Mal mit auf die Datscha meiner Schwiegereltern kam, hatte ich nur eine verschwommene Vorstellung davon, was mich erwarten würde. Auf mühsames Kartoffel-Klauben war ich in jedem Fall nicht vorbereitet! Jedenfalls gibt es immer alle Hände voll zu tun. Holz muss gehackt werden für den Ofen, der die einzige Wärmequelle sein kann, und auf dem auch gekocht wird. Es heißt reparieren, ausbessern, pflanzen, ernten, einmachen: Tomaten, Gurken, Obst.

Gemüse

Für viele Russen ist der Gemüseanbau bittere Notwendigkeit. Bei einem Durchschnittslohn von nur knapp 250 Euro im Monat und ähnlich hohen Lebensmittelpreisen wie bei uns, reicht es vielen nicht zum Leben. Das Gemüse aus dem eigenen Garten wird da zur wichtigen Nahrungsquelle. Viele bessern aber auch die Haushaltskasse auf, indem sie die Früchte ihrer Arbeit am Straßenrand an diejenigen verkaufen, die es sich leisten können: Alle paar Kilometer stehen an den Ausfallstraßen zumeist ältere Frauen, die Kartoffeln, Knoblauch, frische Pilze oder schon fertige Gläser mit Eingemachtem anbieten.

Pilze

Pilze sammeln ist ein sehr beliebter Zeitvertreib. Russen können Stunden um Stunden im Wald verbringen, um die kleinen Leckerbissen aufzuspüren. Viele sind auf diesem Gebiet Experten. Fest steht, dass die russische Küche zahlreiche schmackhafte Pilzgerichte kennt. Besonders gut sind sie in Salzlake eingelegt als Vorspeise und zum Wodka. Die gemeinsame Pilzjagd gehört genauso zum Landleben wie das russische Dampfbad, die berühmte *Bánja* (Баня).

Bánja

Am Samstagabend, wenn die ganze Familie auf dem Land versammelt ist, werden die Saunaöfen eingeheizt. Deutliches Zeichen dafür ist der schwarze Rauch, der sich aus den kleinen, runden Schornsteinen der Badehäuser ringelt und der so typische Holzfeuer-Geruch. Für die meisten Russen gibt es nichts Schöneres, als sich nach getaner Arbeit im Dampfbad zu entspannen und danach kräftig zu essen.

Schaschlik

Der Klassiker während der Datscha-Saison ist dabei das *Schaschlýk* (шашлык), das seinen Ursprung im Kaukasus hat: kein winziges Fleischspießchen, sondern den Dimensionen des Landes angepasst. Das marinierte Fleisch, meistens Schwein, manchmal aber auch Lamm, wird mit Tomaten und Zwiebelringen auf ungefähr 30 Zentimeter lange Metallspieße *(schampurý* – шампуры*)* gezogen und auf einem rechteckigen Grill *(mangál* – мангал*)* gegart. Kein Russe kann einem guten Schaschlik widerstehen, und jeder kann mit eigenen Rezepten für die beste Marinade aufwarten.

INFO

Mit Volldampf ins Sauna-Vergnügen

Wenn die Datscha das Nationalheiligtum der Russen ist, dann ist die *Bánja* der dazugehörige Schrein. Falls Sie je die Möglichkeit haben, in eine *Bánja* zu gehen, nehmen Sie sie wahr. Am besten in Begleitung eines Russen, der Sie in die Geheimnisse des russischen Dampfbades einweiht. Sie werden kaum eine andere Gelegenheit bekommen, typisch russischem Leben so nahe zu kommen! Am besten auf dem Landhaus bei russischen Bekannten. Doch auch in der Stadt gibt es teilweise sehr schöne öffentliche Badehäuser (zum Beispiel die berühmte »Sanduny«, die *Sandunowskije Banji* in Moskau). In der öffentlichen *Bánja* herrscht strikte Geschlechtertrennung. Privat sieht man das etwas lockerer.
Wo liegt nun das *Bánja*-Geheimnis? Wenn sich das Innere des Dampfbades in eine heiße und neblige Höhle verwandelt hat, klopft man sich mit jungen, zuvor in heißem Wasser eingeweichten Birkenzweigen *(wéniki* – веники*)*, systematisch von unten bis oben ab. Oder – besser noch – man lässt sich abklopfen. Die Zweige werden in Kreisen durch die Luft gewirbelt, was fast einem schamanischen Ritus ähnelt. Durch die Massage wird der Kreislauf in Schwung gebracht.
Der *Bánja* wird eine heilende Wirkung zugeschrieben. Ob nun Kopfschmerzen, Rückenprobleme oder Erkältungen, glaubt man den Russen, gibt es eigentlich kein Leiden, dass sich nicht damit kurieren ließe. Kaum jemand käme allerdings auf die Idee, zum Abnehmen in die Sauna zu gehen. Denn schließlich gehört das gute Essen danach ebenso dazu wie Dampf und Birkenzweige. Überhaupt ist das russische Dampfbad ein gemeinschaftlicher Akt. Die Russen lieben es, in der *Bánja* zu philosophieren, und es ist durchaus nicht unüblich, einen Geschäftstermin in die heiligen Hallen des Dampfes zu verlegen. Zum Schluss verabschieden sich alle mit dem traditionellen Saunagruß »Mit leichtem Dampf« *(S ljógkim párom* – С лёгким паром*)* und gehen an Körper und Seele gereinigt ihrer Wege.

Aber auch im Winter hat die Datscha ihren Reiz. Dann schnallen sich viele ihre Langlauf-Skier unter und laufen durch die tief verschneite Winterlandschaft, um sich anschließend – ja was wohl? – in der *Bánja* wieder aufzuwärmen.

Schachspielen

Auch Schachspielen kann man in der Sauna, ein weiterer Lieblings-Zeitvertreib sommers wie winters. Die Russen sind berühmt für ihre hervorragenden Schachspielkünste. Tatsächlich wird nicht nur auf dem Land, sondern vielfach auch in den Städten, jede Gelegenheit genutzt, einander im Spiel zu messen. Sobald es das Wetter zulässt, stößt man dann in den Grünanlagen auf ein paar Spieler, die umringt von einer Gruppe Schaulustiger ihrem Spieltrieb auf Parkbänken frönen. In Windeseile folgt Zug auf Zug, ständig schlägt einer der Kontrahenten auf die kleine Zeituhr, und in Null Komma nichts ist das Schachbrett leergefegt für die nächste Partie …

Kultur pur: Freizeitvergnügen auf höchstem Niveau

Kultur für alle

Nicht nur das Landleben hat in Russland seine Vorzüge. Auch wenn die Städter versuchen, dem Moloch so oft und so schnell wie möglich zu entkommen, genießen sie doch das dortige reichhaltige kulturelle Angebot. Allein in Moskau gibt es über einhundert Museen. In kaum einem anderen Land hat Kultur einen so hohen Stellenwert wie in Russland. Kunst und Kultur hatten zu Sowjetzeiten nichts Elitäres, sondern waren Gemeingut. Entsprechend häufig wurden Museen, Ausstellungen, Kino, Theater und selbst Ballett und Oper besucht – quer durch alle Bevölkerungsschichten. Heute können sich viele Menschen dieses mittlerweile recht teure Vergnügen nicht mehr oder nur noch selten leisten. Hochkarätig besetzte Aufführungen sind aber immer noch sehr gut besucht. Manchmal ist es schwierig, überhaupt an Karten zu kommen.

Darstellende Kunst und leichte Muse

Ballett

Zu Recht berühmt ist das russische Ballett. Gehen Sie hin, wenn Sie die Möglichkeit dazu haben! Die Aufführung eines klassischen Balletts in einem der traditionsreichen Häuser, allen voran im *Bolschoj* in Moskau und *Mariinskij* in St. Petersburg, gehört zu einem kulturellen Hochgenuss. Inszenierungen, Kostüme, Orchester und die Tänzer sind unvergleichlich. Unvergesslich ist für mich eine Inszenierung des »Don Quixote« nach dem Libretto von Marius Petipa im Petersburger *Mariinskij* geblieben, mit erstklassigen Solisten, einem pompösen Dekor, großem *Chor de Ballet* und obendrein noch Pferd und Esel auf der Bühne!
Womöglich noch populärer und in jedem Fall ein lohnenswertes Vergnügen, insbesondere wenn Sie Ihren Nachwuchs mit in Russland dabei haben, ist auch

INFO

Manche sind gleicher: Ausländer-Preise

Wer als Ausländer vom reichhaltigen Kulturangebot Russlands profitieren möchte, muss vergleichsweise tief in die Tasche greifen. Egal, ob Theater, Ballett, Museum oder Sehenswürdigkeit, im Schnitt sind die Preise um das zwei- bis dreifache höher als für Russen und Bürger der GUS-Staaten. Sie bleiben zumeist aber noch deutlich unter dem, was man im Westen für Vergleichbares bezahlen muss. Und wenn es denn am Ende hilft, so manchem Russen trotz seines bescheidenen Durchschnittseinkommens, den Museums- oder Theaterbesuch zu ermöglichen, finde ich das ganz in Ordnung. Fairerweise gibt es für nicht-russische Studenten und Schüler Ermäßigungen. Übrigens haben viele Kassierer ein untrügliches Gespür dafür, wer aus Russland kommt und wer nicht. Allein schon am Aussehen erkennen sie, welche Preiskategorie sie verlangen müssen.

Was Ihr wollt: Lebendige Szene

Zirkus der Besuch eines Puppentheaters und des russischen Zirkus. Viele Russen sind begnadete Geschichtenerzähler, die es lieben, mit Wortwitz, Sprachgewalt und einer gehörigen Portion Humor Anekdoten zum Besten zu geben. Im Alltagsleben kann diese spezielle Leidenschaft für eher nüchtern veranlagte Westeuropäer so ihre Tücken haben, weiß man doch nie so genau, wo die Grenzen zwischen Phantasie und Wirklichkeit verlaufen. Im Falle des Puppentheaters erweist sich die russische Fabulierkunst jedenfalls als großartige Gabe. Mit wenigen Mitteln verstehen es die Puppenspieler meisterhaft, nicht nur die Kleinen in ihren Bann zu ziehen. Im russischen Zirkus verbindet sich dann der Hang zur Poesie mit atemberaubender Akrobatik.

Theater Weniger bekannt ist, dass die Russen ausgesprochene Theaterliebhaber sind. In Moskau und anderswo gibt es nach wie vor eine äußerst lebendige Szene. Zwar haben viele der größeren Häuser seit dem deutlichen Rückgang der staatlichen Subventionen ums Überleben zu kämpfen. Doch die neue – vor allem auch künstlerische – Freiheit hat viele kreative Energien freigesetzt. Mittlerweile gibt es eine große Anzahl kleiner Studiobühnen, die für jeden Geschmack etwas zu bieten haben.

Kino Kino gehört schon seit langem zu einer der beliebtesten Freizeitaktivitäten der Russen. Und sei es, um in der Anonymität der dunklen Kinosäle dem Alltag für kurze Zeit zu entfliehen. Das Sowjetkino war – nicht zuletzt aus Propagandazwecken – ein hoch subventionierter Industriezweig, der jedes Jahr aufs Neue zahlreiche Spielfilme hervorbrachte. Mit der Finanzmisere Ende der 1990er Jahre kam die russische Filmproduktion jedoch fast zum Erliegen. Die meisten alt gedienten Regisseure versanken mit dem Rest des Landes in einer tiefen Sinnkrise. Nur noch wenige Filme wurden produziert, manche mit ausländi-

Spielautomaten: Im Vorübergehen sein Glück versuchen!

schen Fördergeldern. Mit dem Jahrtausendwechsel setzte dann aber eine Trendwende ein. Derzeit werden wieder jährlich rund 100 Filme in Russland gedreht. Viele Kinosäle sind modernisiert, die Kinos wieder gut besucht. Während man sich eine Zeitlang ausschließlich an billigen Hollywoodstreifen (viel Mafia, Sex und wenig Gehalt) orientierte, sind jetzt auch wieder echte russische Stoffe gefragt.

Amüsier-Eldorado

Überhaupt haben die Anhänger der leichten Muse mittlerweile keine Probleme mehr, auf ihre Kosten zu kommen. Das einstige Ausgeh-Ödland hat sich in ein Amüsier-Eldorado verwandelt – zumindest in den Großstädten. Nicht nur in den diversen Nachtclubs, Discos, Bars und Cafés kann man sein Geld unter die Leute bringen. Das Regime des Kapitalismus hat in Russland einen lange verbotenen Zeitvertreib wieder salonfähig gemacht: das Glücksspiel. Einer der wichtigsten Autoren Russlands, der große Fjodor Dostojewskij, war selbst ein notorischer Spieler und hat seiner Leidenschaft denn auch im Roman »Der Spieler« ein literarisches Denkmal gesetzt. Lebten er und andere russische Berühmtheiten ihren Spieltrieb noch häufig im fernen Casino von Baden-Baden aus, müssen die Russen von heute nicht mehr weit reisen, um ihrem Laster zu frönen. Denn neuerdings erobern Spielhallen und Automaten das weite Land so unaufhaltsam wie weiland die Pelzjäger Sibirien. Selbst in den entlegensten Städtchen findet man Spielautomaten auf öffentlichen Plätzen, in denen manch einer seinen letzten Rubel verzockt. Und in Moskaus Amüsiermeile *Nowyj Arbat* reiht sich seit kurzem Spielhölle an Spielhölle. Die Superreichen treffen sich in eleganten Casinos.

Ein Volk von Leseratten

Puschkins Verdienst am Volk

Zur Literatur hegt man in Russland eine besonders liebevolle Beziehung, und so mancher Dichter wird mit geradezu religiöser Inbrunst verehrt. Grabmäler aber auch Büsten werden regelmäßig mit frischen Blumen geschmückt. In punkto Belesenheit und literarischem Wissen sind viele Russen, ganz besonders die ältere Generation, unschlagbar. Kaum jemand, der nicht ein paar Verse von Puschkin aus dem Stehgreif zitieren könnte, und jedes Kind weiß, wie und wann er starb: 1837 an den Folgen eines Duells. Alexander Puschkin genießt insgesamt bis heute Kultstatus. Tatsächlich hatte er einen nicht unwesentlichen Anteil daran, dass sich überhaupt so etwas wie eine russische Nationalliteratur herausbilden konnte. Denn bis ins 19. Jahrhundert gab es keine einheitliche Schriftsprache. Das geschriebene Russisch wurde vom Kirchenslawisch dominiert, der Adel kommunizierte fast ausschließlich auf Französisch, und das gemeine Volk schrieb kaum und sprach, wie ihm der Schnabel gewachsen war. Für viele abstrakte Begriffe gab es kein russisches Pendant. Das Russische jener Tage war von ausländischen, insbesondere französischen Lehnwörtern durchsetzt. Das große Verdienst von Puschkin und anderen Zeitgenossen ist, aus diesem wilden Amalgam eine allen verständliche, allen zugängliche und noch dazu höchst

Puschkin genießt Kultstatus

poetische Sprache zu schaffen; das Russische quasi von äußeren Einflüssen zu »reinigen«. Puschkins Literatur wirkte in diesem Sinne identitätsstiftend, zumal sie viele volkstümliche Elemente in sich aufnahm. Neben seiner einzigartigen sprachlichen Gewandtheit lässt sich ein Großteil von Puschkins Popularität genau darauf zurückführen.

Verfolgte Dichter

Doch nicht immer gingen die Russen so ehrfürchtig mit ihren Schriftstellern um: Die Verfolgung Andersdenkender hat eine lange Tradition, und das nicht erst seit Sowjetzeiten. Schon Dostojewskij wurde wegen seiner politischen Ansichten ins sibirische Lager geschickt und auch Lew Tolstoj wurde wegen seiner Ideen verfolgt, seine Schriften teilweise verboten. Dass die russische Literatur nach der Revolution die meisten ihrer kreativen Köpfe verlor, ist hinlänglich bekannt; die einen fielen den stalinistischen Säuberungen zum Opfer oder erhielten Schreibverbot (Anna Achmatowa), andere flohen ins Ausland (Wladimir Nabokow) oder wurden ausgewiesen (Alexander Solschenizyn, Josef Brodskij). Bücher, einmal abgesehen von ideologisch einwandfreien Publikationen, die aber kaum jemand lesen wollte, wurden zur Mangelware, an die nur noch die wenigen Privilegierten problemlos herankamen. Der gesamte Literaturbetrieb war strengstens überwacht. Selbst »erlaubte« Texte wurden nur noch in kleinen Auflagen herausgegeben, Besitz und Verbreitung verbotener Texte mit strenger Lagerhaft geahndet. Dennoch gab es mutige Menschen, die sich nicht davon abhalten ließen, die verbotenen Schriften in mühseliger Kleinarbeit zu vervielfältigen – der berühmte »Sámisdat« (Самиздат – Selbstverlag), von russisch *sam* (сам – selbst) und *isdádeltswo* (издательство – Verlag), war geboren. Analog dazu bezeichnete man Texte sowjetischer Schriftsteller, die im Ausland auf Russisch publiziert und dann in die Sowjetunion zurückgeschmuggelt wurden, als »Támisdat«-Literatur (Тамиздат – Dortverlag). Eine ganze Reihe von Werken, die heute ganz selbstverständlich zur Weltliteratur zählen, wurden auf diesem Wege zum ersten Mal veröffentlicht (Pasternaks »Doktor Schiwago«, Bulgakows »Hundeherz«, Nabokows »Lolita« oder Solschenizyns »Archipel Gulag«).

»Lesefreudigstes Volk der Erde«

Es ist kein Wunder, dass die Literatur in jenen Zeiten einen ganz besonderen Stellenwert hatte, und Bücher wie Schätze gehütet wurden, zumal das Lesen prinzipiell von staatlicher Seite gefördert wurde. Die allgegenwärtige Propaganda bezeichnete die Sowjetbürger gerne und oft als »lesefreudigstes Volk der Erde«. Seither hat sich einiges geändert, wenn auch in Russland nach wie vor gerne und viel gelesen wird. Der Markt hat sich geöffnet und damit gelangte ein großes Angebot an Lebenshilfe-Büchern, esoterischer Literatur, erotischen Schriften und natürlich jeglicher ausländischer Literatur in die Regale der Buchhändler. Alles Publikationen, die es davor offiziell nicht oder kaum zu kaufen gab. Scheiterte der Buchkauf früher häufig am Angebot, sind es heute die hohen Preise. Und natürlich lösen auch in Russland Fernsehen und Computer Bücher als Informationsquelle und Zeitvertreib immer mehr ab.

Dennoch kann Russland auch heute mit einer lebendigen Literaturlandschaft aufwarten, die auch im Westen ihre Anhängerschaft hat; nicht umsonst war

Neue Sterne am Literaturhimmel

Russland das Gastland der Frankfurter Buchmesse im Jahr 2003. Besonders russische Krimis sind »in«. So fesseln Autorinnen wie Polina Daschkowa, Alexandra Marinina oder Darja Donzowa weit über Russlands Grenzen hinaus ein Millionenpublikum.
Auch die anspruchsvollere Lektüre moderner Schriftsteller hat längst ihren Weg ins Ausland gefunden: Die wunderbaren Romane der neuen *Grande Dame* der russischen Literatur, Ljudmila Ulitzkaja, wurden schon von Elke Heidenreich gelobt. Wiktor Pelewins »Generation P.« ist auch hierzulande als genial-schräge Satire auf das neue Russland vielen ein Begriff und die junge Autorin Irina Deneschkina wird mit »Komm«, ihrer schonungslosen Darstellung der russischen Jugend, seit der Frankfurter Buchmesse bereits als neuer Star der russischen Literaturszene gefeiert.

Und noch ein Opernstern

Anna Netrebko

Die russische Diva zu Gast in München

Man muss einfach einmal einen ihrer Auftritte erlebt haben: Die Star-Sopranistin Anna Netrebko wurde im russischen Krasnodar geboren und erhielt ihre Gesangsausbildung am Konservatorium von St. Petersburg. Sie startete ihre Karriere am dortigen *Mariinskij-Theater* und gab nach ersten Erfolgen in Russland 1995 ihr internationales Debut an der *San Francisco Opera* in den USA. Inzwischen gastiert sie auf allen renommierten Opernbühnen der Welt. 2005 überreichte ihr Präsident Putin den Russischen Staatspreis, die höchste Auszeichnung des Landes im Bereich Künste und Literatur. Wie keine zweite repräsentiert die charmante Künstlerin das »neue Russland« und ist somit die derzeit wohl attraktivste Werbeträgerin ihrer Heimat.

Hauptsache reichlich: Essen und Trinken in Russland

»Wodka ist Gift, Gift ist Tod, Tod ist Schlaf, Schlaf ist Gesundheit. Also lasst uns auf die Gesundheit trinken!«
Russischer Trinkspruch

Es muss nicht immer Kaviar sein …

»Nein, danke« zählt nicht.

Wer an russisches Essen denkt, dem fallen zuerst *Bliní,* Kaviar und vielleicht noch Borschtsch ein. Auch meine Kenntnisse der russischen Küche erschöpften sich vor der Begegnung mit Russen und ihren Essgewohnheiten auf diese vermeintlichen Klassiker. Bei meiner ersten Einladung wurde ich dann aber schnell eines Besseren belehrt. Auf den Tisch kamen damals *Pelméni* (пельмени), mit Hackfleisch gefüllte Teigtaschen, die stark an italienische Tortellini erinnern. Dazu wurden saure Sahne *(smetána –* сметана*)* mit frischen Kräutern und wahlweise Butter gereicht. Wie ich später gelernt habe, ist die aus Sibirien stammende Nudelvariante bei den Russen tatsächlich genauso beliebt wie deren italienische Verwandte bei uns. Und noch etwas anderes habe ich an diesem denkwürdigen Abend erfahren: Wer bei Russen zu Gast ist, braucht Magenwände aus Gummi. »Nein, danke« wird als Antwort auf die rein rhetorische Frage, ob man denn noch etwas essen möchte, in der Regel ignoriert. Kaum war mein Teller leer, wurde er sofort wieder aufgefüllt, meine verzweifelten Einwände mit einem entschiedenen »Кушать же надо!« *(Kúschat sche nádo* – Man muss doch essen!*)* abgewiegelt. Damit die gewaltigen Essensmengen bekömmlich sind, gab es zwischen den einzelnen Gängen Wodka und immer wieder Wodka. Meinem überforderten Magen verschaffte das kurzfristig Erleichterung, mein Kopf aber hat am nächsten Morgen dafür gebüßt. Seither bin ich vorsichtiger geworden …

Üppiges Angebot: Markthallen in St. Petersburg

Schwere Kost …

Wenn also nicht so sehr *Bliní* und Kaviar, was kommt dann Tag für Tag zwischen Ostsee und Ochotskischem Meer auf den Tisch? Ein tieferer Blick in russische Kochtöpfe offenbart eine überraschend vielfältige und abwechslungsreiche kulinarische Welt, die trotz der Größe des Landes von West nach Ost ziemlich einheitlich ist. In St. Petersburg kocht man nicht viel anders als in Wladiwostok. Die klassische russische Hausmannskost ist dem kalten Klima entsprechend reichhaltig und schwer. Abnehmen ist in Russland ein schwieriges Unterfangen. Leichte Salate, rein vegetarische Gerichte oder auch mageres Fleisch werden Sie vergeblich suchen. Gefragt ist, was satt macht und wärmt: deftige Suppen und Eintöpfe, Salate mit viel Mayonnaise, Fisch und Fleisch mit fetten Saucen.

… für kaltes Klima

Typische Zutaten der russischen Küche sind Kohl, Rote Bete und Kartoffeln. Dank der unzähligen Flüsse und Seen wurde immer schon viel Fisch gegessen. Auch die endlosen Wälder haben die russische Küche mit ihrem Nahrungsangebot geprägt. So gehören diverse Beerensorten ebenso dazu wie Pilze, Fleisch und Honig. Die langen Winter und kurzen Sommer bringen es mit sich, dass vieles konserviert wird: Es gibt eine Unmenge unterschiedlicher Sorten an Sauerkraut und in Salzlake eingelegter Gurken, Tomaten und Pilze, die zu den beliebten »Appetitmachern« zählen. Auch Fisch und Beeren werden durch Trocknen haltbar gemacht.

Typisch für die russische Küche sind auch Breis und Grützen aus Getreide (Weizen, Hafer und insbesondere Buchweizen), die populäre *káscha* (каша), welche mal als eigenständige Mahlzeit, mal als Beilage zu Fleisch oder Fisch serviert wird.

Brot darf nie ausgehen …

Zu keiner Mahlzeit darf geschnittenes Brot fehlen. Brot hat in Russland eine schon fast mystische Bedeutung. Um kein Unglück heraufzubeschwören, sorgt jede gute Hausfrau dafür, dass immer ein wenig Brot da ist. Falls es doch einmal ausgehen sollte, gilt das als schlechtes Omen. Denn, wenn das Brot knapp wird, kündigen sich Hungerzeiten an … Früher galt das russische Wort für Brot, *chléb* (хлеб), dementsprechend auch als Synonym für Gesundheit, Wohlstand und Gastfreundschaft. Müttern reichte man unmittelbar nach der Geburt ihres Kindes ein Stück Brot und in die Wiege des Neugeborenen wurde ebenfalls etwas Brot gelegt.

Frühstück – завтрак *(sáwtrak)*

… und wird dick belegt.

Für die erste Mahlzeit des Tages gibt es in Russland keine feste Regel. Jeder hat seine eigenen Vorlieben. Weit verbreitet sind kräftig mit Käse und Schinken belegte Brote. Dass es sich dabei um eine aus dem deutschsprachigen Raum importierte Sitte handelt, dafür spricht das Wort, mit dem diese bezeichnet werden: *buterbródy* (бутерброды), gebuttertes Brot. Brotscheiben und Belag sind großzügig geschnitten. Man will ja schließlich etwas »zwischen den Zähnen« haben!
Gerne wird aber auch eine der vielen Breisorten zum Frühstück gegessen, etwa Buchweizen- oder Haferbrei mit Butter und Zucker. Vor allem Kinder sollen solcherart versorgt den anstrengenden Schultag überstehen.
Was früher für körperlich hart arbeitende Menschen selbstverständlich war, ist heute nur noch die Ausnahme: ein reichhaltiges, warmes Hauptgericht zum Frühstück mit Würstchen *(sosíski)* und Frikadellen *(kotléty)*.

Mittagessen – обед *(obéd)*

Suppen

Ein Mittagessen in der Kantine, zu Hause oder unterwegs besteht meistens aus einer Vorspeise, immer Suppe und einem Hauptgang. Suppen sind uralter Bestandteil der russischen Küche und erfreuen sich größter Beliebtheit. Nahrhaft und kräftigend haben sie nur wenig gemein mit ihren eher dünnen deutschen Verwandten oder gar klarer Brühe.

Fast-Food

Mittlerweile beliebt in den Großstädten ist der Snack zwischendurch in einem der zahllosen kleinen und erschwinglichen Restaurants und Cafés. Immer wieder beeindruckt dabei der Einfallsreichtum der Russen, was Dekoration aber auch Speiseangebot betrifft. Glücklicherweise gibt es nicht nur die bekannten Fast-Food-Ketten mit ihrem weltweit identischen Speiseneinerlei. In der *Blínnaja* (блинная) oder beim »Blin-Donalds« wird durchaus Traditionelles serviert. Und auch das Ambiente der russischen Schnellrestaurants hat wenig mit dem plastikgeprägten amerikanischen Vorbild gemein. Häufig sind die kleinen Lokale liebevoll mit Holzmöbeln, bäuerlichen Accessoires (Heugabel, Strohballen und Holzkarren) und bunten Tischdecken ausgestattet, und an der Theke bedient das Personal in alter russischer Tracht …
Dort gibt es sie dann endlich, die *Bliní,* jene berühmten kleinen Hefe-Pfannkuchen aus Buchweizen- oder Weizenmehl in allen leckeren Varianten: herzhaft mit Pilzen, Kartoffelbrei, Hackfleisch, Fisch und mit saurer Sahne sowie Kaviar. Oder in ihrer süßen Form: mit Marmelade oder Quark.

Butterwoche

Bliní werden in Russland zwar tatsächlich gerne gegessen, sie sind aber streng genommen kein Alltagsgericht: Traditionell werden die *Bliní* (ähnlich wie bei uns

INFO

Tausendundeine Suppe

Das echt russische *súptschik* (супчик – Süppchen) kommt zumeist als Eintopf auf den Tisch, mit mehr Einlage als Flüssigkeit. Ob nun auf der Basis von Gemüse, Fisch oder Fleisch: Hauptsache heiß und sättigend. Die Familie dieser flüssigen Vorspeisen ist schier unüberschaubar. Den Russen ist die Suppe in etwa so wichtig wie den Franzosen der Käse. *A propos* Franzosen: Wie viele andere russische Worte auch, stammt das Wort *sup* (суп) vermutlich aus dem Französischen, *souper,* zu Abend essen. Es hat sich zur Zeit Peters des Großen eingebürgert, als in der feinen Gesellschaft Abend- und Tanzgesellschaften mit üppigen Festtafeln in Mode kamen. Ur-russische Suppen sind *Schtschi* (щи – Krautsuppe), *Rassólnik* (рассольник – Suppe mit Salzgurken), *Soljánka* (солянка – besonders würzige Suppe) oder *Uchá* (уха – Fischsuppe), die auch heute noch im Repertoire jeder Köchin zu finden sind. Der in Deutschland als typisch russisch geltende *Borschtsch* (борщ – Kohlsuppe mit Roter Bete) stammt ursprünglich aus der Ukraine. Seiner Popularität hat das aber auch in Russland keinen Abbruch getan und so wird er immer noch gern und oft geschlürft. So gern, dass davon das schöne Verb *pereborschtschít* (переборщить – zu weit gehen, maßlos sein) abgeleitet wurde, was auf russische Essensmengen sehr oft zutrifft.

die Krapfen) in der Woche vor dem Beginn der siebenwöchigen großen Fastenzeit (*welíkij post* – великий пост) Ende Februar serviert, die mit dem Osterfest endet. Diese »Butterwoche«, *Másleniza* (масленица von масло – *máslo* – Butter), geht auf einen Jahrhundertealten heidnischen Brauch zurück. Sie markiert den Frühjahrsanfang, der früher in den Dörfern ausgelassen gefeiert wurde. Die kleinen gelben Pfannkuchen symbolisierten dabei die Sonne und wurden in geradezu Schwindel erregenden Mengen verdrückt. Die ganze Woche über wurde getanzt, gefeiert und gegessen, weshalb die *Másleniza* auch als »russischer Karneval« bezeichnet wird. Selbst heute noch gehören *Bliní* zu diesem Zeitpunkt unbedingt auf den Tisch, werden aber auch im Rest des Jahres immer wieder gerne verspeist.

Im Restaurant

Falls Sie Appetit auf Spezialitäten verspüren und eines der besseren Restaurants besuchen, wird Ihnen das dortige Personal mit besonderer Höflichkeit entgegenkommen. Auf jeden Fall nimmt Ihnen der Kellner Ihren Mantel ab. Es gehört sich nicht, sein gutes Stück etwa über die Stuhllehne zu hängen, um es im Auge zu behalten. Lassen Sie es sich ruhig schmecken. Sie werden Ihren Mantel beim Verlassen des Restaurants unbeschadet wieder bekommen.

Abendessen – ужин *(úschin)*

Auch abends bleibt in Russland die Küche selten kalt. Meistens kommen dann erneut Vorspeisen und/oder Suppe, aber auch gebratenes Fleisch mit Sauce,

Sommerliche Delikatesse

Tee mit Marmelade

Nudeln oder Bratkartoffeln auf den Tisch. Abgerundet wird das Ganze mit einer Tasse Tee, zu der die Russen Kekse und Konfekt reichen. Beliebt ist es, den Tee mit selbst gemachter Marmelade (варенье – *warénje*) zu süßen. Sie ist in Russland flüssiger als bei uns, eher wie Honig, und für den nicht ganz so süß geprägten westeuropäischen Gaumen in Sachen Zuckergehalt eine echte Herausforderung.

Wodka

Essen gilt in Russland – wie in vielen anderen Ländern auch – als ein Zeichen des Wohlstands und der Wertschätzung des Gastes. Selbstbedienung bei Tisch ist nicht angesagt. Die Gastgeber tragen auf und scheinen in der ständigen Angst zu leben, dass ihre Gäste nicht satt werden könnten. Bei so viel wohlgemeintem Überfluss helfen nur gute Nerven, ein dehnbarer Magen und das eine oder andere Gläschen Wodka …

Gefährliches Wässerchen

Nur in Gesellschaft

Dass Wodka (водка) auf Deutsch nichts anderes als »Wässerchen« bedeutet, verrät schon viel über den Stellenwert, den der klare Getreideschnaps in Russland hat: Er ist fast ein Grundnahrungsmittel. Daraus allerdings zu schließen, dass alle Russen täglich Wodka in sich hineinschütten, wäre ein Trugschluss. Obwohl sich nicht verleugnen lässt, dass Alkoholismus in Russland ein weit verbreitetes Problem ist (vgl. Seite 98). Der klare Hochprozentige ist von keiner russischen

Feier wegzudenken und wird in erster Linie in Gesellschaft getrunken. Alleine zu trinken ist verpönt und gilt als *njekultúrno* (некультурно – unkultiviert). Also am liebsten in einer großen, fröhlichen Runde!

Grammweise

Die Mengen, die Russen dann aber »kippen« können, sind für den weniger geübten Westeuropäer schon beeindruckend. Im Restaurant wird Wodka nicht gläserweise, sondern grammweise ausgeschenkt: »Сто грамм водка, пожалуйства« *(Stó gramm wódka, poschálujstwa* – 100 Gramm Wodka, bitte) lautet die gängige Bestellung. Wodka ist das eigentliche Begleitgetränk zum Essen, wird nach Möglichkeit eisgekühlt serviert und hilft, die übliche schwere Kost bekömmlich zu machen. Eisgekühlt und pur! Eiswürfel würden ihn »verwässern«!

Sichere Einnahmequelle

Ob Wodka nun eine russische oder eine polnische Erfindung ist – beide Länder reklamieren dieses für sich –, sei dahingestellt. Sicher ist, dass die Wodkaherstellung in Russland auf eine lange Tradition zurückblickt. Wohl im Laufe des 16. Jahrhunderts begann man im Zarenreich aus Roggen, Weizen oder Gerste den klaren Alkohol zu vergären. Es wird berichtet, dass unter Iwan dem Schrecklichen 1562 die erste Schenke eröffnet wurde, in welcher der Zar dann ausschließlich an seine Leibgarde Wodka ausgeben ließ. Der Handel mit

INFO

Kleiner Knigge für den richtigen Umgang mit Wodka

- Halten Sie es wie Ihre russischen Gastgeber und trinken Sie Wodka nie, ohne dazu etwas zu essen. Vor allem die reichhaltigen Salate bieten eine gute Grundlage für den Genuss von Wodka. Wenn Sie der scharfe Geschmack stört: Essen Sie wie viele Russen direkt danach ein Stück Brot oder eine eingelegte Tomate oder Gurke!
- Mischen Sie Wodka nach Möglichkeit nie mit anderen alkoholischen Getränken und schon gar nicht mit Bier. Wenn es trotzdem sein muss, hat es sich bewährt, von nieder- zum hochprozentigen Getränk zu wechseln und nicht umgekehrt. Auch kohlensäurehaltige, nichtalkoholische Getränke haben so ihre Tücken. Durch den Sprudel gelangt der Alkohol schneller ins Blut. Trinken Sie dazu lieber immer stilles Wasser oder Saft.
- Verdünnen Sie Ihren Wodka nicht und trinken Sie Ihr Glas nach Möglichkeit in einem Zug aus. Nippen gilt als »uncool«, wenn man auch bei unerfahrenen Ausländern schon mal Nachsicht walten lässt.
- Trinken Sie nicht zwischendurch, ohne mit anderen anzustoßen. Das ist unhöflich und garantiert lässt der nächste Trinkspruch nicht lange auf sich warten!
- Von Frauen wird übrigens in der Regel nicht erwartet, dass sie Wodka mittrinken. Ihnen wird alternativ Likör, Sekt oder Wein angeboten.
- Vorsicht beim Kauf von nicht original abgefülltem Wodka, etwa auf Märkten oder in Kiosken, wenn Ihnen Ihre Gesundheit lieb ist. Man weiß nie, was drin ist.
- Auch als totaler Abstinenzler werden Sie einen Russlandbesuch überleben.

der beliebten Spirituose entwickelte sich in der Folgezeit zu einer sicheren Einnahmequelle. Vor allem die Adeligen, die vom Staat die alleinige Konzession zum Brennen der Spirituose erhielten, verdienten an diesem Privileg. Aber auch dem Finanzhaushalt des Zaren gereichte der Deal zum Vorteil. Ein Viertel der Erlöse aus dem Wodkaverkauf flossen ins Staatssäckel. Im 18. und 19. Jahrhundert steigerten sich Verkauf und Verbrauch kontinuierlich. Einige wenige wurden davon reich, viele »berauscht«. Es wundert also nicht, dass Wodkakonsum in Russland lange Zeit nie richtig sanktioniert wurde.

Gut für Wodka und scharfe Sprüche: Politclown Wladimir Schirinowskij

Prohibition auf Russisch

Zum ersten Mal unter Stalin und dann erst wieder unter Michail Gorbatschow trat man dem übermäßigen Alkoholkonsum der Russen mit Nachdruck entgegen. Produktion und Vertrieb wurden zum Staatsmonopol erklärt und Wodka sogar zeitweise verboten. Zwar sank dadurch zunächst der Alkoholverbrauch, sehr schnell machte aber Selbstgebrannter das fehlende Angebot staatlichen Alkohols wieder wett. Mit fatalen Folgen: Krankheiten und Todesfälle, die auf den Konsum unsauber gebrannten Alkohols zurückzuführen waren, häuften sich dramatisch. Im postsozialistischen Russland entdeckte – wie in den USA zu Zeiten der Prohibition – zudem das organisierte Verbrechen den illegalen Handel mit der Mangelware als einträglichen Geschäftszweig für sich. Unter Jelzin wurde das Wodkaverbot deshalb schnell wieder aufgehoben und der russische Markt erstmals für Importware geöffnet.

Sammlerleidenschaft

Heute ist es kaum noch möglich, einen Überblick über die unzähligen Wodkasorten zu behalten, die im Handel sind: Unser Freund Jewgenij hatte es sich zum Ehrgeiz gemacht, alle möglichen unterschiedlichen Wodkaflaschen zu sammeln. Mittlerweile umfasst seine Sammlung weit über 100 Flaschen und er hat sein Experiment, hauptsächlich aus Platzgründen, erst einmal wieder eingestellt. Ein besonderes Kuriosum in seinem Fundus sind Einweg-Plastikbecher, die eine Wodkaration von 100 Millilitern enthalten und für den Wodka »zwischendurch« gedacht waren. Gegen Mitte der 1990er Jahre tauchten diese heiß begehrten »Joghurtbecher« kurzfristig auf dem Markt auf und bescherten so manchem Kioskbesitzer neue Stammkunden. Diese Mode war jedoch nur von kurzer Dauer: Der Kunststoff vertrug sich nicht mit dem Wodka. Er setzte schädliche Stoffe frei, sodass die kleinen Muntermacher schnell wieder aus dem Verkehr gezogen werden mussten.

Nur kurz auf dem Markt: Wodka in Joghurtbechern

Altes und Neues in russischen Gläsern

China-Tee …

Allen Klischees zum Trotz wird in Russland aber nicht nur Wodka getrunken. Eines der beliebtesten Getränke ist Schwarzer Tee, der im 17. Jahrhundert in Russland Einzug hielt. Zunächst kam der Tee als Gastgeschenk der Mongolen an den russischen Hof. Später brachten ihn dann chinesische Gesandte mit. Rasch vereinnahmte der Adel das exotische und zunächst auch noch sehr teure Getränk für sich. Im Laufe des 18. Jahrhunderts wurde das importierte Genussmittel erschwinglicher und schließlich integraler Bestandteil russischer Trinkkultur.

… aus dem Samowar

Etwa zu dieser Zeit tauchten auch die ersten Samoware auf (самоварь von сам *sam* und варить *varít* – »Selbstkocher«). Diese anfangs noch mit Holzkohle beheizten Wasserkessel entwickelten sich zu einem unerlässlichen Zubereitungsutensil und wurden in den unterschiedlichsten Größen und Ausführungen hergestellt. Da es zunächst üblich war, jedes Einzelteil des Samowars von einem anderen Handwerker herstellen zu lassen, der noch dazu seinen eigenen Stil häufig variierte, gab es kaum zwei Samoware, die einander vollkommen gleichen.

Der Tee selbst wird als starker Sud *(sawárka* – заварка*)* in einem kleinen Teekännchen aufgebrüht, das auf den Deckel des Samowars gesetzt und dadurch heiß gehalten wird. Ausgeschenkt wird dann ein wenig Teesud, der mit reichlich kochend heißem Wasser aufgefüllt wird.

Zu Sowjetzeiten lösten schlichte elektrische Teekessel die Samoware ab. Tee wird auch heute noch gerne und häufig getrunken, wenn auch im Zeitalter von Instant-Teebeuteln die gute alte Teesud-Sitte langsam verschwindet. Samoware kann man aber auch heute kaufen – hauptsächlich als reich verzierte Souvenirs …

Kwas

Eine andere typische Trinkgewohnheit hat dagegen moderne Einflüsse überdauert. Auch heute noch stößt man – wie schon zu Sowjetzeiten – bei Autofahrten über Land am Straßenrand gelegentlich auf kleine Tankwagen in auffälligen Farben. Квас *(Kwás)* steht auf den Wagen, an denen der gleichnamige Brottrunk frisch gezapft verkauft wird. Das beliebte alkoholarme Erfrischungsgetränk wird durch Vergären von Getreide oder Brot gewonnen und hat einen nussig-malzigen Geschmack. Fertigen Kwas kann man auch in Flaschen abgefüllt kaufen. Viele Russen stellen ihn aber auch noch heute selbst her.

Krimsekt

Die Vorliebe der Russen für Süßes schlägt sich auch beim Konsum von Wein und Sekt nieder: Zwar gibt es auch trockene Rebsäfte, bevorzugt aber werden schwere und liebliche Tropfen. Berühmt ist der *Krímskoje Shampánskoje,* der Schaumwein, der aus den im milden Klima der Krim prächtig gedeihenden Trauben nach klassisch französischer Methode gewonnen wird. Auch Wein, in der Regel aus den GUS-Staaten Moldawien oder Georgien, wird in Russland gerne getrunken. Tatsächlich gilt Georgien als eines der ältesten Weinbaugebiete überhaupt. Archäologische Funde belegen, dass dort schon in grauer Vorzeit, nämlich vor über 5000 Jahren, Weinbauern Reben kultivierten.

Bier

Wesentlich neueren Datums ist die Vorliebe der Russen für Bier *(píwo* – пиво*)*. Gab es früher kaum Gebrautes aus russischer Produktion, so finden sich in den Regalen der Supermärkte heute viele heimische Biersorten, die – dank einiger erfolgreicher Joint-ventures mit europäischen Brauereien – ihren Einzug in

Frisch gezapft in Nowotscherkassk

INFO

Trinksprüche

»Trinken ohne Trinkspruch ist Trinksucht«, lautet ein altes russisches Sprichwort. Den Wodka einfach nur mit einem banalen »за здоровье« – *sa sdorówje* – »auf die Gesundheit« (und nicht wie bei uns häufig falsch zitiert *na sdorówje*) zu trinken, würde den meisten Russen nicht in den Sinn kommen. Viel lieber wird einem aus dem Kaukasus übernommenen Brauch gefrönt, nach dem ein einzelner Redner sich von der Tafel erhebt und einen Trinkspruch ausgibt. Klassische Trinksprüche sind ein Dank an die Gastgeber, ein Lob auf die Frauen oder Glückwünsche für den Jubilar. Beliebt sind auch Anekdoten und lustige Geschichten. Als besonders raffiniert gilt es, wenn ein Redner mit einem scheinbar vollkommen abwegigen Thema anfängt, dieses mehr oder weniger lang ausführt und erst im letzten Satz überraschend zu einer Pointe kommt. Zum Beispiel so: »Wir wünschen allen Frauen, dass sie nur von schönen und exotischen Tieren umgeben sind. Dass sie einen Jaguar in der Garage haben, einen Tiger im Bett, einen Zobel um die Schultern und einen Esel, der das alles bezahlen kann«.

russische Trinkgewohnheiten gehalten haben. Biertrinken ist »in«. Vor allem Jugendliche sieht man häufig mit der Bierflasche in der Hand durch die Straßen ziehen. In den Augen der älteren Bevölkerung ist das eine absolute Unsitte und wäre zu Sowjetzeiten undenkbar gewesen. Der maßlose Bierkonsum der Minderjährigen hat die Regierung sogar dazu veranlasst, mit den Brauereien ein Abkommen abzuschließen, das die Bierwerbung reguliert.

Zu Gast bei Russen

Bewirtung ist Ehrensache, …

Wer bei seinen russischen Freunden vorbeischaut, egal wie kurz der Besuch auch sein mag, wird immer auch bewirtet. Für den Gast ist grundsätzlich nichts zu schade, und auch wer selber nur wenig hat, wird ohne zu Zögern selbst dieses mit seinem Besuch teilen. Selbst wenn Sie vorher schon etwas gegessen haben, sollten Sie das Angebotene auf keinen Fall ablehnen. Sie würden die Gefühle ihres Gastgebers *(chosjáin* – хозяин*)* verletzen.

… ein Gastgeschenk Pflicht.

Wenn Sie das erste Mal zu Russen nach Hause eingeladen werden, dürfen Sie sich auf ein opulentes Mahl einstellen. Deshalb ist es ratsam, davor möglichst wenig zu essen. Größere Essen im Freundes- und Familienkreis sind wichtige soziale Anlässe und werden von der Gastgeberin (es ist in Russland eher selten, dass Männer den Kochlöffel schwingen) mit viel Liebe vorbereitet. Da es auch in Studentenkreisen unüblich ist, dass die Gäste etwas zu Essen mitbringen, ist die Köchin mit den Vorbereitungen oft tagelang beschäftigt – je nach Anzahl der Gäste. Es ist allerdings Usus, dass der Gast zumindest an eine kleine Aufmerksamkeit denkt. Üblich sind Blumen oder Konfekt für die Dame des Hauses und Hochprozentiges für den Hausherrn.

Festtafel

Bis zum letzten Winkel ist die festliche Tafel mit dem besten Geschirr des Hauses, Kristallgläsern und einer Vielzahl von Schüsselchen und Töpfchen voll gestellt, die die ganze Vielfalt der kalten Vorspeisen *(sakúski* – закуски*)* enthalten. Zwei, eher aber drei unterschiedliche Salate sind das Minimum, was sich für ein Festessen gehört. Wer es sich leisten kann, serviert seinen Gästen außerdem mit rotem oder schwarzem Kaviar belegte Weißbrotscheiben. Auf keinen Fall fehlen dürfen eingelegte Gurken, Tomaten und Pilze, gerne auch Sauerkraut. Häufig wird auch kalter Aufschnitt, Räucherfisch und hausgemachte Sülze als Vorspeise gereicht.

INFO

Wenn es doch einmal Kaviar sein muss ...

Kaviar *(ikrá* – икра*)* ist ein absolutes Luxusprodukt und entsprechend teuer. Die begehrten Eier von Stören (Rogen) kommen nur zu wirklich besonderen Gelegenheiten auf den Tisch. Denn Störe werden auch in Russland immer seltener. Seit 1998 fallen sie unter das Artenschutzabkommen. Ihre Fangquoten sind limitiert. Wurden noch vor gut 20 Jahren über 3000 Tonnen Kaviar jährlich gehandelt, sind es mittlerweile nur noch rund 150 Tonnen. Gerade deshalb blüht der Schwarzhandel mit dem »Schwarzen Gold«. Schwarzer Kaviar wird am Schwarzen, Asowschen und Kaspischen Meer gewonnen und stammt von drei Unterarten des Störs. Entsprechend sind drei Kaviar-Arten auf dem Markt: *Belúga* (белуга), *Osjótr* (осётр) bzw. *Sewrjúga* (севрюга).

▶ *Belúga:* Der König unter dem Kaviar ist zweifellos der Rogen des *Belúga*-Störs. Der Fisch selbst ist mit bis zu sechs Metern Länge und bis zu 1,5 Tonnen Gewicht die größte Störart. Seine Eier sind die größten und teuersten. *Belúga*-Kaviar wird in Gläsern (pasteurisiert) oder in Dosen (nur gesalzen) mit blauem Metalldeckel verkauft. Auf Märkten erhält man auch losen, frischen Kaviar.

▶ *Osjótr:* Unwesentlich günstiger ist der *Osjótr*-Kaviar des erheblich kleineren *Osjótr*-Störs (bis zu 2,5 m lang und 200 kg schwer), der in Behältern mit gelbem Deckel verkauft wird.

▶ *Sewrjúga:* Rot oder orange ist schließlich die Farbe für den *Sewrjúga*-Kaviar. Der *Sewrjúga* ist mit 1,5 m Länge und höchstens 25 kg Gewicht der kleinste Stör.

Im Norden Russlands ist übrigens der rote, erschwinglichere Lachskaviar (Keta-Kaviar) vielfach beliebter als die schwarzen Rogen des Störs. Wer möglichst unverfälschten Kaviar-Geschmack genießen möchte, kauft Ware, die mit dem Wort *Malossól* (мало соли – wenig Salz) gekennzeichnet ist. Damit dürfen nur leicht gesalzene Rogen bezeichnet werden. Auch seine typische schwarze Farbe bekommt der echte Kaviar erst durch den Zusatz von Salz: Fangfrische Störeier sind hell und glasig. Nur wenig gesalzener Kaviar ist daher selten tiefschwarz, sondern eher grau- oder silberfarben.

Piroggen spezial

Eine typische Menüabfolge sieht dann etwa so aus: Auf die kalten Vorspeisen folgt die Suppe, zu der entweder Brot oder aber Piroggen *(pirogí* – *пироги)*, gefüllte Hefeteigtaschen, gereicht werden. Gelungene Piroggen gelten als Nachweis für die Qualitäten einer Hausfrau. Jede russische Köchin, die etwas auf sich hält, hat ein ganz persönliches Spezialrezept für diese variantenreichen Teigtaschen. Form, Füllung und Größe der Piroggen sind der eigenen Kreativität überlassen, als klassisch gilt eine Farce aus gestampftem Weißkohl.

Zur Suppe gehört meist auch saure Sahne. Sie verfeinert jede Suppe und verleiht zum Beispiel dem *Borschtsch* seine unnachahmliche rosa Farbe.

Nach so vielen unterschiedlichen Vorspeisen und leckeren Kleinigkeiten hält der eigentliche Hauptgang für den westeuropäischen Gaumen zwar keine großen Überraschungen mehr bereit, wohl aber eine quantitative Herausforderung. Auf den Tisch kommt fast immer ein Gericht aus gebratenem oder gekochtem Fisch, Fleisch oder Geflügel. Als Beilagen werden üblicherweise Kartoffeln, Karotten, Kohl, Nudeln oder Reis serviert. Meistens folgt nach dem Hauptgericht eine längere – und auch oft nötige – Essenspause.

Schichttorten

Den Abschluss bildet immer eine Tasse Tee, seltener auch Kaffee, mit dem Dessert, meist ein Stück der typisch russischen Schichttorten, liebevoll stundenlang Schicht um Schicht gebacken und einzeln dick bestrichen mit einer süßen Sahnecreme. Wenn sich danach die Gäste zum Aufbruch bereit machen, wird häufig noch eine letzte Runde Wodka »на посашок« *(na posaschók* – auf den Weg*)* ausgegeben. Der Abschied kann sich recht lange hinziehen …

Die Nationalitätenküche

Ist die klassische russische Küche recht einheitlich, so werden in Russland auch gerne und häufig Gerichte verspeist, die von den nicht-russischen Völkern der ehemaligen Sowjetunion inspiriert sind. In den Städten finden sich unzählige Restaurants, in denen etwa mittelasiatische bzw. kaukasische Spezialitäten angeboten werden. Einige typische Speisen dieser Regionen haben sich ganz selbstverständlich ihren Platz im Repertoire so mancher russischer Köchin erobert.

Kaukasische Küche

Im Kaukasus wird viel herzhaft gewürztes Fleisch, insbesondere Hammelfleisch gegessen. Dazu werden frische Kräuter wie Koriander, Petersilie oder Dill verzehrt. Von den Kaukasusvölkern übernommen haben die Russen außerdem ihre Vorliebe für *Schaschlýk,* mariniertes, am Spieß gegrilltes Fleisch, das unbedingt zu jedem Datscha-Aufenthalt dazugehört (vgl. Seite 175). Empfehlenswert ist auch *Sazíwi,* eine kalte Vorspeise aus zerkleinertem Huhn und Walnüssen in pikanter Sauce.

Mittelasiatische Küche

Typisch für die mittelasiatische Küche sind Reis- und Nudelgerichte sowie kalte Suppen aus saurer Milch. Beliebt sind vor allem die unterschiedlichen Arten von *Plow* (плов), langsam in Reis geschmortes Fleisch mit Möhren und Zwiebeln und *Mánty* (манты). *Mánty* sind im Prinzip nichts anderes als die großen Brüder der *Pelméni,* also große, mit Hackfleisch gefüllte Teigtaschen, die aber nicht gekocht, sondern über Wasserdampf gegart werden.

Sprache und Bildung

Nur Eingeweihte wissen, was es hier zu essen gibt.

Um russische Basiskenntnisse …

Ein großes Problem für den Reisegast ist und bleibt es, sich in Russland verständlich zu machen. Denn Fremdsprachkenntnisse sind dort keine Selbstverständlichkeit. Englisch? In den Großstädten stehen die Chancen gar nicht so schlecht, vor allem unter den jüngeren Russen jemanden zu treffen, der die Sprache des »ehemaligen Klassenfeindes« beherrscht. In abgelegenen Gegenden sollten Sie sich darauf besser nicht verlassen. Deutsch? In der einschlägigen Reiseliteratur über Russland heißt es zwar immer wieder, dass es noch ältere Menschen geben soll, die einmal Deutsch gelernt haben. Mir sind diese bei meinen Reisen in Russland allerdings nicht begegnet. Wieder gilt: Stellen Sie sich lieber nicht darauf ein. Andere westeuropäische Sprachen sind zum Erschließen des Russischen keine große Hilfe. Und dann ist da noch dieses tückische Alphabet …

… kommen Sie nicht herum!

Die kyrillische Schrift ist sicherlich gewöhnungsbedürftig, aber eigentlich gar nicht so schwierig. Auf alle Fälle ist es sinnvoll, sich das russische Alphabet anzueignen, um zumindest den Stadtplan, die Speisekarte und die Namen der U-Bahnstationen entziffern zu können. Wer Wert darauf legt, mehr als nur einen äußerlichen Eindruck von Land und Leuten zu gewinnen und keinen Dolmetscher dabei hat, kommt um russische Basiskenntnisse jedoch nicht herum. Die russische Sprache hat zwar den Ruf, wegen ihrer komplizierten Grammatik eine der schwierigsten der Welt zu sein, für den Alltagsgebrauch kommen Sie aber schon mit einem relativ kleinen Wortschatz erstaunlich weit. Außerdem sehen Ihnen die meisten Muttersprachler kleine grammatikalische Patzer gerne nach, und freuen sich stattdessen, wenn sich Ausländer die Mühe machen, sich mit ihnen auf Russisch zu unterhalten.

Vom Kirchenslawisch zum modernen Russisch

Mit dem Glauben kam die Schrift.

Russisch ist eine ostslawische Sprache, vergleichbar mit dem Weißrussischen und Ukrainischen. Entscheidenden Einfluss auf die Entwicklung des Russischen sowie auf die russische Staatsbildung selbst hatte die Christianisierung im 10. Jahrhundert (vgl. Seite 33). Mit den Mönchen kam auch die Schrift in die Kiewer Rus. Namensgeber der kyrillischen Schrift ist der griechische Mönch Kyrillos von Saloniki, der im osteuropäischen Raum emsig missioniert hat. Er und sein Bruder Methodios entwickelten Mitte des 9. Jahrhunderts auf der Basis des griechischen Alphabets eine Schrift – Glagoliza –, um liturgische Texte in die slawischen Dialekte zu übertragen, die sich damals noch kaum voneinander unterschieden. Aus diesem Konstrukt entstand im Laufe der Zeit das so genannte Altkirchenslawisch. Eine Literatursprache, die sich unter dem Einfluss verschiedener slawischer Volksgruppen in jeweils leicht unterschiedlichen Varianten weiterentwickelte (z.B. dem Russisch-, Serbisch- bzw. Bulgarisch-Kirchenslawischen).

Russisch-Kirchenslawisch

Als problematisch erwies sich, dass das Russisch-Kirchenslawisch als reine Schriftsprache über Jahrhunderte hinweg praktisch gleich blieb, während sich das gesprochene Russisch wie alle lebendigen Sprachen sehr wohl veränderte. Es ist nicht weiter erstaunlich, dass Russlands eifrigstem Reformator, Zar Peter I., auch die Schrift nicht heilig war. In seinem Bemühen, den Einfluss der russisch-orthodoxen Kirche zu mindern und Russland in Richtung Westen zu trimmen, ließ er das Alphabet 1709 vereinfachen und teilweise an die lateinischen Buchstaben anpassen. Die konservative russisch-orthodoxe Kirche vollzog diesen Schritt (wie so vieles) nicht mit. So verwendet sie bis heute für die Liturgie das Kirchenslawische.

INFO

Das Igorlied

»Igor schaute hinauf zur hellen Sonne, und sah all seine Krieger eingehüllt in Dunkelheit …« Auch die Russen haben ein Heldenepos. Das vermutlich im 12. Jahrhundert entstandene »Igorlied« *(Slówo o Polkú Ígorewe* – Слово о полку *Игореве)* zählt zu den Glanzstücken altrussischer Literatur. Ein unbekannter mittelalterlicher Dichter hielt darin in Versen fest, wie es dem Fürsten Igor Swjatoslawitsch auf seinem Feldzug gegen das Steppenvolk der Polowzer erging. Das Igorlied hat aber auch eine politische Aussage. In 218 Strophen beklagt es die seinerzeitige Uneinigkeit der Russen und das Fehlen eines zentralen Herrschers. Die einzige erhalten gebliebene Original-Handschrift ist während Napoleons Invasion in Moskau 1812 den Flammen zum Opfer gefallen. Dennoch wurde es im 19. Jahrhundert vor allem in Osteuropa populär und fand in Rainer-Maria Rilke auch einen Übersetzer ins Deutsche: »Brüder und Krieger! Besser ist es in der Schlacht zu fallen, als in Gefangenschaft zu darben …«

INFO

Wo man Russisch spricht oder es lieber vermeiden sollte...

In der Russischen Föderation selbst ist selbstverständlich Russisch die geltende Amtssprache. In den Teilrepubliken und Autonomen Gebieten gilt parallel dazu häufig die jeweilige Sprache der Titularnation als zweite Amtssprache, wie etwa die Sprache der Komi oder das Tatarische. Auch die russische Sprache wird immer noch in weiten Teilen der ehemaligen Einflusssphäre der Sowjetunion gesprochen. Sie ist eine der sechs Amtssprachen der Vereinten Nationen. Selbst in den meisten GUS-Republiken und im Baltikum können Sie sich auch heute noch auf Russisch verständigen. Dabei ist jedoch wegen des teilweise angespannten Verhältnisses zur Russischen Föderation ein wenig Fingerspitzengefühl gefragt. Auch wenn die meisten Menschen dort theoretisch durchaus Russisch sprechen könnten, wollen sie es nicht immer unbedingt. Sie identifizieren sich nicht mit dieser Sprache. So empfiehlt sich beispielsweise für Estland, Lettland oder Georgien, es etwa bei Behördengängen lieber erst einmal mit Englisch zu probieren. Unproblematisch sieht es dagegen in allen anderen Ländern der ehemaligen Sowjetunion aus. In Kasachstan und Weißrussland ist das Russische sogar noch zweite Amtssprache, in Usbekistan und Kirgisien werden viele Dokumente sowohl in der Landessprache als auch auf Russisch abgefasst.

Noblesse oblige

Von der später einmal überaus reichen und poetischen russischen Literatur fehlte damals allerdings noch jede Spur, einmal abgesehen von dem berühmten mittelalterlichen Igorlied. Das geschriebene Russisch tat sich schwer mit den diversen Lehnwörtern, die die vielen ausländischen Berater des Zaren mitsamt ihren westlichen Errungenschaften ins Land gebracht hatten. Der Adel – *noblesse oblige* – wich lieber gleich ganz aufs Französische aus. Weder das liturgische Altkirchenslawisch noch die weltliche Verwaltungssprache oder die französisch geprägte Redeweise der russischen Oberschicht taugten dabei als Literatursprache. Diese bildete sich erst an der Schwelle zum 19. Jahrhundert langsam heraus. Entscheidende Impulse, die nebeneinander existierenden Sprachformen zu einem harmonischen Ganzen zu fügen, lieferte dabei Russlands größter Dichter, Alexander Puschkin (vgl. Seite 180).

Sprachreform

Nach der Revolution wurde die russische Rechtschreibung 1918 noch einmal reformiert, überflüssige Buchstaben gestrichen. Seither gilt das gegenwärtige russische Alphabet mit seinen 33 Buchstaben (vgl. Transkriptionstabelle). Ab Ende der 1930er Jahre war es auch für die meisten nichtrussischen Sprachen innerhalb der Sowjetunion vorgeschrieben. Nur das Armenische und das Georgische durften ihre eigenen traditionellen Schriften beibehalten, und in den baltischen Republiken galt die lateinische Schrift. Die kyrillische Schrift wird übrigens heute noch in der Ukraine, in Weißrussland, Kasachstan, Kirgisien, Tadschikistan, aber auch in Bulgarien, Serbien und sogar der Mongolei verwendet.

Besonderheiten

Mit Sprache jonglieren

Was ist nun das Besondere an dieser Sprache, die so viele »Bestseller« der Weltliteratur hervorgebracht hat? Dass sich ab dem 19. Jahrhundert in Russland eine überaus lebendige Literaturszene entwickeln konnte, lässt sich sicherlich auch darauf zurückführen, dass die Dichter selbst an der Prägung und Entwicklung ihrer Sprache beteiligt waren. Sie schufen sich ihr Handwerkszeug sozusagen selbst. Aber auch der überaus flexible Satzbau sowie die schier unerschöpflichen Möglichkeiten, Komposita zu bilden, sind für alle eine wahre Freude, die gerne mit Sprache jonglieren. Mich erinnert die russische Sprache deshalb immer an einen großen Satz schöner, bunter Legosteine: Wenn ich die Steine richtig aufeinander setze, lassen sich die herrlichsten Dinge damit bauen.

Komplexer Wortschatz

Es ist eine Sprache, die zum Spielen reizt. Vor dem Vergnügen kommt allerdings ein gutes Stück Schweißarbeit: Die kyrillische Schrift, sechs Fälle, einige phonetische Besonderheiten, eine entsprechende Vielzahl von Deklinations- und Konjugationstabellen und der immens große Wortschatz wollen erst einmal gelernt werden. Noch dazu, wo die russischen Verben die dumme Angewohnheit haben, gleich im Doppelpack aufzutreten: »Gehen« heißt *chodít* (ходить) oder *idtí* (идти), »schreiben« mal *pisát* (писать), mal *nápisat* (написать): Diese Verbvarianten nennt man »Aspekte«. Sie legen fest, ob eine Handlung bereits abgeschlossen oder unvollendet, noch im Gange ist. Die beiden Aspekte des gleichen Verbs ähneln sich zwar häufig, als Fremdsprachler erwischt man aber gerne den falschen …

Tückische Betonungen

An diesem Beispiel tut sich auch gleich eine weitere Untiefe des Russischen auf: Mit der Betonung ändert sich nicht selten auch die Bedeutung eines Wortes. Als klassisch gilt dabei das oben schon erwähnte Beispiel. So wird nämlich aus dem unverfänglichen »schreiben« einfach durch eine anders gesetzte Betonung das weit weniger harmlose Wort »pissen« *(písat* – писать*)*. Für die Betonungen gibt es nur wenige Regeln, man muss sie einfach mit den Vokabeln lernen, entwickelt aber im Laufe der Zeit ein ganz gutes Gespür dafür. Es tröstet Sie vielleicht, wenn Sie wissen, dass auch manche Russen sich mit diesen Betonungsregeln schwer tun. Über Generalsekretär Gorbatschow witzelten die Russen seinerzeit immer wieder gerne, hatte er doch die Angewohnheit, die Betonungen falsch zu setzen.

Fleisch

Lehnworte

Lassen Sie sich auf jeden Fall nicht davon abschrecken, Russisch zu lernen. Denn abgesehen von den Schwierigkeiten gibt es auch einige positive Seiten, die dem Lernenden die Sache vereinfachen: Im Russischen entspricht – anders als etwa im Französischen – im Großen und Ganzen die Schreibweise der Aussprache und es gibt keine Artikel. Gleichzeitig halten sich in Russland regional unterschiedliche Dialekte in Grenzen. Sie sind nur sehr schwach ausgeprägt und leicht verständlich. Die Sprache kennt nur drei Zeiten (Präsens, Präteritum, Futur), deren Bildung unkompliziert ist. Zudem sind da noch die vielen Lehnworte aus anderen Sprachen. Neben diversen Importen aus dem Französischen, finden deutsche Muttersprachler jede Menge Altbekanntes: Von *absáz* (абзац – Absatz) über *bjustgálter* (бюстгальтер – Büstenhalter) und *kurórt* (курорт – Kurort) bis hin zu *parikmácher* (парикмахер – Friseur) und *ziferblát* (циферблат – Ziffernblatt).

1001 Umschrift ...

Trans-literation ...

Wie bei vielen anderen Sprachen, die keine lateinischen Schriftzeichen verwenden, stellt sich auch für das Russische die Frage nach der Umschrift. Um eines gleich vorweg zu nehmen: Eine wirklich befriedigende Lösung des Problems gibt es nicht. Die international standardisierte Transliteration, die jedem kyrillischen Buchstaben ein eigenes Zeichen zuordnet, hat den großen Nachteil, dass sie nur sehr schlecht lesbar ist. Besonders problematisch ist die Wiedergabe von Namen in der Transliteration: Ex-Präsident Jelzin schreibt sich danach *El'cin,* der berühmte Komponist Pjotr Tschaikowskij – *Pëtrčajkovskij*. Presse und Lexikonredaktionen muten dies ihren Lesern nicht zu. Wissenschaftler sehen darin kein Problem.

...versus Transkription

Die leichter zugängliche Variante ist die Transkription, weil sie den Schreib- und Aussprachekonventionen der Zielsprache angepasst ist. Der Nachteil dieser Umschrift ist, dass sie nicht über die passenden Buchstaben verfügt, um bestimmte Laute der Fremdsprache wiederzugeben. Vor allem bei den für die slawischen Sprachen typischen Zischlauten hapert es damit: Das russische Wort für »schon« schreibt sich уже und wird in der Transkription mit *usché* wiedergegeben. Das »sch« klingt aber in etwa wie das »j« im Wort Jalousie. Außerdem kennt das Russische zwei Buchstaben für »s«, je nachdem, ob es stimmhaft oder stimmlos ausgesprochen wird: Das russische Früh-

Fisch

stück *(sáwtrak* – завтрак*)*, wird mit stimmhaftem »s« ausgesprochen wie im Deutschen die Sache. Das Wort für Salz *(sol* – соль*)* hingegen mit stimmlosem »s«, was ausgesprochen dem Doppelkonsonanten wie in »Wasser« entspricht.

Wie Ihr wollt!

Um das Ganze dann noch vollends kompliziert zu machen, hat die elektronische Revolution dafür gesorgt, dass in Russland eigentlich jeder so umschreibt, wie er gerade will. Abgesehen von E-Mail- und Internetadressen, die sowieso mit lateinischen Buchstaben geschrieben werden, gibt es viele Rechner, auf denen der kyrillische Zeichensatz nicht installiert ist. Deshalb haben sich viele Russen angewöhnt, ihre E-Mails ins Ausland auf Russisch aber mit lateinischen Buchstaben zu verfassen. Selbst dann, wenn der Empfänger selber Russe ist. Die meisten orientieren sich dabei eher an der englischen Sprache, sodass aus *sáwtrak* dann *savtrak* wird, oder aus *Schénja* (Женя – Kurzform des Namen *Ewgenij*) auf einmal *Zhenja*.

INFO

Alles klein im größten Land der Erde …

Eine der auffälligsten Besonderheiten der russischen Sprache besteht darin, praktisch alle Substantive und Namen durch Anhängen der passenden Endung zu verkleinern oder in eine Koseform umzuwandeln. Eine Möglichkeit, von der die Russen gerne und häufig Gebrauch machen und zwar durchaus nicht nur, wenn sie mit Kindern sprechen. Aus der Nase wird das Näschen (нос/носик – *nos/nósik*), aus dem Papier ein Papierchen (бумага/бумашка – *bumága/bumáschka*), aus dem Haus ein Häuschen (дом/домик – *dom/dómik*). Und spätestens seit der Lektüre des vorigen Kapitels wissen Sie, dass selbst das Wasser zum Wässerchen wird, allerdings zu einem Hochprozentigen!
Besonders bei den Eigennamen birgt diese Angewohnheit für alle Nicht-Einheimischen unzählige Fallstricke. So scheint es praktisch keinen russischen Namen zu geben, der nicht in mindestens zwei oder drei Kose- oder auch Kurzformen variiert wird, manche bringen es locker auf eine Handvoll. So wird die russische *Maria* eigentlich nie bei ihrem eigentlichen Namen genannt, sondern heißt wahlweise *Máscha, Máschenka, Mánetschka, Marúsja* oder *Músja. Ewgénij* wird *Schénja,* manchmal auch *Schénka* genannt. Vollends verwirrend wird es für Ausländer dann spätestens bei *Alexander,* den man nur als *Sáscha* kennt, oder *Kólja,* der eigentlich doch *Nikolaj* heißt …
Sich in diesem Namensgewirr für die richtige Anrede zu entscheiden, ist manchmal gar nicht so einfach. Denn manche Kurzformen sind ausschließlich guten bis intimen Freunden vorbehalten, oder können – in einem bestimmten Tonfall oder Zusammenhang geäußert – auch beleidigend wirken, beispielsweise *Wánka* für *Iwan.* Auf der sicheren Seite sind Sie, wenn Sie die Person, falls bekannt, mit ihrem ursprünglichen Namen anreden. Oder Sie verwenden den, mit dem sie sich selbst vorgestellt hat.

INFO

Transkriptionstabelle

Kyrillischer Buchstabe	Wissenschaftl. Transliteration nach DIN 1460	Umschrift im Buch	Aussprache-besonderheiten
А, а	a	a	
Б, б	b	b	
В, в	v	w	
Г, г	g	g	
Д, д	d	d	
Е, е	e	e, je	Am Wortanfang, nach Weichheitszeichen und nach einem Vokal *je*, ansonsten *e*
Ё, ё	ë	jo	
Ж, ж	ž	sch	Stimmhaftes *j* wie in *Jalousie*
З, з	z	s	Stimmhaftes *s* wie in *leise*
И, и	i	i	
Й, й	j	j	
К, к	k	k	
Л, л	l	l	
М, м	m	m	
Н, н	n	n	
О, о	o	o	Unter Betonung *o*, sonst *a*
П, п	p	p	
Р, р	r	r	
С, с	s	s	Stimmloses *s* wie in *was*
Т, т	t	t	
У, у	u	u	
Ф, ф	f	f	
Х, х	ch	ch	
Ц, ц	c	z	
Ч, ч	č	tsch	
Ш, ш	š	sch	
Щ, щ	šč	schtsch	
ъ			»Hartes« Zeichen
ы	y	y	Wie ein kehliger Laut zwischen *i* und *u*
ь	ʹ		Weichheitszeichen
Э, э	é	e	
Ю, ю	ju	ju	
Я, я	ja	ja	

INFO

Rússkij Mát – das andere Russisch

Alle, die die ersten Weihen der russischen Sprache schon hinter sich haben und russische Muttersprachler miteinander reden hören, stolpern vermutlich früher oder später einmal über häufig wiederkehrende Worte, die sich in kaum einem Wörterbuch finden. Fragen Sie die Russen danach, ernten Sie zumeist ziemlich unbefriedigende Antworten: »Also, das sind Schimpfworte, die musst Du nicht kennen« oder: »Wo hast Du das denn her? So redet man nicht!«. Sollten Sie diese oder ähnliche Antworten bekommen, können Sie sich ziemlich sicher sein, dass Sie auf Worte aus dem reichen Fundus des so genannten *rússkij mát* (русский мат) gestoßen sind. Das Begriffspaar wird manchmal als »russische Schimpfworte« übersetzt, was den Kern der Sache aber nicht trifft. Es handelt sich dabei vielmehr um eine Vulgärsprache, einen mit Schimpfworten aus dem Sexualbereich durchsetzten Slang.

Zu Sowjetzeiten war eine solche Ausdrucksweise in der Öffentlichkeit absolut tabu, sogar strafbar. Sie zirkulierte hauptsächlich unter den vielen Lagerinsassen des Landes, im Gefängnis oder beim Militär, kurz gesagt hauptsächlich dort, wo Männer unter sich waren oder unter guten Bekannten. In Gegenwart von Frauen vermied man konsequent, sie zu benutzen.

Theoretisch ist das auch heute noch so. In der Praxis gibt es aber mittlerweile Filme und Bücher, in denen Begriffe aus dem *Mát* auftauchen. Auch auf der Straße, vor allem im allgemeinen Verkehrschaos, bekommt man ihn immer mal wieder zu hören. Wenn sich viele Russen selbst also dieser unflätigen Sprache bedienen, heißt das noch lange nicht, dass sie in den Mund von Ausländern gehört. *Rússkij Mát* birgt deshalb ein erhebliches Frustrationspotenzial für den Lernenden: Zunächst versteht man es nicht, und viele Russen helfen einem nur widerwillig dabei, an diesem Zustand etwas zu ändern. Wenn man es dann endlich versteht, darf man sein schwer erkämpftes Wissen nicht nutzen, sondern kann es gleich getrost in den passiven Wortschatz verbannen. Denn fluchende Ausländer, insbesondere Frauen, wirken auf Russen extrem unkultiviert. Hinzu kommt, dass manche Ausdrücke – falsch angewendet oder Unbekannten gegenüber geäußert – wirklich beleidigend sein können. Die Russen warnen den unbedarften Ausländer daher eindringlich vor den unvorhersehbaren Risiken und Nebenwirkungen des *Rússkij Mát,* die manchmal wirklich der Arzt oder Apotheker kurieren muss.

Bildungssystem

Hohe Alphabetisierung

Das sowjetische Bildungssystem genoss einst einen sehr guten Ruf, war es ihm doch gelungen, innerhalb kurzer Zeit den weit verbreiteten Analphabetismus im Lande praktisch zu beseitigen. Mit einer Alphabetisierungsrate von über 99 Prozent zählt die Russische Föderation nach den Statistiken der Vereinten Nationen bis heute zu den Spitzenreitern im internationalen Vergleich. Das Bildungssystem blieb natürlich von der allgemeinen russischen Reformwut der letzten Jahre nicht verschont und wird nach und nach grundlegend umgestaltet. Viele qualifizierte Lehrkräfte sind außerdem wegen der schlechten Bezahlung in diesem Sektor entweder aus Russland ausgewandert oder haben einen anderen Beruf angenommen. Die früher rein staatlichen Bildungseinrichtungen haben inzwischen Konkurrenz von privaten Schulen bekommen. In diesen wird in der Regel auf einem sehr hohen Niveau gelehrt, den Zugang zu solchen Eliteinstituten können sich jedoch nur wenige privilegierte Russen leisten. Aber auch die staatlichen Universitäten gehen mehr und mehr dazu über, teilweise happige Studiengebühren zu erheben (durchschnittlich 1000–2000 Euro pro Jahr, manchmal auch deutlich mehr, je nach Renommee des Instituts). Nur noch ein Viertel der verfügbaren Plätze ist für Studenten aus sozial schwachen Familien reserviert, die von den Gebühren befreit werden. Bildung wird deshalb auch in Russland langsam zu einem Gut, dessen Qualität unmittelbarer vom elterlichen Geldbeutel abhängig ist. Trotzdem ist das Bildungsniveau in Russland immer noch relativ hoch, was vor allem an der Vielfalt und relativ flächendeckenden Verteilung der Bildungseinrichtungen liegt.

Vorschule

Besonders die früher grundsätzlich kostenlose Betreuung von Kleinkindern zwischen drei und sechs Jahren in Kindergärten ist dem Rotstift der Umgestalter zum Opfer gefallen. Sie ist mittlerweile zumeist kostenpflichtig und damit für viele Familien schlichtweg nicht zu finanzieren, auch wenn es teilweise Ausnahmeregelungen für besonders Bedürftige gibt.

Schule

Schule ist in Russland zumindest für neun Jahre eine Pflichtveranstaltung. Früher war auch die Kleiderordnung vorgeschrieben, inzwischen kleiden sich an russischen Schulen die Kinder, wie sie oder ihre Eltern es wollen. Eingeschult werden die kleinen Russen mit sechs, die große Mehrheit jedoch erst mit sieben Jahren. Schüler, die später eingeschult werden, sparen sich ein Jahr. Denn die »Anfangsschule« *(natschálnaja schkóla* – начальная школа*)* dauert je nach Eintrittsalter drei oder vier Jahre. Anders als bei uns üblich, wird in Russland bis zur Abschlussprüfung die Schule nicht gewechselt. Wer neun Jahre lang die Schulbank gedrückt und sein Examen erfolgreich bestanden hat, kann danach an eine Berufsschule gehen oder die »vollständige mittlere Bildung« *(srédneje pólnoje obrasowánije* – среднее полное образование*)* erwerben, in etwa das Äquivalent zu unserem Abitur. Rund zwei Drittel der Russen wählen die zweite Variante.

Hochschule

Insgesamt sind in Russland rund drei Millionen Studenten an über 560 staatlichen Hochschulen eingeschrieben. Mehr öffentliche Universitäten gibt es in keinem anderen Land auf der Welt. Dabei ist der Zugang zur Universitätslaufbahn alles andere als einfach. Denn vor Studienantritt steht die jeweilige, oftmals extrem anspruchsvolle Aufnahmeprüfung. An den privaten Universitäten entfällt diese Hürde. Vielfach werden die obligatorischen Prüfungen in Form von Bestechungsgeldern umgangen. Deshalb arbeiten Bildungsexperten derzeit an einem zentralen, standardisierten Prüfungssystem, das weniger anfällig für individuelle Begünstigungen ist.

Hier studiert Russlands Elite: Lomonossow-Universität, Moskau

Generell befindet sich noch das gesamte Hochschulsystem im Umbildungsprozess. Die Lage ist daher etwas unübersichtlich. Im Moment gibt es eine Vielzahl von Hochschulen mit teilweise unterschiedlichen Ausrichtungen: Neben klassischen staatlichen Universitäten mit breiten Fächerangebot stehen spezialisierte Akademien, neu gegründete Hochschulen und private Universitäten zur Wahl.

Abschlüsse

Früher endete das Studium nach vier oder fünf Jahren einheitlich mit dem Diplom. Inzwischen wurden in Anlehnung an das angelsächsische Bildungssystem die Abschlüsse Bachelor *(bakaláwr* – бакалавр*)* und Master *(magístr* – магистр*)* eingeführt. Den Bachelor kann man nach vier Jahren ablegen. Damit kann der Studienabgänger als Fachkraft auf einer mittleren Ebene arbeiten. Wer höher hinaus will, bleibt zwei weitere Jahre an der Uni und macht den Master. Danach besteht die Möglichkeit zu promovieren. In Russland heißt das Pendant zum deutschen Doktorat Aspirantur *(aspirantúra* – аспирантура*)*. Sie dauert drei Jahre, an deren Ende eine wissenschaftliche Arbeit vorgelegt werden muss. Der frisch gebackene russische Doktor darf sich *kandidát naúk* (кандидат наук) nennen. Wer dann immer noch nicht genug vom akademischen Leben hat, habilitiert. Für die Habilitation bleiben dann etwa fünf bis sechs Jahre Zeit und der Anwärter wird nach erfolgreichem Abschluss mit dem Titel »Doktor der Wissenschaften« *(dóktor naúk* – доктор наук*)* belohnt.

Studentenleben

Das zweisemestrige Studienjahr beginnt wie das Schuljahr am 1. September, dem Tag des Wissens, und endet im Juni. Der Unterricht sowohl an russischen Schulen als auch an den Hochschulen ist kein Zuckerschlecken. Der Stoff ist umfangreich, der Zeitplan straff organisiert, der Umgangston eher streng. Es wird insgesamt mehr Wert darauf gelegt, Faktenwissen zu vermitteln, als zum selbstständigen Denken anzuregen. Die Studenten haben daher nur wenig Auswahlmöglichkeiten bei der Gestaltung ihres Studienplans, dessen Inhalt hauptsächlich durch die zentralisierten Lehrpläne vorgegeben ist. Die meisten Seminare sind Pflichtveranstaltungen, deren Teilnahme genau überprüft wird. Die mit 18–23 Jahren für unsere Verhältnisse ziemlich jungen Studenten lernen in klassenähnlichen Kursen. Am Ende jedes Semesters müssen sie in mehreren Fächern zumeist mündliche Prüfungen ablegen. Doch auch dieses extrem verschulte System hat seine positiven Seiten. Der Kontakt zu den Mitstudenten ist einfach, denn man besucht gemeinsam die gleichen Lehrveranstaltungen. Tatsächlich lernen viele Russen ihren künftigen Ehepartner an der Uni kennen. Auch das Verhältnis zu den Dozenten ist enger, die Betreuung intensiver als beispielsweise in Deutschland.

Für deutsche Studenten lohnt sich ein Auslandssemester in Russland allemal, sei es nur, um einen wirklichen Einblick in das russische Leben zu gewinnen und die Sprache zu lernen. Da sich das russische Studiensystem ebenso rasant verändert wie das ganze Land, ist eine gute Vorbereitung unerlässlich, um sich vor bösen Überraschungen zu schützen. Jeweils aktuelle Informationen und wertvolle Tipps rund ums Studieren in Russland gibt es beispielsweise beim Deutschen Akademischen Austauschdienst, DAAD.

Lassen Sie sich in keinem Fall durch Negativschlagzeilen davon abhalten, das größte Land der Erde kennen zu lernen. Ein Russland-Besuch ist immer etwas Besonderes. Allein schon, weil dort nichts ist, wie es auf den ersten Blick scheint und nichts so beständig ist wie der Wandel. Genau das aber macht die Begegnung mit Land und Leuten immer wieder so spannend. Nie ist man sich sicher, was einen als nächstes erwartet. Und so betrachte ich den russischen Abschiedsgruß *Do swidánija!* auch nie als solchen, sondern stets als Versprechen: Auf Wiedersehen Russland. Bis bald!

INFO

Das russische Notensystem

Das russische Notensystem funktioniert genau anders herum als das deutsche: Eine Fünf gilt als beste Note, eine Zwei als schlechteste, eine Eins gibt es nicht. Klassenbester auf Russisch heißt *otlítschnik* (отличник) und bescheinigt dem so Genannten in allen Fächern eine Fünf. Der schlechte Schüler, der dagegen nur Zweier sammelt, wird *dwóetschnik* (двоечник) genannt.

Kulturspiel

Im Ohrsessel gemütlich lesen und verstehen ist eine Sache – sich in ungewohnten Situationen vor Ort spontan richtig zu verhalten eine andere. Auf den folgenden Seiten können Sie deshalb Ihr kulturelles Verständnis schon einmal testen.
► Lesen Sie die Situation und kreuzen Sie die Lösung an, die Sie intuitiv für richtig halten. Im Kommentar verraten wir Ihnen, welche Reaktion angemessen wäre – und vor allem: warum!

Angst vor dem Pelzklau
Wie verhalten Sie sich?

Wodka in Strömen
Sollen Sie mithalten?

Sauna-Meeting
Wie reagieren Sie?

Dampfende Socken
Was nun?

Essen bis der Magen kracht
Wie helfen Sie sich?

Frustrierende Bürokratie
Kritik äußern oder nicht?

Situation I

Angst vor dem Pelzklau

Russland im Winter. Es friert Stein und Bein. Sie haben sich gerade einen richtig schicken Lammfellmantel und eine teure Pelzmütze zugelegt. Beides kommt bei dieser Witterung trefflich zum Einsatz, als Freunde Sie auswärts zum Essen einladen. Im Restaurant macht der Kellner Anstalten, Ihnen die kostbaren Stücke abzunehmen. **Wie verhalten Sie sich?**

a) Sie lehnen dankend ab und behalten die teuren Errungenschaften lieber in Ihrer Nähe.
b) Sie geben selbstverständlich den Mantel ab, vergewissern sich aber, dass Sie wirklich auch alle Wertgegenstände aus den Taschen genommen haben.
c) Sie schlagen den Freunden vor, die Lokalität zu wechseln, da Ihnen das Auftreten des Kellners obskur erscheint.

Kommentar

Es gilt in Russland als hochgradig unkultiviert, seine Übergarderobe – wie bei uns üblich – etwa über die Stuhllehne zu hängen. Im Theater aber auch im Restaurant werden die Mäntel immer abgegeben, offene Garderoben im Gastraum gibt es nicht. Es würde daher auch keinen Sinn machen, das Gasthaus zu wechseln. Von Lösung a) und c) ist also abzuraten. Nur keine Sorge! Sie werden Ihre Kleidung auf jeden Fall wieder bekommen, sollten aber nichts Wertvolles in den Taschen belassen. In Frage kommt ausschließlich Antwort b)!

Situation 2

Wodka in Strömen

Ihr russischer Freund Kolja feiert Geburtstag. Wie sich herausstellt, sind Sie der einzige deutsche Gast unter 20 Russen. Der Wodka fließt in Strömen. Toast folgt auf Toast. Sie bewundern die Trinkfestigkeit und Eloquenz der anderen Gäste. Dann, oh, Graus, wird auch Ihnen angetragen, einen Trinkspruch zum Besten zu geben. **Sollen Sie mithalten?**

a) Aber ja. Sie überwinden Ihre Hemmungen, heben das Glas und bringen einen Toast auf Kolja aus.
b) Sie wehren eingeschüchtert ab und sagen, dass Sie keine Trinksprüche kennen, überhaupt der russischen Sprache nicht mächtig seien.
c) Sie trinken grundsätzlich nicht und halten einen Vortrag über die Gründe Ihrer Abstinenz.

Kommentar

Hoffentlich haben Sie sich für Lösung a) entschieden. Denn, wenn Sie etwas Gutes für den deutschen Ruf in Russland tun wollen, dann trinken Sie jetzt mit und bringen einen eigenen Toast aus. Lösung b) klingt sehr nach Spielverderber. Etwas mehr Phantasie und weniger Zurückhaltung hätten Ihre russischen Bekannten schon von Ihnen erwartet. Auch für Lösung c) werden die meisten Russen eher wenig Verständnis haben. Damit liegen Sie völlig daneben, wenn Sie in Russland Freunde gewinnen wollen.

Situation 3

Sauna-Meeting

Sie haben die ersten Geschäftstermine mit Ihrem neuen russischen Partner erfolgreich hinter sich gebracht. Alles ist bislang sehr sachlich verlaufen. Nun schlägt er plötzlich vor, sich doch am Sonntagnachmittag privat mit ihm in der Sauna zu treffen, um weitere Vertragsdetails zu diskutieren. Sie sind irritiert und wissen nicht, was Sie davon halten sollen. **Wie reagieren Sie?**

a) Sie wollen sich im wahrsten Sinne des Wortes keine Blöße geben. Sie lehnen mit der flauen Entschuldigung ab, dass Ihnen die Saunaluft nicht bekommt.

b) Was für eine abwegige Idee! Für wen hält er Sie? Sie gehen auf Distanz und schlagen stattdessen vor, das Gespräch in einem Restaurant fortzuführen.

c) Ihnen ist die Sache zwar nicht ganz geheuer, aber Sie stimmen zu.

Kommentar

Vergessen Sie Lösung a) und b). Einem eher nüchtern veranlagten Westeuropäer mag die Vorstellung, nur im Adamskostüm bekleidet Geschäftliches zu besprechen ziemlich exotisch vorkommen; für Russen ist das aber ganz normal. Allein der Vorschlag, mit Ihnen in die Sauna zu gehen, ist bereits ein Hinweis darauf, dass eine erste Basis hergestellt ist. Wenn Sie es sich jetzt nicht mit ihm verscherzen wollen, gehen Sie unbedingt mit: Mit Antwort c) liegen Sie goldrichtig. Zudem haben Sie die Möglichkeit echt russische Folklore zu erleben!

Situation 4

Dampfende Socken

Im Anschluss an eine anstrengende Sightseeing-Tour, in deren Verlauf Sie zweimal den Newskij-Prospekt rauf und runter gelaufen sind, steht abends der Besuch bei russischen Bekannten an. Sie fühlen, dass Ihre Socken nahezu dampfen. Beim Betreten der Wohnung hält man Ihnen fröhlich lachend bunte Hausschuhe unter die Nase. **Was nun?**

a) Sie lassen sich von der guten Laune Ihrer Gastgeber anstecken und steigen widerstandslos in die angebotenen Pantoffeln.

b) In Anbetracht der dampfigen Fakten fragen Sie höflich, ob Sie nicht Ihre Straßenschuhe anbehalten dürfen, wie es bei Ihnen zu Hause üblich sei.

c) Ihnen ist es unangenehm, Ihre Duftmarke in anderer Leute Hausschuhe zu hinterlassen. Sie stapfen stattdessen in Strümpfen durch die Wohnung.

Kommentar

Wenn Sie nicht als echter Stoffel durchgehen wollen, müssen Sie wohl oder übel raus aus Ihren Tretern. Also ist Lösung a) hier angebracht. Alles andere wäre ein grober Verstoß gegen russische Benimmregeln. Mit der Lösung b) würden Sie Ihre Gastgeber vollends in Verlegenheit bringen. Lösung c) wäre unter Umständen gerade noch akzeptabel, aber am besten fahren Sie, wenn Sie in die angebotenen Gastpantoffeln schlüpfen. So ist das nun mal! Andere Länder, andere Sitten. Und warme Füße sind ja auch nicht schlecht.

Situation 5

Essen bis der Magen kracht

Sie haben ein langes Geschäftsessen über Mittag hinter sich. Da lädt Sie ein russischer Mitarbeiter noch zu einem »kleinen Abendessen« nach Hause ein. Sie rechnen mit einem Imbiss. Unerwartet tischen die Gastgeber jedoch ein üppiges, mehrgängiges Menü auf. Ihr Teller wird jedes Mal, kaum dass er leer ist, wieder randvoll zu Ihnen retourniert. Sie möchten Ihren Kollegen und seine Frau, die sich viel Mühe geben, auf keinen Fall vor den Kopf stoßen, befürchten aber, dass Ihnen in Kürze schlecht wird. **Wie helfen Sie sich?**

a) Nach dem zweiten Teller lehnen Sie höflich dankend ab und verweisen auf eine Ihnen ärztlich verordnete, strikt einzuhaltende Diät.
b) Sie essen tapfer alles bis zum letzten Bissen auf, was Ihnen aufgetischt wird, obwohl Sie jeden Moment zu platzen drohen.
c) Sie probieren von allem ein bisschen, lassen dann aber einen kleinen Rest auf dem Teller zurück und hoffen auf das Verständnis Ihrer Gastgeber.

Kommentar

Ein guter Kompromiss zwischen gelungenem Gastverhalten und eigener, endlicher Magenkapazität bietet Antwort c). Antwort b) wird Ihren Gastgeber begeistern, hat aber unter Umständen schlimme Folgen für Ihre Verdauung. Indiskutabel ist hingegen die erste Lösung. Es wäre ein unverzeihlicher Affront gegenüber russischer Gastfreundschaft und den Kochkünsten der Hausfrau.

Situation 6

Frustrierende Bürokratie

Auf Messebesuch in Moskau. Die Ankunft war ein Alptraum: Mehrere Flieger kamen gleichzeitig an. Die Abfertigung am Flughafen Scheremetjewo hat Ewigkeiten gedauert. Es waren nur drei von möglichen zehn Schalter besetzt. Ärger mit der Messeaufsicht wegen einer angeblich fehlenden Genehmigung hat Sie zusätzlich Zeit und Nerven gekostet. Nur gegen Strafgebühr durften Sie Ihren Stand überhaupt beziehen. Während eines Abendessens werden Sie von russischen Mit-Ausstellern nach Ihren ersten Russland-Eindrücken befragt. **Kritik äußern oder nicht?**

a) Sie freuen sich über die Gelegenheit, Ihren geneigten Zuhörern alle Details Ihrer ersten wilden Abenteuer in Absurdistan zu erzählen und nehmen kein Blatt vor den Mund.
b) Sie drücken Ihre Frustration vom Vormittag weg, loben die russische Gastfreundschaft und das hervorragende Essen.
c) Sie vergleichen die Tücken der russischen Bürokratie mit dem auch nicht viel besseren Amtsschimmel in Deutschland.

Kommentar

Auch, wenn es Ihnen auf der Seele brennt, sich endlich einmal richtig Luft zu machen: Schlucken Sie Ihre Kritik an den russischen Zuständen lieber herunter und loben Sie das Land. Von den Lösungen a) und c) sollten Sie Abstand nehmen. Natürlich ist nicht alles perfekt. Wenn Sie aber meinen, über ihr Gastland herziehen zu müssen, können Sie gleich wieder einpacken. Denn wer weiß schließlich, wozu Ihre neuen Kontakte noch gut sein können? Mit Lösung b) ziehen Sie sich elegant aus der Affäre

Lesestoff – (kl)eine Auswahl

Geschichte & Politik

Erler, Gernot: »Russland kommt. Putins Staat – der Kampf um Macht und Modernisierung«, Herder 2005

Kappeler, Andreas: »Russische Geschichte«, Verlag C.H. Beck 2002

Mommsen, Margareta: »Wer herrscht in Russland? Der Kreml und die Schatten der Macht«, Verlag C.H. Beck 2004

von Rauch, Georg: »Geschichte der Sowjetunion», Kröner 1990

Stökl, Günther: »Russische Geschichte. Von den Anfängen bis zur Gegenwart«, Kröner 1997

Trenin, Dmitri: »Russland – Die gestrandete Weltmacht. Neue Strategien und die Wende zum Westen«, Murmann Verlag 2005

Ullrich, Volker & Berie, Eva (Hrsg.): »Der Fischer Weltalmanach aktuell: Russland und der Kaukasus«, Fischer Taschenbuch Verlag 2005

Deutschsprachige Internetzeitung: *www.aktuell.ru*

Publikationen der Forschungsstelle Osteuropa an der Universität Bremen: *www.russlandanalysen.de*

Kirche & Kultur

Döpmann, Hans-Dieter: »Die Russische Orthodoxe Kirche in Geschichte und Gegenwart«, Union-Verlag 1981

Figes, Orlando: »Nataschas Tanz. Eine Kulturgeschichte Russlands«, Berlin Verlag 2003

Lauer, Reinhard: »Geschichte der russischen Literatur. Von 1700 bis zur Gegenwart«, Verlag C.H. Beck 2000

Essen & Trinken

Kowalew, Wjatscheslaw M. & Mogilni, Nikolaj P.: »Zu Gast in Russland. Eine kulinarische Reise«, Weingarten 1988

Sacharow, Alla: »Russische Küche. 600 Original-Rezepte«, Weltbild 2004

Wirtschaft

Baumgart, Anette & Jänecke Bianca: »Russlandknigge«, Oldenbourg 2005.

Eckstein, Karl & Denz, Walter: »Business mit Russland. Ein Ratgeber für Einsteiger«, Gabler Verlag 2001

Schmid, Sigrid: »Der russische Konsument«, OWC-Verlag für Außenwirtschaft 2004

Reiseführer

Hamel, Christine: »Russland. Von der Wolga bis zur Newa: Moskau und Goldener Ring, St. Petersburg und Karelien, Nowgorod, Pskow und Kasan«, Dumont Kunstreiseführer 2004

Richmond, Simon u.a.: »Lonely Planet Russia & Belarus«, Lonely Planet Publications 2006

Korrespondenten- und Reiseberichte

Bednarz, Klaus: »Ballade vom Baikalsee. Begegnungen mit Menschen und Landschaften.«, Lübbe 2000

Pitol, Sergio: »Die Reise. Ein Besuch Russlands und seiner Literatur«, Klaus Wagenbach Verlag 2003

Roth, Thomas: »Russisches Tagebuch. Eine Reise von den Tschuktschen bis zum Roten Platz«, Ullstein Taschenbuch 2003

Ruge, Gerd: »Weites Land. Russische Erfahrungen. Russische Perspektiven«, Berlin Verlag 1996

Fotoreportage

Abenteuerreisen in Russland, Tipps und Erfahrungen: *www.holger-fritzsche.de*

Sprache

von Rauch, Holger: »PONS Reisewörterbuch Russisch. Reisewörterbuch und Sprachführer mit interkulturellen Tipps«, Klett Verlag 2004.

Online-Sprachkurs: *www.russian-online.net*

Neuere Belletristik

Dursthoff, Galina (Hrsg.): »Rußland. 21 neue Erzähler«, dtv 2003

Ikonnikow; Alexander: »Taiga Blues«, rororo 2003

Jerofejew, Viktor: »Der gute Stalin«, Berliner Taschenbuch Verlag 2006

Jerofejew, Wenedikt: »Die Reise nach Petuschki. Ein Poem«, Piper 2000

Lukianenko,Sergej: »Wächter der Angst«, Heyne 2005

Makine, Andrei: »Die Liebe am Fluss Amur«, btb 2000

Pelewin, Wiktor: »Generation P.«, List Taschenbuch 2002

Sostschenko, Michail: »Wie mit Gabeln aufs Wasser geschrieben«, Persona Verlag 2004

Sorokin, Vladimir: »Der himmelblaue Speck«, dtv 2003

Ulitzkaja, Ljudmila: »Reise in den siebenten Himmel«, btb 2003

Wolkow, Alexander: »Zauberer der Smaragdenstadt«, Leiv-Verlag 2005

Klassiker

Achmatowa, Anna: »Poem ohne Held«, Reclam Leipzig 1993

Bulgakow, Michail: »Der Meister und Margarita«, dtv 1992

Dostojewskij, Fjodor M.: »Schuld und Sühne«, dtv 1997

Gogol, Nikolai: »Die toten Seelen«, Artemis & Winkler 1992

Ilf, I. & Petrow, J.: »Zwölf Stühle«, Sammlung Luchterhand 2003

Puschkin, Alexander: »Jewgeni Onegin«, Insel 1999

Tolstoj, Leo: »Krieg und Frieden«, dtv 2002

Tschechow, Anton: »Die großen Dramen«, Insel 2004

Register

E

F

G

L

M

N

O

Schachmatt? Von wegen! Russen beim Denksport